ミネルヴァ教職専門シリーズ4

広岡義之 / 林泰成 / 貝塚茂樹
監修

学校の制度と経営

藤田祐介

編著

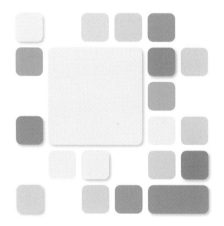

ミネルヴァ書房

監修者のことば

21世紀に入って，すでに20年が過ぎようとしています。すべての児童生徒にとって希望に満ちた新世紀を迎えることができたかと問われれば，おそらくほとんどの者が否と言わざるを得ないのが現状でしょう。顧みてエレン・ケイは，1900年に『児童の世紀』を著し，「次の世紀は児童の世紀になる」と宣言して，大人中心の教育から子ども中心の教育へ移行することの重要性を唱えました。それからすでに120年を経過して，はたして真の「児童の世紀」を迎えることができたと言えるでしょうか。

そうした視点から学校教育を問い直し，いったい何が実現・改善され，何が不備なままか，あるいは何が劣化しているかが真摯に問われなければなりません。このようなときに，「ミネルヴァ教職専門シリーズ」と銘打って，全12巻の教職の学びのテキストを刊行いたします。教職を目指す学生のために，基本的な教育学理論はもとより，最新知見も網羅しつつ，新しい時代の教育のあるべき姿を懸命に模索するシリーズとなりました。

執筆者は大学で教鞭をとる卓越した研究者と第一線で実践に取り組む教師で構成し，初学者向けの教科書・入門的概論書として，平易な文章で，コンパクトに，しかも教育的本質の核心を浮き彫りにするよう努めました。すべての巻の各章が①学びのポイント，②本文，③学習課題という3点セットで統一され，学習者が主体的に学びに取り組むことができるよう工夫されています。

3人の監修者は，専門領域こそ違いますが，若き少壮の研究者時代から相互に尊敬し励まし合ってきた間柄です。その監修者の幹から枝分かれして，各分野のすばらしい執筆者が集うこととなりました。本シリーズがみなさんに的確な方向性を与えてくれる書となることを一同，心から願っています。

2020年8月

広岡義之／林　泰成／貝塚茂樹

はじめに

　現在の日本において，「学校」と無縁で人生を過ごす人はほとんどいないでしょう。大半の人が小・中学校を卒業（義務教育を修了）した後，高等学校へ進学します。さらに，その半数以上の人たちが大学に進学し，ほかにも幼稚園や専門学校など，多くの人々が様々な学校に通っています。学校を卒業し，社会人になってからも，保護者や地域住民として学校に関わることになります。つまり，学校は我々にとってあまりに身近で，「当たり前」の存在であるといえるでしょう。「学校のことはもう十分にわかっている」というのが多くの人々の実感ではないでしょうか。

　しかし，私たちは本当に学校のことを「わかっている」のでしょうか。その「わかっている」というのは，自分が関係した学校，自分が経験したことがらだけのことであって，実際は，「学校」を表層的あるいは一面的に理解しているにすぎないのかもしれません。学校のことを「わかっている」というのなら，少なくとも，学校の成り立ちや仕組みなど，もう少し深いレベルのことを理解しておく必要があります。学校関係者や教員志望者であれば，なおさらでしょう。

　『学校の制度と経営』と題する本書は，学校制度の歴史，法制度と学校の関係，学校を動かす仕組みとしての教育行政・学校経営など，文字通り，学校の制度・経営に関わる事項について，多面的・多角的に学んでいただけるような構成になっています。扱う対象は主に日本の学校制度であり，「学校」の範囲も初等中等教育が中心ですが，基本的な重要事項を押さえた内容にしました。読者の皆さんには，是非本書を活用して，「学校」についての理解を深めてほしいと思います。

　1872（明治5）年の「学制」公布によって日本の近代学校制度が発足してから，すでに150年近く経ちます。この間，学校制度はその時々の社会状況に応じて着実に発展し，変容を遂げてきました。特に，1990年代半ばからは，「学

校の自主性・自律性の確立」が謳われ，学校改革の動きが勢いを増します。学校評議員，学校評価，学校運営協議会（コミュニティ・スクール）といった新たな制度が次々と導入され，保護者や地域住民が積極的に学校に関わるようになり，学校は教育活動についてのアカウンタビリティ（説明責任）を果たすことが求められるようになりました。こうして，従来の学校はその閉鎖性を克服し，「開かれた学校」へと生まれ変わっていくことになります。

　昨今では，学校が抱える教育課題が複雑で多様化していることから，学校と地域の連携・協働がますます重要になっています。国の教育政策として，コミュニティ・スクールの促進や「チーム学校」の実現が掲げられているように，これからの学校においては専門職としての教師だけでなく，多種多様な人々が教育活動の担い手になります。さらに将来は，IoT（Internet of Things）ですべての人とモノがつながり，AI（人工知能）が発展した「Society 5.0」と呼ばれる新たな社会の実現が目指されており，そうなると，教師の働き方はもちろん，学校の姿はこれまで以上に大きく変化していくでしょう。近年，新型コロナウイルス（COVID-19）の感染拡大に伴って全国的に実施されたオンライン授業（遠隔授業）も，今後における学校のありようの大きな変化を予想させるものであったといえます。

　これから日本の学校（公教育）はいかなる変貌を遂げていくのでしょうか。学校の将来像を予測するのは簡単なことではありませんが，社会変化が激しい今だからこそ，「学校とは何か」，「学校はなぜ必要なのか」といった根源的な問いに向き合う必要があると思います。まずは「わかっている」はずの「学校」をいったん相対化し，学校（公教育）の意義や課題についてじっくり考えることが大切ではないでしょうか。本書が教職を志す学生をはじめ，学校関係者や学校に関心をもつ多くの方々に活用されれば幸いです。

　最後になりましたが，本書の刊行にあたっては，ミネルヴァ書房編集部・平林優佳さんに大変お世話になりました。記して感謝申し上げます。

2021年2月

編著者　藤田祐介

目　次

第1章

「学校」の意義と役割

　「教育」といえば，誰しもが「学校」を思い浮かべるに違いない。家庭や地域社会，職場でも教育という営みは展開されているものの，現代社会においては，その主要な部分を学校が担っている。にもかかわらず，私たちは学校それ自体について考える機会はあまりないのではないだろうか。次章以降では，学校制度に関わる諸側面を学習していくが，本章では，そのための「予備知識」として，学校の意義と役割について理解を深めることにしたい。

1　「学校」とは何か

（1）「学校」の定義

　「あなたは，ある辞(事)典の項目『学校』の執筆者である。『学校とは……である』の形で，『学校』を定義しなさい」。もし，このような課題が出されたら，皆さんはどのように「学校」を定義するだろうか。ほとんどの人は，何らかの形で「学校」の教育を受けた経験があるはずだから，この課題はさほど難しくないかもしれない。おそらく皆さんが考える定義には，「勉強する」，「学習する」，「知識や技術を身につける」，「教育を受ける」，「集団活動を通じて社会性を身につける」，「人間形成の場」といった文言や，「教師（先生）」，「児童生徒」，「教室」，「施設」等といった単語が含まれるだろう。

　しかし，よく考えてみると，図書館も学習塾も「勉強するところ」だし，今はネット社会なので場所を選ばずに勉強することができる。近年では，新型コロナウイルスの感染拡大により，全国の学校が休校を余儀なくされ，多くの学校でオンライン授業（遠隔授業）が実施された。これは教室を利用しなくても

よい授業形態であるが，教室は学校の必要条件ではないのだろうか。それとも，教室という空間は必須であり，オンライン授業だけで「学校」は本来，成立しないものなのだろうか。また，「教育を受けるところ」，「人間形成の場」は学校だけでなく，家庭や地域社会もそうである。「集団活動を通じて社会性を身につける」ことは職場などでも可能である。さらにいえば，小・中学校などのいわゆる**一条校**（学校教育法第1条で規定する学校）と**各種学校**である自動車学校がまったく異なるように，学校の性格や種類は多様である。このようなことを考えると，「学校」を定義するのは，意外に難しいことがわかるだろう。

　では，どのように定義すればよいのだろうか。筆者の手元にあるいくつかの教育学関係の事典を紐解くと，「学校」は次のように定義されている。

　①「教育を目的として比較的長期にわたって計画的な活動を展開する組織体」（『増補改訂　世界教育事典』ぎょうせい，1980年），②「一定の目的に従って，一定の教職員と施設とによって，意図的，計画的に組織的な学習をさせるための教育機関」（『新教育社会学辞典』東洋館出版社，1986年），③「国民の**教育を受ける権利**を制度的に保障するために組織されたもので，一定の人的・物的要件（校長，教員，事務職員，被教育者ならびに校地，校舎，校具，運動場など）を備え，一定の教育課程により，継続的に教育活動を行う，公共的性格をもつ教育機関」（『新学校用語事典』ぎょうせい，1993年），④「教育の専業機関。学校は『教育の専業機関』であることにおいて，一定の目的を措定し，教授者と被教授者が知識・技術・技能を継続的に授受する関係を成り立たせる時間的・空間的なまとまり」（『教育行政総合事典』教育開発研究所，2001年），⑤「社会における教育機能を組織化し，効率化するために設けられた教育機関。国民の教育を受ける権利を制度的に保障するために組織されたもので，一定の人的（教職員）・物的（施設）要件を備えて，意図的・計画的な目的のもとに継続的に教育を行う機関」（『現代教育用語辞典』北樹出版，2003年），⑥「人々の暮らしのなかに埋没していた子どもを育てる機能を取り出し，意図的計画的にそれを進める機関」（『教育学用語辞典 第4版（改訂版）』学文社，2010年），⑦「生徒等に対し教師等が意図的・目的的・継続的に教育を行い生徒等が学習する施設」（『新版　教育小事典（第3版）』学陽書房，2011年）。

皆さんは，いずれの定義が最もよいと考えただろうか。すべての人を納得させるような十分な定義づけは難しいかもしれないが，自分なりに「学校」を定義してみることで，「学校とは何か」，「学校は何をするところか」，「学校には何が必要か」，といったことをじっくり考えてみてほしい。

（2）学校の語源

つぎに，「学校」の意味を語源から確認しておきたい。甲骨文字の研究によれば，「學」はもともと農作物の収納倉を意味する。収納倉は部族の長の所有に関わる重要な場所であり，ここでその子どもに将来の支配者としての必要な知識や技能を磨かせるのが「學」であった。一方，「校」は陣営の仕切りを意味する。そこには大将と幕僚が控えており，部下に号令を下した。軍隊で少尉以上の武官を将校と呼ぶが，その「校」と同じ意味である。つまり，「学」も「校」も誰もが自由に出入りできるような場所ではなく，支配者の聖域を意味していた（佐藤，1987：11）。

ちなみに「塾」はもともと「門の両脇に設けられた部屋」を意味し，古くはその部屋で家族や使用人に物事を教えたとされる（佐藤，1987：11）。現代においても，学校と塾はしばしば対比されるが，「学校」が本来，公的な意味をもち，塾に私的な意味があるということは，「学校とは何か」を考えるうえで示唆的である。

また，学校のことを英語では school（スクール）という。この語源は，ギリシャ語の scholē（スコレー）であり，これは「閑暇，余暇」を意味する。すなわち school には，人々が閑暇の時に集まり，教養や学問などについて話し合い，討議を行う場所という意味があった。古代ギリシャにおいて閑暇を消費できたのは，生活のための労働から解放された上層階級であり，暇を費やす場所に集まってきたのは，子どもではなく大人であった。school には「学校」という意味のほかに「学派」という意味があるが，スコレーに集まった大人の集まりこそが「学派」の起源である。学校といえば，子どもが学ぶ場であると思いがちであるが，スコレーが大人の学校であったことは，**生涯学習**の理念に照らしても注目される（仲・持田，1979：243～244）。

（3）学校成立の要因

　では，なぜ組織的な教育機関である学校が必要になったのだろうか。学校成立の要因としてはまず，文字の発明が挙げられる。人類の歴史において文字が発明され，それが社会生活に不可欠になると，人々が文字を伝達し，習得するための教育機関（学校）が必要になった。

　社会的遺産としての文化財（ここでは，知識，科学，技術，芸術，道徳，法律，慣習，信仰など，人間の文化的活動による有形・無形の所産を意味する）が増加・高度化・複雑化したことも学校成立の大きな要因であった。文化が一定水準に達すると，それまで家庭や社会生活のなかで果たされていた教育機能だけでは文化財を伝達することができなくなる。量的に限定された文化，単純で一様な文化であれば，わざわざ学校を作らなくても文化財の伝達は可能である。しかし，文化財が増加し，質的に高度化・複雑化すると，それを人々が獲得し，あるいは伝達するために組織的・系統的に教育を行う必要が生じ，その手段として学校が作られたのである。

　文化の発達は社会階級の発生と密接に関連しており，文化を中心とした学校はまず支配層・上層階級のものとして登場した。古代ギリシャの貴族たちは文化財の獲得のため真っ先に学校に通ったし，日本でも古代の学校は，官吏養成機関である**大学寮**（中央に設置）や**国学**（地方に設置），**別曹**（有力貴族が一族の子弟のために設置した教育機関で在原氏の奨学院，藤原氏の勧学院などが有名）などのように，支配層の子弟のための教育機関であった。

　貴族などの上層階級の子弟が通う学校とは異なり，現在のように誰もが通うことのできる学校は近代に入ってから作られた。本書第2章で詳しく説明するように，近代学校制度の成立と発展を支えた大きな要因の1つがナショナリズムの要請であった。国家としての統合を図るため，学校を整備し，すべての人を対象として国民共通の知識・技術を習得させ，近代国民国家の構成員（＝国民）としての自覚と使命感を涵養しようとしたのである。日本では，1872（明治5）年に「**学制**」が発布され，近代学校制度が成立した。

　産業化の要請，民主化の要請も近代学校成立の要因であった。産業化の要請とは，近代産業社会の発展に伴って大量の良質な労働力（産業マンパワー）が必

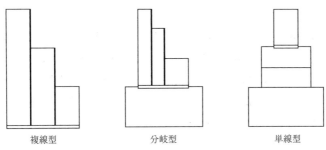

複線型　　　　　　　分岐型　　　　　　　単線型

図1-1　学校体系の3類型

出所：天野（1997：168）。

要となり，学校に人材育成の役割が期待されたことを意味する。また，民主化の要請とは，すべての国民が身分などに関係なく学校教育を受けることを保障すること，すなわち，**教育の機会均等**が求められたということである。

（4）学校の体系

　各種の学校は，学校系統と学校段階の組み合わせにより，**学校体系**として1つのまとまりをなしている。学校系統とは，学校の目的や性格の区分を意味し，普通教育学校，職業教育学校，特別支援教育学校などの系統がある。学校段階とは，学校の上下関係を区分するものであり，心身の発達段階や教育水準の違いに応じて，たとえば，就学前教育，初等教育，中等教育（前期・後期），高等教育の各段階に分類することができる。そして，学校系統間の横のつながりを統合（integration：インテグレーション）関係，学校段階間の縦のつながりを接続（articulation：アーティキュレーション）関係という。統合関係は児童生徒の編転入や教育内容の異同などが，接続関係は進学・入試制度，教育内容の一貫性などが問題になる。

　学校体系には①**複線型**，②**分岐型**，③**単線型**の3つの類型がある（図1-1）。複線型は学校入学者の社会階層，性別，人種などの違いによって複数の学校系統が用意され，それらがつながることなく併存しているタイプである。そのため，原則的には各学校系統間を相互に移動することはできない。19世紀までのヨーロッパで発達した型で，階層的な社会構造（身分制社会）を反映してい

る。

　分岐型は，初等教育段階では１つに統合され，中等教育段階から複数の学校系統に分化するタイプである。19世紀末から20世紀にかけ，ヨーロッパでは，教育の機会均等の原則に基づき，初等教育段階を統一しようとする学校改革の動き（「統一学校運動」）がみられたが，分岐型はこれを反映したものである。現在ではドイツの学校制度がこのタイプである。

　単線型は単一の学校系統で成り立っているタイプである。教育の機会均等の原則を徹底したもので，すべての国民が能力に応じて初等・中等・高等の各学校段階に進むことが可能である。単線型の典型はアメリカの学校体系である。

　学校体系は，歴史的には階級性を反映した複線型から分岐型を経て，教育の機会均等を理念とする単線型へと推移してきた。戦前の日本では，目的に応じた人材育成のために学校は多様化しており，学校体系は分岐型の要素が強かった。戦後は，アメリカの影響を受けて６・３・３制（小学校６年，中学校３年，高等学校３年）の単線型を採用し，現在でも大枠ではそれが維持されている。しかし，高等専門学校や中等教育学校の創設は中等教育段階の分化を意味し，分岐型の要素を強める方向に推移してきたといえよう。なお，学校体系の類型は単純化されたモデルであり，実際の学校体系は複合的な性格を有している。

（5）学校の種類

　日本には様々なタイプの学校があり，法制上，①学校教育法第１条に規定されている学校，②**専修学校**，③**各種学校**，④学校教育法以外の法律に規定されている教育施設，の４つに大別できる。

　①は学校のなかで中心的な位置を占めるもので，「一条校」あるいは「正系校」と呼ばれ，幼稚園，小学校，中学校，義務教育学校，高等学校，中等教育学校，特別支援学校，大学及び高等専門学校の９校種がある。短期大学と大学院は大学に含まれる。「狭義の学校」という場合は，この一条校を意味する。一条校は原則として，国または地方公共団体のほか，法律に定める法人（学校法人）のみが設置することができる。ただし特例として，構造改革特別区域（教育特区）では，地方公共団体が教育上等の「特別なニーズ」があると認める

場合，株式会社や不登校児童生徒等の教育を行う NPO 法人が学校を設置することもできる。

②の専修学校は，一条校以外の教育施設で，「職業若しくは実際生活に必要な能力を育成し，又は教養の向上を図ることを目的」（学校教育法第124条）としたものであり，1976（昭和51）年に創設された。修業年限が1年以上，授業時数が文部科学大臣の定める授業時数以上，教育を受ける者が常時40人以上，といった基準に該当し，組織的な教育を行うものと定められている（同条）。専修学校のうち，高等課程をおく学校を高等専修学校，専門課程をおく学校を専門学校と称することができる（同法126条）。

③の各種学校は，一条校以外で「学校教育に類する教育を行うもの」（学校教育法第134条）（ただし②や④を除く）である。職業や生活に役立つ知識・技能の習得を目的とした学校であり，工業，商業，福祉，医療関係の学校など多種多様なものがある。予備校や自動車学校，外国人学校もこれに含まれる。

また，④の例としては，各省庁所管の大学校（海上保安大学校，気象大学校，航空保安大学校，防衛大学校など）や職業能力開発促進法に規定されている職業能力開発校などがある。

2 「学校」の役割と機能

（1）国民育成機関としての学校

近代以降の学校は，時代や国によって異なるところがあるものの，社会的には国民の育成や人材の養成を基本的な役割としている。**教育基本法**第1条が「人格の完成」と並んで「平和で民主的な国家及び社会の形成者として必要な資質を備えた心身ともに健康な国民の育成」を教育目的に掲げているように，現代の学校，特に義務教育の学校には，教育を通じて共同体の形成者（国民）を育成するという国家目的が存在するのである。

もちろん個人的には，職業的・社会的地位を獲得するなど自己実現の手段としての役割も期待されているが，学校は本来，一人ひとりの個性や能力を伸ばすことを目的として作られたわけではなかった。近代学校の成立史をふまえれ

ば，学校に国民形成という本質的な役割があることを見逃してはならない。

（2）社会化機能

　学校には様々な機能がある。その機能は学校の種類や段階によって一様ではないが，主な機能の1つが「**社会化機能**」である。学校は組織的な教育機関であり，フランスの社会学者**デュルケム**（Émile Durkheim）が述べたように，「教育」を「若い世代に対して行われる一種の方法的社会化」と捉えるとすれば，学校は社会化のための機関といえる。**社会化**とは，「個人がその所属する社会や集団のメンバーになっていく過程」（日本教育社会学会，1986：378）のことである。言い換えれば，既成の社会において制度化されている知識，技能，態度，価値，行動様式などを習得し，それらに適応することが社会化である。

　現代では，社会生活を営むうえで，読み（reading）・書き（writing）・計算（arithmetic）の能力（3R's）だけでなく，様々な職業分野で必要とされる専門的知識や技能を習得しなければならない。国民の1人として政治的教養や公民的資質を高めることも重要である。規則に従う，課題を遂行する，挨拶をする，といった規範意識や基本的習慣を身につけることも不可欠だろう。子どもたちを一人前の大人へと円滑に移行させるために，学校にはこのような，社会化の仕事を果たすことが求められている。

　社会化機能は学校だけではなく，家庭や地域社会，職場などにもある。しかし，学校での社会化は，①意図的な社会化（教育）が中心である，②目的・内容・方法・評価などについて一定の基準が決められているという意味で，きわめて定型的である，③長期にわたって継続的・計画的・集中的に行われる，④身につけるべき内容が多岐にわたり，多様・大量である，⑤主として集団形態を利用して行われる，⑥社会化の担い手（教師）と社会化の受け手（児童生徒）の地位が固定的である，といった特徴がある（住田・高島，2002：96）。

（3）選抜・配分機能

　もう1つの主たる機能は**選抜・配分機能**である。学校は子どもたちの社会化の場所であるだけでなく，子どもたちをある基準に基づいて選び出し，分類・

評価し，様々な社会的地位（特に職業的地位）に振り分ける場所でもある。この機能は近代社会の産物であり，たとえば江戸時代のような身分制社会においては，原則として人々の社会的地位は身分や家柄などの属性によって決定されたため，この機能は特に必要とされなかった。

　しかし近代以降は，社会の発展に伴って，個人の才能や努力，業績がその人の社会的地位を左右する傾向が強まった。学校は立身出世のための重要な装置であり，卒業した学校によってその後の人生が決定するような仕組みがしだいに形成されていった。このように，才能や努力，業績によって人々の選抜が行われる社会制度を**メリトクラシー**（meritocracy）という。人が「何であるか」ではなく，「何ができるか」，「何ができたか」が重要な選抜の基準となるのである。

　日本では1960年代，すなわち**高度経済成長**時代の半ばあたりから，学校の選抜・配分機能が批判の対象となった。この機能が受験競争の過熱化を招き，子どもたちの健全な成長を阻害しているとみなされたのである。たしかに選抜・配分機能が肥大化しすぎると，もう一方の機能である社会化機能は十分に発揮されないおそれが出てくる。しかし，教育の機会均等が実質的に保障される制度のもとであれば，それは社会階層間の移動（上昇移動）を促す有効なメカニズムにもなるのである。かつて，経済的に恵まれない家庭の子どもたちが不遇な環境にもめげずに一生懸命勉強して進学しようとしたのは，選抜・配分機能が学校に備わっているからであった。学校は，貧しい生活から抜け出して豊かな人生を送るための重要な装置だったのである。

　選抜・配分機能はそれ自体，問題視されることがある。しかし，この機能は，個人の努力や業績と連動しているため，ある意味で平等でもある。誰しも生まれによって人生が決まるのではなく，自らの能力と努力によって，人生を切り開けるような仕組みの方が望ましい。問題は，学校に選抜・配分機能が備わっていることではなく，学業成績による選抜・配分が，親の社会的地位や経済状況に比例したものになりやすいという点にある（市川，1972：13）。平等なシステムとみなされる学校制度が，実際には特定の社会階層にとって有利（あるいは不利）に働く事実にも目を向ける必要がある。

3 学校制度に対する「異議申し立て」

(1)「学校化社会」と「脱学校論」

　高度経済成長に伴って教育が量的に拡大し，高等学校への進学率が9割を超えた1970年代半ばに，日本では「**大衆教育社会**」が完成した。大衆教育社会とは，「教育が量的に拡大し，多くのひとびとが長期間にわたって教育を受けることを引き受け，またそう望んでいる社会」（苅谷，1995：12）のことである。学校教育の量的拡大は，多くの人々に教育機会を提供し，社会の成熟化に寄与した。

　しかし，大衆教育社会が成立するプロセスにおいて，学校の価値が過度に信仰されるようになり，社会的評価の基準として学歴（学校教育に関する個人の履歴）が重視されるようになった。このような風潮を「**学歴社会**」というが，この言葉は，「総中流社会」とならんで，高度経済成長期の日本を語るためにさかんに用いられた一種の流行語であった（吉川，2006：10）。また，人々の学校依存，すなわち，家庭や地域社会が担うべき教育の機能までも学校が抱え込むという状況が進行した。このように，学校が教育機能を独占している社会のことを「**学校化社会**」（schooled society）と呼ぶ。この言葉はもともと，**イリッチ**（Ivan Illich）がその著『脱学校の社会（*Deschooling Society*）』（1970年）で提唱したものである。

　イリッチは，学校は目的を実現する過程と目的そのものを混同させ，学校制度の発展が価値の実現とみなされると批判した。教育を受けることと学校を出ることが同一視され，学校で授業を受け，進学し，卒業証書を手に入れれば能力があるということになる（逆にいえば，学校を卒業しないと能力がないとみなされる）。学校が付与するものだけが価値あるものとされ，本物の価値の代わりに制度によるサービスを受け入れるように慣らされ，自主性を喪失して制度に依存するようになる（「価値の制度化」）。学校に行く者は，自分が必要だと思って学ぶのではなく，学ばなければいけない制度になっているから学ぶだけである。人々の学校信仰が深まり，学校制度が発展するにつれて，もともと私的な

営みであった教育は歪められてしまう。これは教育の本来あるべき姿ではない。しがたって「抑圧的で破壊的」な既存の学校制度を廃止し、「脱学校社会」を構築すべきである。これがイリッチの主張であった。

このように現代社会において自明視された学校制度を批判し、それを解体する、あるいはそのあり方を根源的に問うような主張を「**脱学校論**」という。イリッチのほかには、『学校は死んでいる (*School is Dead*)』(1971年) を著したライマー (Everett Reimer) や『教育のない学校 (*Must We Educate?*)』(1973年) を著したベライター (Carl Bereiter) などが脱学校論者として有名である。脱学校論はその内容の当否をさておくとしても、学校制度あるいは学校化社会の本質的な問題点を抉り出しており、広く関心を集めた。

（2）「社会的再生産論」

脱学校論がいわば学校の社会化機能に対する批判であるとすれば、その選抜・配分機能に対しても批判の目が向けられた。この批判理論として注目されるのが、フランスの社会学者ブルデュー (Pierre Bourdieu) による**社会的再生産論**である。社会的再生産とは、端的にいえば、社会的な不平等の構造が再生産されるということである。

学校は知識や教養といった文化を伝達する場であるが、その文化は文化一般ではなく、いわば「正統なる文化」（高級で価値の高い文化）である（たとえば「音楽」の時間にクラシックを習うことはあっても、流行のロックや演歌を習うことはほとんどない）。そして、「正統なる文化」を蓄積しているのは、主に経済的にも恵まれた社会的地位の高い上層階級であり、この階級の子どもたちは、家庭で「正統なる文化」を受け継いでいる。小さい頃から「正統なる文化」に馴染んでいるから、学校の教育内容に馴染みやすい。したがって、学校における選抜・配分は「正統なる文化」をもつ人々に有利になっており、そうでない人々は、学力や学歴あるいは職業的な成功という点でハンディがある。結果的に学校は社会の階級構造を再生産する装置になっており、不平等の形成と固定化に大きな役割を果たしている。これが社会的再生産論の大要である。

先に述べたように、学校の選抜・配分機能は、社会階層間の上昇移動を促す

意味で有効であるが，一方で家庭（保護者）の経済状況や社会的地位を反映したものになりやすい。一見，公平な能力主義に基づいて選抜・配分されているようにみえても，そこに階級文化の影が潜んでいるというブルデューの指摘は，「格差社会」の問題を考えても，現実味を帯びている。

（3）「不登校」から考える

日本では，大衆教育社会の成立以降，1970年代後半から全国的に校内暴力やいじめなどの**「教育荒廃」**（あるいは「学校病理」）と呼ばれる現象が顕著にみられるようになった。人生を豊かにするための重要な場であった学校は輝きを喪失し，教師は「教育荒廃」に適切に対応できず，児童生徒や保護者の学校不信は高まった。80年代の学校は，世間から**「学校（教師）バッシング」**といわれる厳しい批判に晒され，学校の権威性は著しく低下していった。さらに80年代には，病気や経済的理由で学校を長期にわたって欠席する**不登校**が急増した。90年代にも増加の一途をたどり，2001（平成13）年には約13万9000人のピークに達している。不登校の増加などへの対策として，文部科学省は1995（平成7）年から公立学校にスクールカウンセラーを配置する制度を導入した。

不登校は当初，一種の個人的な病であり，再登校させることこそが「治癒」であるという認識が一般的であった。ところが，個人的要因に求めるだけでは不登校の急激な増加を説明することはできず，しだいに学校そのものに批判の目が向けられるようになる。すなわち，受験競争の過熱化やいじめ問題に象徴されるように，病んでいるのはむしろ学校の方であり，病んだ学校を忌避する不登校は児童生徒の正常な反応であるとの主張もみられるようになった。文部科学省が「不登校は誰にでも起こりうる」という認識を示しているように，不登校の「逸脱性」はしだいに薄まっている。不登校の原因・背景は様々であるが，根本的には学校制度それ自体のあり方を問うことも必要である。近代学校制度の仕組みが現代の児童生徒の実状に対応しきれなくなっており，不登校は既存の学校制度に対する児童生徒たちの「異議申し立て」とも捉えられるのである。

現在，不登校児童生徒は，教育支援センター（適応指導教室）やフリース

クールなどの民間施設などの学校外の機関で指導を受けることが可能とされており，そこで教育を受けて一定要件を満たす場合には，**指導要録**上，出席扱いにできる措置が講じられている。2016（平成28）年12月には，不登校支援の充実等を目的とした「義務教育の段階における普通教育に相当する教育の機会の確保等に関する法律」（**教育機会確保法**）が制定された。同法第13条では，国及び地方公共団体が，「不登校児童生徒が学校以外の場において行う多様で適切な学習活動の重要性に鑑み，個々の不登校児童生徒の休養の必要性を踏まえ，当該不登校児童生徒の状況に応じた学習活動が行われることとなるよう」，不登校児童生徒とその保護者に対して，「必要な情報の提供，助言その他の支援を行うために必要な措置を講ずるものとする」とされている。

　教育機会確保法については，当初，欧米で認められているホームスクーリングのように，**義務教育**の場を学校にかぎらず，要件を満たせば学校以外の場（フリースクールや家庭など）の学習での義務教育修了を認めることも検討されていた。これは**就学義務**から**教育義務**への転換であり，制度上，これが実現すれば，日本の学校教育のありようを大きく変えるかもしれない。しかし，多様な学びの場の制度化は学校（一条校）で学ぶ権利を失うことにつながる可能性もあり，慎重な制度設計が求められる。

学習課題　① 文部科学省の「学校基本調査」に示された各種の統計データ（学校数，進学率等）からどのようなことが読み取れるか，考えてみよう。
　　　　　② 日本の学校制度にはどのような特徴があるか。日本と諸外国の学校制度を比較し，その共通点や違いについて調べてみよう。
　　　　　③ 「就学義務」と「教育義務」について，それぞれの特徴や問題点を整理しながら，義務教育制度のあり方について考えてみよう。

引用・参考文献

麻生誠ほか編著『学校の社会学——現代学校を総点検する』学文社，1986年。

天野郁夫「学歴社会」佐々木毅ほか編『戦後史大事典』三省堂，1991年。

天野郁夫編『教育への問い——現代教育学入門』東京大学出版会，1997年。

市川昭午「学校とは何か——役割・機能の再検討」『教育社会学研究』27，1972年，4〜18頁。

市川昭午『教育の私事化と公教育の解体——義務教育と私学教育』教育開発研究所，2006年。

伊藤茂樹編著『リーディングス日本の教育と社会　第8巻　いじめ・不登校』日本図書センター，2007年。

苅谷剛彦『大衆教育社会のゆくえ——学歴主義と平等神話の戦後史』中央公論新社，1995年。

吉川徹『学歴と格差・不平等——成熟する日本型学歴社会』東京大学出版会，2006年。

佐藤秀夫『学校ことはじめ事典』小学館，1987年。

住田正樹・高島秀樹編『子どもの発達と現代社会——教育社会学講義』北樹出版，2002年。

竹内洋『改訂版　学校システム論』放送大学教育振興会，2007年。

仲新・持田栄一編『学校の歴史　第1巻　学校史要説』第一法規出版，1979年。

日本教育社会学会編『新教育社会学辞典』東洋館出版社，1986年。

藤田英典ほか『子どもと教育　教育学入門』岩波書店，1997年。

横井敏郎「教育機会確保法制定論議の構図——学校を越える困難」『教育学研究』85（2），2018年，186～195頁。

第2章

近代公教育制度の誕生

　現代社会に暮らす私たちにとって，学校とは，誰もが当たり前のように入学・卒業するところとして認識されている。本章では，学校が決して当たり前ではなかった時代から，学校が成立していく時代を概観し，いかにして公教育が成立したのか，その基本的な考えとは何か，実現過程での課題を捉える。また，公教育の3つの基本原則，個別教授から一斉教授という学級編制の歴史についても，現代の教育課題と照らしながら理解を深めたい。

1　「学校」誕生を促したもの

　私たちがイメージするような，すべての子どもが学ぶという，近代的な意味での「学校」の誕生を促したものは何であったのか。「学校」を広く普及させたヨーロッパの歴史を概観してみよう。

　ヨーロッパにおける近代の入口をルネサンス（Renaissance）と宗教改革に求めるとすれば，そこに至る暗黒時代（Dark Age）と呼ばれる1000年の間，ヨーロッパ人の精神世界を支配していたのはキリスト教であった。「カノッサの屈辱」（1077年，ローマ法王に「破門」された神聖ローマ帝国の皇帝が雪のなか，裸足で3日間赦しを請うた，ローマ法王の権威を象徴する事件）を想起すれば，いかに国王といえども「破門」によって容易に権威を失ってしまう時代であったかがわかるだろう。「学校」もまた教会の手に握られていた。

　この時代に「学校」といえば，まずはキリスト教聖職者，法律・医学を学ぶ者，あるいは貴族の子弟など，エリートのためのものであった。12〜13世紀にかけて大学が誕生し，それにつながる中等教育機関としてギムナジウム（ド

イツ）やグラマースクール（イギリス）などが設置されている。このほかに，都市の商工業者のギルドが設立した職人養成機関，近所の子どもに読み書きを教える個人塾など，内容と水準，設備や規模の千差万別な学校が誕生した。ただし，農民の子弟の大多数はあいかわらず不就学のままであった。7〜8歳にもなれば，子どもも立派な労働力として期待されていたのである。

　こうした暗黒時代を打ち砕いたのが，ルネサンス（14〜16世紀）と宗教改革（16世紀）である。ルネサンスとは「復興」を意味するように，古典ギリシャ・ローマの文学や芸術等の学問の価値を再発見する運動である。その特徴である人文主義（ヒューマニズム）は，人間本来の心身のあり方を捉え直し，個人の感性や認識に対する信頼へと向かうものであり，合理的・科学的なものの見方へと人類を導くものであった。また，紙や印刷技術，火薬，コンパスの輸入と革新は，知と技術を大きく展開させる道具となった。宗教的世界にいながらも，やがてコメニウス（Johann Amos Comenius）の「すべての人にすべての事柄を教授する」という汎知主義や自然科学の専門分化，産業革命などに現れていくように，信仰とは異なる学術や世俗化された知への関心と信頼，教育と学習への欲求を高めていくことになる。

　ルター（Martin Luther）やカルヴィン（Jean Calvin）らによる宗教改革は，絶対的であったローマ法王の権威と教会の存在を否定し，神の言葉である聖書を信仰の対象とするものであった（聖書中心主義）。ルターは，誰もが神の救いの言葉を理解できるように，初等学校の建設，聖書研究を中心とするカリキュラム，子どもを学校に通わせる親の義務など新しい教育のあり方を主張した。また『カテキズム（教理問答書）』を著したり，教会の公用語であるラテン語で書かれていた聖書を庶民の言葉であるドイツ語に翻訳するなど，新たな信仰のあり方を追究した。また宗教改革は，既成秩序を大きく動揺させ，教会中心の社会から資本主義国家への転換の導火線となった。

　以上のように，キリスト教を中心に形成される精神世界から科学や世俗的な知への解放，それに伴う個人の自覚と民衆の学習要求の高まり，そして教会が支配する社会秩序から国家による国民統合への転換の要請などによって，人々の教育と学習はやがて「学校」を中心とする新たな段階へと移行するのである。

2　公教育の思想の変遷

（1）統治のための公教育

公教育の確立という点で先行した西洋では，絶対主義国家が成立する15～16世紀に，すでにブルジョワ階層に学校教育が普及し，民衆の間にも学習への芽生えが現れていた。民衆の学習・教育に対して，国家はこれを助長するのか，抑圧するのか，放任するのか，いずれにしても教育政策の対象として意識せざるをえなくなる。

フランスでは，ルイ14世が，カルヴィン派の弾圧と改宗による国内信仰の統一のため，民衆に対する学校教育を普及させた。1698年には庶民教育令を発して，すべての子どもに14歳まで学校教育を受けさせることとした。特に父母がカルヴィン派の信者であった者の子どもに対して，改宗の徹底を図る目的があった。

また，プロシアでは，**フリードリッヒ大王**（2世）が1763年に**一般地方学事通則**を発し，男女を問わず，5歳から13～14歳までの子どもを就学させる責任を父母に負わせた。これは農民の子弟に対して，農村に釘づけにして，信仰深くおとなしく生産活動に従わせるため，道徳教育を重視した公教育であった。

以上のように，西洋における公教育の開始は，国家の秩序維持，国民のコントロールを容易にすることを目的とするものであって，時の為政者の意思に基づいて行われる側面を強く持つものであった。

（2）世界平和のための公教育──コメニウスの思想

17世紀半ば，戦争で祖国チェコを追われてから，その生涯を祖国解放に捧げた**コメニウス**は，『大教授学』（1657年）や『世界図絵』（1658年）（図2-1）を著すなど，公教育を考えるうえで重要な思想家である。神への信仰を中心とする世界平和の実現のためには，普遍的な思想を，普遍的な言語により，普遍的な教育を通じて全民衆に教えることが必要であると主張した（汎知主義）。具体的には，男女や貴賤，貧富，優劣の別なく，6歳から12歳までのすべての

図2-1　コメニウス『世界図絵』

注：「農業」のページ。言語はラテン語。農具の名
称や機能，作業工程など，イラストに対応した説
明がなされている。「世界最初の絵入りの教科書」
と呼ばれている。

出所：筑波大学附属図書館所蔵。

子どもに6年制の学校教育を受
ける機会が与えられなければな
らないとした。当時の世界情勢
からすれば，彼の思想はユート
ピア的といわざるをえないもの
であったが，君主の恣意的な教
育や国家主義教育とは異なる，
世界の平和の実現のための万人
の教育を構想した点に，近代公
教育の起点を求めることができ
る。

（3）人権保障としての公教育——コンドルセの思想

　18世紀末の市民革命を経て人権思想が拡がりをみせるなか，上記の公教育
とは異なる考えがあらわれる。フランス革命期に公教育思想を唱えた啓蒙思想
家の**コンドルセ**（Marie-Jean-Antoine-Nicolas de Caritat, marquis de Condorcet）に
注目してみよう。

　フランスにおける公教育の契機はフランス革命である。1791年，フランス
憲法が制定される。そこには人間普遍の権利として自由と平等が掲げられた。
同憲法には「すべての市民に共通で，不可欠な教育の部分について，無償の公
教育が組織される」とあるように，すべての子どもの教育が保障されることに
よって，はじめて自由と平等な社会が実現すると説かれたのである。

　議員に選出され，公教育委員会委員となったコンドルセは，翌1792年，公
教育案をまとめ，公教育の理念と初等学校，中等学校などの具体的な教育制度
の設計図を示した（「公教育の全般的組織についての報告と法案」）。そこでは公教
育の理念について次のように述べている（コンドルセほか，2002）。

　　　人類に属するすべての個人に，みずからの欲求を満たし，幸福を保証し，

権利を認識して行使し，義務を理解して履行する手段を提供すること。

　各人がその生業を完成し，各人に就く権利のある社会的職務の遂行を可能にし，自然から受け取った才能を完全に開花させ，そのことによって市民間の事実上の平等を確立し，法によって認められた政治的平等を現実のものにする方策を保証すること。

　これらのことが国民教育の第一の目的でなければならない。そしてこの観点からすれば，国民の教育は公権力にとって当然の義務である。

　教育を組織して，諸技術の完成が市民全体の喜びとそれに携わる人々のゆとりを増進させるようにすること。教育を組織して，大多数の人々が社会に必要な職務を果たすことができるようになり，知識の絶え間ない進歩がわれわれの必要を満たすこのうえなく豊かな泉を開き，災厄から救い，個人の幸福と共同の繁栄の手段となるようにすること。

　最後に，各世代の肉体的・知的・道徳的能力を培い，それによってあらゆる社会制度が向かうべき究極目標である人類の全般的で漸進的な完成に貢献すること。

　こうしたこともまた教育の目標であり，社会の共通の利益と人類全体の利益によって公権力に課せられた義務である。

　コンドルセは，教育を人が自律的に平等に生きる権利を保障するための基本的な権利と位置づけ，国家はそれを保障する義務を負うとしたのである。その原則として，知育重視の教育，教育の政治権力と宗教からの独立，教育の機会均等を提示している。生まれながらの身分や家柄，性別によって差別されることなく，教育を受ける権利は平等に与えられるべきという公教育の原則は，私たちが学ぶ現在の「学校」の思想的な基盤を用意するものであった。

3　近代公教育制度の成立過程——教会・国家・工場

（1）教育機関への国家の介入
　近代公教育制度の成立過程の実際を，イギリスを例にみてみよう。

図2-2 「学校」以前の庶民の学習場
出所：Birchenough（1925）.

イギリスの初等教育は，主に寺院や宗教団体によって運営される学校で行われてきた。18世紀においては，たとえば教会における宗教教育や慈恵のための教育，労働者階級・貧民のための施設など，民間の需要に応じて教育施設が普及していた（図2-2）。このほか，貴族の子弟のための教育施設も存在した。

そのような教育状況に，はじめて国家が介入したのは，1833年のことであった。この時点では，国に教育行政機関は存在せず，大蔵省からの学校建築のための補助金支給にとどまるものであったが，寺院や宗教団体の手によって行われてきた初等教育機能を国家が掌握していく端緒として注目すべき動きであった。

（2）教育内容の統制

1839年に枢密院に教育委員会が設置され，補助金の使途，学校の管理，規則，教育方法などの視察，改善のための助言など，国家基準が制定された。国家が直接学校現場に対する統制を開始したのである。さらに教員に対する統制にも着手し，師範学校の建築補助金の支給，教員用住宅，校具・教具への補助金の支給を開始した。ただし，この時点では，国による補助金の差配も国教会・非国教会という宗教的に対立する2つの宗教団体を通じて行われていた。いまだ，初等教育のありようは宗教教育を重視する団体によって規定されていたのである。

1862年の改正教育令では，国は教育内容の統制に乗り出した。教科を3R's（読み・書き・計算）に限定し，それぞれ6つの学習レベルに段階を設けて，これを「スタンダード」とした。6歳から11歳までの年齢に対応するように，1年で1つの段階が設定されており，現在の6学年の初等教育制度の原型というべきものであった。また，この法令では，監督制度と出来高払い制度によっ

て，教育活動が忠実に遂行される仕組みが整備されていた。すなわち，監督官の実施する試験に合格した生徒の数と，授業への出席者数が，翌年の補助金支給に反映するというものであった。

図 2-3　19世紀イギリスの炭鉱児童労働

出所：カニンガム（2013）（「大英帝国の炭鉱児童労働の現状と待遇に関する王立委員会報告書」1842年）。

（3）無償制の実施

　1870年には法案提出者の名前をとってフォスター法と呼ばれる初等教育法が成立した。6歳から13歳までの義務教育や無償制，学校設置の公費負担など，不完全ながらも近代公教育の原則を打ち出す画期的なものであった。また，地方教育委員会が設置され，法律の実施に向けた体制整備も進められた。さらに地方教育委員会の管理する公立校では，宗教的中立性の原則も打ち出された。この法令は実質化のため順次改正され，1891年，1918年の改正で無償制が完全実施された。

（4）児童労働の問題

　義務制・無償制の完全実施までに時間を要したのは，産業革命がもたらした児童労働の問題があったからである。資本家にとって，安価な労働力という魅力には抗しがたく，子どもは5歳にもなれば雇用され，1日10時間以上働かされることも珍しくなかった（図2-3）。資本家に児童労働を諦めさせることが近代公教育制度実現の鍵となっていたのである。ただし，その背景には貧困な労働者階級の生活があり，家計のために子どもの労働を余儀なくされる親たちの姿があった。構造化された貧困のなかで，いかにして子どもを工場から学校へ移すかが課題であった。

　一方で，過酷な児童労働から子どもたちを救うことを目指す動きも現れる。1802年に成立した工場法（「徒弟の健康及び道徳に関する1802年法」）は，徒弟の労働時間を1日12時間に制限し，深夜業への従事は漸次的に廃止することを

定めた。また，徒弟には，読み・書き・計算が教えられ，年間に一揃いの衣料も供与されるとした（ハチンズ・ハリソン，1976）。

（5）近代公教育制度の成立

　さらに社会主義者オーエン（Robert Owen）は，10歳未満の児童の就労を禁止し，18歳未満のすべての人々の労働時間を，食事時間を除いて1日に10時間30分に制限する法案を1815年に提出した。しかし，1819年に成立した工場法は，9歳以下の子どもの雇用を禁止して労働時間を12時間以下に制限するにとどまるものであったから，子どもの就学への道がいかに険しいものであったかがわかるだろう。

　その後，労働者自身による権利要求の運動，すなわちチャーチスト運動を経て，労働者の教育は権利として主張されるに至った。半就労・半就学の「ハーフ・タイム」の過程を経て，1918年，時の文相の名をとって**フィッシャー法**と呼ばれる教育法が制定された。この法律によって，義務教育9年はすべてフルタイムの就学となり，ようやく14歳までの子どもがイギリスの工場から姿を消すこととなった。子どもの，工場から学校への移行が完了したのである。

　こうして，イギリスの初等教育は，実に100年以上の時間をかけてその機能を教会から国に移し，工場で働く子どもを学校が引き取ることで一応の完成をみたのである。

（6）近代公教育の原則

　ここで公教育の原則について確認しておきたい。第1の原則は，義務制である。18世紀末の市民革命に至るまで，統治者が秩序の安定・強化の必要から国民に就学義務を課すことは一般的であった。イギリスでは，すでにみてきたように，1870年のフォスター法によって6歳から13歳までの義務教育，学校設置の公費負担の実現に向けて踏み出し，1918年のフィッシャー法によって9年間の義務制が完成している。

　第2の原則は，無償制である。授業料や教材の購入などの経済的負担によって就学困難に陥らないようにする原則である。教育を受けさせる義務を裏づけ

る原則であり，国の義務である。イギリスでは，フィッシャー法で完全実施されているが，教育費の問題は学校のありようを規定する重大な要因でもある。そのため各国とも無償制の完全実施までには多くの時間が費やされている。

　第 3 の原則は，中立性である。これには宗教的中立，政治的中立がある。主として教育内容に関わる原則である。イギリスでは，教会，宗教団体が支配していた初等教育に対して，国が介入し，しだいにその機能を掌握していく過程がみられた。教育内容の点からすれば，宗教教育が重視され，宗派ごとにその内容が異なることは，国民国家形成のためには好ましくない。宗教的中立とは，学校の教育内容から特定の宗派の色彩を取り除き，全国的に共通するカリキュラムを提供することなのである。

　また，政治的中立とは，政権が変わるごとに，統治者に都合のよい教育内容に変更されるのを防ぐ原則である。時の政治的な動向に左右されることなく，子どもの成長過程を安定的なものとすることである。国や社会の秩序を形成し，発展させるための知識や技術，徳性の習得という，長期的な展望をもって普遍的な教育内容を提供する原則なのである。

4　近代学校の教授システム——個別教授から一斉教授へ

（1）個別教授

　近代公教育の 3 原則と関連して，実際の教育活動においてみられる特徴の 1 つに一斉教授がある。大勢の学習者に同時に同内容の教育を行っていく授業の仕組みである。

　「学校」と聞いた時に私たちが真っ先にイメージするのは，教室での授業風景であろう。前方には黒板があり，それに対面する形で多くの机が並べられ，教壇に立つ教師の話や板書を児童や生徒が静かに見聞きしている風景は，実はそんなに昔からあるものではない。一斉教授の成立過程をイギリスを例にみてみよう。

　学習する子どもの数が少ない時代には，子どもは家庭の事情によって，それぞれ学ぶ時間や進度，必要性も異なり，そもそも学習開始の年齢や就学期間も異なっていた。当然，同じ学習進度の子どもを集めて一斉に授業を行うのは困

難である。教師が一人ひとりの子どもの学習状況に即して，個別に指導した方が合理的であったのである。

（2）モニトリアル・システム

18世紀末，産業の進展，資本主義経済の浸透に伴って，庶民の学習要求が高まると，多くの子どもに効率的に，しかも安価に教授する必要が生じてくる。その必要に応えて開発された教授法が，モニトリアル・システムである（図2-4～図2-6）。これは個別教授から一斉教授への橋渡しの役割を果たした過渡的な教授法として注目できる。

モニトリアル・システムとは，それまでの教師と生徒が一対一で向かい合う教授法ではなく，モニターと呼ばれる比較的優秀な生徒が先生役となり，約10名ほどの生徒のグループに対して教える教育方法である。教える内容は3R's で，それぞれ習熟度別に8段階や12段階に分類された「クラス」を単位としている。たとえば，「読み方・綴り方」であれば，「A,B,C」→「2文字やab等」→「3文字」→……→「新約聖書」→「旧約聖書」となり，「計算」であれば，「数字の組み合わせ」→「足し算」→「複数の足し算」→「引き算」→「複数の引き算」→「掛け算」→……→「三角法」，というようにである。

このシステムには，多数の正規教員の雇用を必要としないため経費を節減できること，大量の生徒の受け入れが可能であること，習熟度に応じた分業制・時間割制を導入したことによる効率的な教育が可能であることなど，現在の学校教育に通じる特徴を見出すことができる。

モニトリアル・システムを開発したのは，先に述べたようにイギリスにおいて対立関係にあった，国教会と非国教会派の2つの宗教団体にそれぞれ属していたベル（Andrew Bell）とランカスター（Joseph Lancaster）であった。2人は協力して開発したわけではなく，同時期に同様のシステムが開発されたのであった。対立する2つの団体にも共通する教育状況と課題認識があったことがうかがえる。

ただし，このシステムにはいくつかの問題点があった。1つ目は，時代の進展に伴って要請される3R's 以外の教科，たとえば地理，歴史，自然科学，音

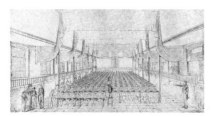

図2-4　モニトリアル・システム①
（一斉指導の風景）

出所：Birchenough（1925）.

図2-5　モニトリアル・システム②
（モニターによる読み方クラスの授業風景）

出所：Lancaster（2010）.

楽，体育等の多様な教科を教授するのには，モニターでは不可能であったこと，2つ目は，1つの教室内で複数クラスの授業が同時並行で行われたため，騒音問題が深刻化したこと，3つ目としては教師と生徒の密接な関係を廃して，規律と権威による秩序のもとで教育をマニュアル

図2-6　モニトリアル・システム③
（モニターによる書き方クラスの授業風景）

出所：Birchenough（1925）.

化・作業化したため，生徒の授業への関心を維持できなくなったことであった。

（3）一斉教授——私たちのイメージする学校

　こうした課題を克服するものとして生まれたのが，ギャラリー方式（ウィルダースピン）と呼ばれる一斉教授法であった。図2-7のように1人の教師が多くの生徒と向かい合う，対面方式の教授法で，教師は一度にすべての生徒を見渡すことができ，生徒もほかの仲間の行動をみながら，同時に学習を進めていくことができるようになった。国が学校教育への介入度を強めていく過程で，モニトリアル・システムから一斉教授法へと転換し，さらに到達度や発達段階による学年制や学級制も生まれて，現在の学校の原型が完成したのである（柳，2005）。

　人類の誕生とともに始まった教育の営みは，産業革命の進展，国民国家の成立，人権思想の普及を背景に，主として教会，国，工場の三者の各々の思惑と利害関係に規定されながら大きく変貌を遂げていった。19世紀末に一応の完

**図2-7 一斉教授（ギャラリーレッスン）による
授業風景**

出所：Birchenough（1925）.

成をみた公教育制度は，義務・無償・中立という特徴を備えた，私たちのイメージする学校制度である。子どもの（親の）願いと政治的要請の交差点として，また費用と時間と効果との組み合わせから導かれる効率性という観点に晒されて，公教育制度はその姿を変えていった。人類は1世紀の間，この新たな教育の仕組みのもとで，そのあり方を模索してきたのである。

学習課題　①　コメニウスの「すべての人にすべての事柄を教授する」（汎知主義）の考えとは具体的にどのようなものか。『世界図絵』を通じて調べてみよう。

②　公教育の原則である「義務教育」は，現在の日本の学校教育においてどのように示されているか。「就学義務」，「学校設置」，「避止」をキーワードに調べてみよう。

引用・参考文献

梅根悟『世界教育史』新評論，1967年（初版は1955年）。

カニンガム，H.『概説　子ども観の社会史——ヨーロッパとアメリカにみる教育・福祉・国家』北本正章訳，新曜社，2013年。

コンドルセほか『フランス革命期の公教育論』阪上孝編訳，岩波書店，2002年。

ハチンズ，B.L.・ハリソン，A.『イギリス工場法の歴史』大前朔郎ほか訳，新評論，1976年（原著は1903年）。

堀尾輝久『現代教育の思想と構造』岩波書店，1992年（初版は1971年）。

柳治男『〈学級〉の歴史学——自明視された空間を疑う』講談社，2005年。

Birchenough, C., *History of Elementary Education in England and Wales from 1800 to the Present Day*, University Tutorial Press, 1925.（原著は1914年）

Lancaster, J., *The British System of Education : Being a Complete Epitome of the Improvements and Inventions Practised by Joseph Lancaster : To Which is Added, a Report of the Trustees of the Lancaster School at Georgetown, Col*, Nabu Press, 2010.（原著は1812年）

第 3 章

近代日本の学校制度の展開

　日本における公教育は，どのように確立していったのか。本章では，初等教育のみならず，中等・高等教育にまで発展し，日本人の生活に大きな位置を占めるに至る学校システムの確立過程をおさえたい。明治期から第 2 次世界大戦までを対象とする。特に注目したい点は，明治初期「学制」の革新性，明治中期の諸学校令による学校システムの構想，明治後期の公教育の確立，大正期の高等教育の拡張，昭和戦前・戦中期の教育改革である。いかに短期間のうちに公教育が確立されたのか，西洋とは異なる日本的な特質についても考えてみよう。

1　日本の近代化と「学制」

（1）近代日本の教育課題

　欧米各国が公教育への歩みを進めていた19世紀初頭，日本は徳川幕府を頂点とする諸藩の連合国家の体制を敷き，対外的には長く鎖国状態にあった。その秩序を根底から揺るがしたのが，黒船来航であった。圧倒的な力を誇る西欧列強を前に，アジアの小国は開国を余儀なくされるとともに，独立を保つための「富国強兵」，「殖産興業」を目指した新たな国づくりという課題が突きつけられた。そして，国づくりを支える基盤として教育制度の確立に大きなエネルギーが注がれることとなったのである。

　克服の対象とされた江戸時代の教育の仕組みはいかなるものであったのか。端的にいえば，それは身分制度に基づいた教育であった。武士の子弟は各藩が設置した**藩校**で学び，農・工・商の子弟はそれぞれの家庭の必要に応じて**手習塾**（寺子屋）（図 3 - 1 ）で学ぶ。手習塾に行かない子どもも多く，特に女子は一

図3-1　江戸時代の手習塾（寺子屋）
出所：石川（1984）。

部に限られていた。学ぶ内容も異なり，武士の子弟は文字の読み書きを超えて，四書五経という中国古典を通じて武士の素養（「五常五倫」）を高めるとともに，学術・技芸・武芸を習得し，手習塾（寺子屋）の子どもたちは，読み・書き・計算のいわゆる3R's を習得した。こうして，身分秩序を保つ仕組みとなっていたのである。このほか，著名な学者が主宰する**学問塾（私塾）**が全国にあり，藩を超えて意欲旺盛な武士が集って学ぶということもあった。

　近代日本の教育課題は，大きく分けて，①西欧の先進の知識や技術を摂取すること，②国家を支える国民としての自覚を高めることであった。その課題達成は，それまでの近世社会の教育とは大きく異なる新たな教育制度に託された。

（2）「学制」発布

　1872（明治5）年，**学制**が発布された。日本の近代公教育の端緒である。図3-2の**学制布告書**（「学事奨励ニ関スル被仰出書」）は，学制の全109章の条文の前文にあたるもので，江戸時代の教育とは大きく異なる考え方を国民の間に普及させるためのものである。

　そこには，まず「學問ハ身ヲ立ルノ財本共云ヘキ者」とあり，人は生まれながらの身分や家柄，職業，性別によって生き方を規定されるものではなく，学んだ知識や技術によって，自分の人生を切り開いていくものであることが記さ

太政官布告第二百十四號（明治五年八月二日）

人々自ラ其身ヲ立テ其産ヲ治メ其業ヲ昌ニシテ以テ其生ヲ遂ルノ所以ノモノハ他ナシ身ヲ修メ智ヲ開キ才藝ヲ長スルニヨルナリ而テ其身ヲ修メ智ヲ開キ才藝ヲ長スルハ學ニアラサレハ能ハス是レ學校ノ設アル所以ニシテ日用常行言語書算ヲ初メ士官農百工技藝及ヒ法律政治天文醫療等ニ至ル迄凡人ノ營ムトコロノ事學アラサルハナシ人能ク其才ノアル所ニ應シ勉勵シテ之ニ從事シ而シテ後初テ生ヲ治メ産ヲ興シ業ヲ昌ニスルヲ得ヘシサレハ學問ハ身ヲ立ルノ財本共云ヘキ者ニシテ人タルモノ誰カ學ハスシテ可ナランヤ夫ノ道路ニ迷ヒ飢餓ニ陥リ家ヲ破リ身ヲ喪ノ徒ノ如キハ畢竟不學ヨリシテカ、ル過チヲ生スルナリ従来學校ノ設アリテ已ヒ年ヲ歴ルコト久シト雖トモ或ハ其道ヲ得サルヨリシテ人其方向ヲ誤リ學問ハ士人以上ノ事ニシテ農工商及ヒ婦女子ニ至ツテハ之ヲ度外ニヲキ學問ノ何物タルヲ辨セス又士人以上ノ稀ニ學フ者モ動モスレハ國家ノ爲ニスト唱ヘ身ヲ立ルノ基タルヲ知ラスシテ或ハ詞章記誦ノ末ニ趨リ空理虛談ノ途ニ陥リ其論高尚ニ似タリト雖トモ之ヲ身ニ行ヒ事ニ施スコト能ハサルモノ少カラス是即チ沿襲ノ習弊ニシテ文明普ネカラス才藝ノ長セスシテ貧乏破產喪家ノ徒多キ所以ナリ是故ニ人タルモノハ學ハスンハ有ヘカラス之ヲ學フニハ宜シク其旨ヲ誤ルヘカラス之ニ依今般文部省ニ於テ學制ヲ定メ追々教則ヲモ改正シ布告ニ及フヘキニツキ自今以後一般ノ人民　華士族卒農工商及婦女子必ス邑ニ不學ノ戸ナク家ニ不學ノ人ナカラシメン事ヲ期ス人ノ父兄タル者宜シク此意ヲ體認シ其愛育ノ情ヲ厚シ其子弟ヲシテ必ス學ニ從事セシメサルヘカラサルモノナリ　高上ノ學ニ至テハ其人ノ材能ニ任カスト雖トモ幼童ノ子弟ハ男女ノ別ナク小學ニ從事セシメサルモノ其父兄ノ越度タルヘキ事

但從來沿襲ノ弊學問ハ士人以上ノ事トシ國家ノ爲ニスト唱フルヲ以テ學費及其衣食ノ用ニ至ル迄多ク官ニ依頼シ之ヲ給スルニ非サレハ學ハサル事ト思ヒ一生ヲ自棄スルモノ少カラス是皆惑ヘルノ甚シキモノナリ自今以後此等ノ弊ヲ改メ一般ノ人民他事ヲ抛チ自ラ奮テ必ス學ニ從事セシムヘキ樣心得ヘキ事

右之通被　仰出候條地方官ニ於テ邊隅小民ニ至ル迄不洩樣便宜解課ヲ加ヘ精細申論文部省規則ニ随ヒ學問普及致候樣方法ヲ設可施行事

図3-2　学制布告書（「学事奨励ニ関スル被仰出書」）

出所：内閣官報局（1974）。

れた。属性主義から業績主義への転換が宣言されたのである。

　また，近代化のためにすべての国民に学ぶ機会を設けようとした。学制布告書の「一般ノ人民　華士族卒農工商及婦女子必ス邑ニ不學ノ戸ナク家ニ不學ノ人ナカラシメン事ヲ期ス」の言葉には，身分・職業・性別にかかわらず，すべての国民が就学するという国民皆学の考えが示されている。

この点は，近代公教育の義務教育の原則と関わる。学制では，保護者は「愛育ノ情ヲ厚クシ其子弟ヲシテ必ス學ニ従事セシメサルヘカラサルモノ」で，学校で子どもに学ばせないのは「其父兄［保護者］ノ越度［落ち度］タルヘキ事」とされた（［　］内は筆者補足）。「義務」とは記されていないものの，子どもの就学に対する保護者の義務を規定したものと考えてよいだろう。ただし，本来，義務教育には，学校を設置し，保護者の経済的負担を取り除いて就学を保障する国や行政側の義務，さらに安価な労働力として雇用されやすい子どもに対して，就労が就学の妨げにならないようにする雇用者の避止義務など，保護者の義務を果たす前提となる様々な義務が存在する。そのような意味での義務教育が成立するのはそれからまだ先のことであった。

　学制の特徴の1つは学区制を敷いたことである。村落共同体とは無関係に設置した学区を，一般行政区から独立した教育行政区（通学区）とする学区制は，全国を8つの大学区に分け，各大学区を32の中学区に分け，各中学区を210の小学区に分けて，それぞれに大・中・小学校を設置するという構想であった。小学校だけでも全国に5万3760校を設置するという壮大な計画である。実際には計画通りには実現しなかったが，学制発布の数年後には，現在の小学校数とほぼ同数の約2万校が設置された。

　一方，小学校の創設は，新たに西欧式の教育内容・方法を身につけた大量の教員を必要とした。教員養成は，東京に設置された師範学校において，お雇い外国人スコット（Marion McCarrell Scott）を唯一の教師として開始された。そして，ここから巣立った卒業生たちが，各府県の師範学校の教員として赴任し，小学校教員の養成にあたったのである。

（3）教育令の公布

　このように革新性を備えた学制であったが，それに基づく学校教育は，人々に不評であった。学校設立のための費用は地域住民の負担によるところが大きく，くわえて授業料も私費であり，就学を躊躇させるに十分であった。さらに当時，子どもは7〜8歳にもなれば貴重な労働力として期待されており，就学によって働き手を失う負担も小さいものではなかった。その反面，教育内容は

生活と労働に直接役に立つものと
もいえなかった。結果，就学率も
男子で30～40％，女子で10～
20％程度という低水準となり，中
学・大学の普及にも遠く及ばな
かった。

　文部省は，小学校への就学を促
すべく，1879（明治12）年に学制
を廃して**教育令**を発布した。学校
設置の規制を緩和することで就学

図3-3　明治初期の小学校の授業
出所：田中・諸葛（1873）。

促進を試みたのである。しかし，いかにも手習塾（寺子屋）といった風の，水
準に達しない学校が増えるなどの質的な「後退」現象が認められたため，翌
1880（明治13）年には教育令を改正し，再び統制の強化を図った。近代学校制
度が確立するまでには，試行錯誤を繰り返さなければならなかったのである。

　ところで，「教育令」なる法令は，勅令すなわち天皇の命令の形で発せられ
た。この形は，帝国議会が開設された後も続き，第2次世界大戦後の教育改革
まで変わることがなかった。議会を経ないことから，政争の行方に左右されず
に，教育のあり方を決定し，社会状況の変化に応じて迅速に法規を改変できる。
これを教育法規の**勅令主義**といい，日本の教育制度の大きな特徴であった。

2　日本における公教育制度の確立

（1）小学校令の発布

　1886（明治19）年，初代文部大臣森有礼によって，**小学校令**，**中学校令**，**帝
国大学令**，**師範学校令**が発布された。学校体系全般にわたる改革であり，第2
次世界大戦後に改革がなされるまで続く，教育制度の基本骨格を示すものと
なった。ここでは，小学校の段階における制度的な定着過程をみていくことに
したい。

　小学校令は，小学校を尋常・高等の2種とし，前者を修業年限4年の義務教

育とした（後者の高等小学校の修業年限も4年であるが、こちらは尋常小学校卒業者のうちの一部が進学するもので、義務教育ではない）。小学校（尋常）を義務教育と規定した最初の法令である。また、授業料徴収は原則とされたが、納付が困難な者には、修業年限3年以内で簡略な教育内容を教える小学簡易科の制度も用意された。

（2）無償制の実現と就学率の上昇

　小学校令に義務教育が規定されたからといって、ただちに就学率が上昇したわけではなかった。授業料徴収による経済的な負担が大きかったからである。1900（明治33）年、小学校令改正に伴う授業料徴収の廃止によって、義務教育の無償制が実現した。これにより、小学校の就学率は急激に上昇し、90％に達した（図3-4）。それまでも「ともづれ」のなだれ現象と呼ばれる、民衆の横並び意識による就学がしだいに増えていたが、無償制の実施は、国民皆学を具現化する大きな力となった。ただし、この就学率の数値は学籍児童の割合であり、ほぼ毎日小学校に通学して、卒業する児童の割合となると、特に女児に関してはまだ高い水準とはいえなかった。

　さらに1907（明治40）年の小学校令改正によって、義務教育年限が4年から6年となった（1908（明治41）年実施）。いわゆる私たちのイメージする小学校の原型がこの時期に確立したといってよい。

（3）「教育勅語」の発布

　能力主義的な教育観に基づく近代学校教育制度の急速な普及によって、教育理念も変化を余儀なくされ、近世日本が培ってきた伝統や民衆の風俗・文化は役に立たない、遅れたものとして捨て去られていくこととなった。幕末の思想家佐久間象山が唱えた「東洋道徳・西洋芸術」の思想は、政治や道徳、教育面では、儒教の伝統を守りつつ、科学や技術面では西洋のものを摂取するという、幕末以来の日本の進むべき方向性であった。しかし、急速な近代化・西欧化は、新しい「日本人」のあり方を突きつけることになった。

　1880年代に入ると、伝統的な儒教道徳と欧米の市民倫理との対立を軸とす

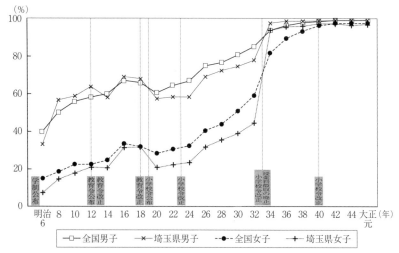

図3-4　明治期における小学校就学率の変遷（全国・埼玉県，男女別）

出所：戸田市立郷土博物館（1999）をもとに筆者作成。

る「徳育論争」が政府内，言論界に展開した。これに対して明治政府は，1890
（明治23）年，井上　毅，元田永孚らが起草した「教育勅語」（「教育ニ関スル勅
語」）（図3-5）を発し，臣民（国民）が守り行うべき12の徳目を示した。儒教
的な性格の強い内容であったが，天皇の「おことば」（勅語）であり，不可侵
性を持つ教育理念として位置づけられた。翌年の「小学校教則大綱」では，
「教育勅語」の趣旨に基づき小学校教育を行うことを明記し，修身科もこれを
直接体現する教科として位置づけられた。このあと，第2次世界大戦後の
1948（昭和23）年に国会で正式に失効が確認されるまで，「教育勅語」は日本
の教育理念の中核に位置したのである。

（4）課程主義と年齢主義

　現代の小学校のような学年・学級システムができたのは，明治20年代から
30年代にかけてのことである。それまでは等級制であったから，半年ごとに
行われる試験に合格できなければ，進級や卒業はできず，したがって教室の教
員と子どもたちの顔ぶれは必ずしも年齢によって固定されているわけではな

教育勅語

朕惟うに我が皇祖皇宗国を肇むること宏遠に徳を樹つること深厚なり我が臣民克く忠に克く孝に億兆心を一にして世々厥の美を済せるは此れ我が国体の精華にして教育の淵源亦実に此に存す爾臣民父母に孝に兄弟に友に夫婦相和し朋友相信じ恭倹己れを持し博愛衆に及ぼし学を修め業を習い以て智能を啓発し徳器を成就し進で公益を広め世務を開き常に国憲を重じ国法に遵い一旦緩急あれば義勇公に奉じ以て天壌無窮の皇運を扶翼すべし是の如きは独り朕が忠良の臣民たるのみならず又以て爾祖先の遺風を顕彰するに足らん斯の道は実に我が皇祖皇宗の遺訓にして子孫臣民の倶に遵守すべき所之を古今に通じて謬らず之を中外に施して悖らず朕爾臣民と倶に拳々服膺して咸其徳を一にせんことを庶幾う

明治二十三年十月三十日
御名御璽

図3-5　教育勅語（「教育ニ関スル勅語」）

注：原文のカタカナはひらがなにし，漢字にはよみがなを付した。

かった。就学率の上昇と相まって複式学級（異なる年齢・等級の子どもからなる学級）から単式学級（同一年齢の子どもからなる学級）への移行ももたらされた。同じ発達段階の子どもたちに，同一の教育内容を同時に教えること（一斉教授）が可能となったのである。これにより，授業の定式化，画一化，効率化が加速していった。

　また，1900年，試験による進級判定の制度が廃止された。定められた教育課程の水準を達成すれば進級・卒業できるこれまでの制度（**課程主義**）から，一定期間就学すれば自動的に進級・卒業できる現在の制度（**年齢主義**）へと転換していったのも，この時期の1つの特徴であった。

3　中等教育の多様化

（1）中等教育の位置づけ

　中学校令（1886（明治19）年）では，各府県に1校の設置を原則とする5年制の尋常中学校と，官立の2年制の高等中学校の2種が設定された。高等中学校は，1894（明治27）年の高等学校令によって高等学校と改称され，帝国大学への予備教育機関としての性格を強めていく。

中等教育機関の発達の仕方には，いくつかの型が存在する。西洋諸国のように上位階層の子弟が高等教育に進学するための予備教育として発達するところもあれば，アメリカのように，中堅の人材育成が広く求められ，職業教育を強く意識しながら発達する場合もある。前者の教育内容が教養主義的なものであるのに対して，後者は卒業後に直ちに役に立つ実業的なものであり，学校の性格も異なる。日本の場合は，高等教育に接続する中学校，女子の中等教育を担う高等女学校，実業に関わる実業学校，に分化していった。

（2）女子中等教育

高等女学校は，1882（明治15）年に東京女子師範学校に附属高等女学校が設置されて以来，各地で設置されるようになった。1891（明治24）年の中学校令の改正により，高等女学校が尋常中学校と同水準の機関であることが法的に定められた。さらにその後，1899（明治32）年の中学校令の改正によって，中学校は「男子ニ須要ナル高等普通教育」機関であることが定められ，女子と区別された。同年公布された**高等女学校令**は，高等女学校の修業年限を4年と定めて，女子中等教育機関の整備・拡大を図るものであり，中等教育における男女分離型の学校体系を明確にするものであった。

従来，女子中等教育機関としては，私立学校，特にキリスト教系の女学校が多数設置されていたが，同令公布以降，伝統的な家族制度の維持強化のための「良妻賢母」主義教育の傾向を強めていく。

（3）実業教育の普及

実業教育に関しては，1890年代，製糸業，紡績業といった軽工業の飛躍的な発展を背景に，政府は本格的な実業教育振興策に乗り出す。まず1894年，「実業教育国庫補助法」を制定し，実業教育の財政面での充実を図った。また，従来，各産業領域の（文部省以外の）管轄省がそれぞれに専門的な技術指導者の育成を行っていた体制を，文部省管轄に一元化した。

さらに日清戦争（1894〜1895年）後の重工業の急速な発展を背景に，1899年，**実業学校令**を公布し，工業学校，農業学校，商業学校，商船学校，実業補習学

校の法的整備をなした。これにより，実業教育は中学校の機能から完全に引き離され，独自の組織と内容を備えた本格的な体制が築かれることとなった。1890（明治23）年には25校のみであった実業学校は，「実業教育国庫補助法」制定の翌1895（明治28）年には58校，1900（明治33）年には143校，1905（明治38）年には272校，1910（明治43）年には481校と急増した。

　実業補習学校は，実業教育と小学校卒業後の補習教育を行う勤労青少年を対象とする定時制教育機関である。その多くが小学校に付設され，小学校教員が教育にあたった。実業学校令により，実業補習学校が実業学校として位置づけられると，学校数・生徒数ともに飛躍的な展開をみせた。それには，日清戦争後における壮丁（兵役青年）の学力低下を問題視した文部省が実業補習教育に力を入れたことも関係しているが，一方では全日制の中等教育機関に進学できない青少年の学習要求の受け皿となったという側面もあった。1935（昭和10）年に青年訓練所と統合し，青年学校となるまで存続した（久保ほか，2001）。

　以上のように中等教育は，高等教育機関に接続する予備教育と，卒業後社会の中堅を担う実業教育と，女性独自の役割を期待する女子教育とに分化していった。中等教育段階における複線化は，日本では階層社会を固定するものとして否定的な評価がなされることが一般的である。しかしながら，この時期の日本の社会・経済的段階をふまえれば，複線化は中等教育制度における乗り越えられるべき1つの過程といえるだろう。

（4）教員養成機関——師範学校

　小学校教員を供給する教育機関としての師範学校は，師範学校令（1886年）によって尋常・高等の2種に分けられ，府県によって運営される前者の尋常師範学校は，4年制の小学校教員養成機関と規定された。

　森文相は「師範生徒タル者ハ自分ノ利益ヲ謀ルハ十ノ二三ニシテ其七八ハ国家必要ノ目的ヲ達スル道具即チ国家ノ為メニ犠牲ト為ルノ決心ヲ要ス」（大久保，1972）と述べ，専門的な知識・技術よりも「順良・信愛・威重」（師範学校令第1条）の3気質を備えた「人物」の育成を優先した。その方法は「道具責」が有効であるとし，兵式体操と寄宿舎制を柱とする軍隊式教育を採用した。学

費をかけずに進学可能な数少ない立身出世の順路であることから，資力に乏しいが学力優秀・向学心の強い子どもたちが多く進学した。

　他方，幼児教育の制度にも触れておきたい。1876（明治9）年，東京女子師範学校附属幼稚園に始まる日本の幼稚園教育は，大正期に発展し，1926（大正15）年には幼稚園令が公布され，都市化に伴う需要の増大に応えうる制度の整備を図った。

4　高等教育の拡張

（1）エリート養成機関としての帝国大学

　学制で全国8大学区にそれぞれ設置するとされた大学は，実際には1877（明治10）年に東京大学1校が設置されたにすぎなかった。東京大学は，法・医・文・理の4学部を備え，官僚や高度な専門技術者などを養成する総合大学であった。

　1886（明治19）年に帝国大学令が出され，東京大学が東京帝国大学と改称されてからは，1897（明治30）年に京都帝国大学（京都），1907（明治40）年に東北帝国大学（仙台），1911（明治44）年に九州帝国大学（福岡）がそれぞれ設置された。帝国大学令第1条では「帝国大学ハ国家ノ須要ニ応スル学術技芸ヲ教授シ及其蘊奥ヲ攻究スルヲ以テ目的トス」と国家目的のための機関であることが明示された。依然として少数のエリート養成機関であった。

　なお，この時期の帝国大学の学生は，すべて男性であり，初めて「女子大生」が誕生したのは，東北帝国大学に3人の女性の入学が認められた1913（大正2）年のことである。最初に女性の入学を認めて女子高等教育の道を開いたのは，のちに成城小学校を創設することになる，東北帝国大学総長澤柳政太郎であった。

（2）「立身出世」の受け皿としての専門学校

　高等教育に対する需要を受け止める役割を果たしてきたのが，私立・官立の専門学校であった。東京専門学校（現早稲田大学）や明治法律専門学校（現明治

大学）など専科の学校が多く存在した。中等教育の機会が拡大されるにしたがって，しだいに法的な整備の必要が高まり，1903（明治36）年には**専門学校令**が発せられた。これにより，専門学校は中学校や高等女学校卒業を入学資格とする，修業年限3年の学校と規定された。

このほか，専門学校には，中学校等を卒業せずとも試験によって受験資格を取得できる制度があり，そのために都会に上京して勉学に励んだり，あるいは地方にいて「中学講義録」などの通信教育制度を利用して「独学」する勤労青年も数多く存在した。この受験資格を得るための試験の合格率は，10％程度ときわめて低いものであったが，専門学校はそうした民衆の上昇エネルギーを「加熱」させ，また「冷却」する仕組みを有していたのである（竹内，1997）。さらに，同令では日本女子学校や東京女子医科専門学校のような，女子の専門学校も認可され，女子の高等教育の機会もしだいに拡がっていった。

（3）大学の増設──大学令の公布

大学増設の契機は，1918（大正7）年の**大学令**の制定である。同令により，私立大学と公立大学が誕生した。高等教育への需要の高まりを背景に，**臨時教育会議**の答申に基づいて制定されたもので，ほかに高等学校の拡充を目的とした第2次高等学校令（1918年）も同答申によるものである。

1919（大正8）年の大学令施行時には府立大阪医科大学が，1920（大正9）年には慶應義塾大学，早稲田大学，日本大学，法政大学，明治大学，中央大学や官立・公立の医科大学などが，法的に正式な大学として認可された。帝国大学令に基づく5校のみであった大学は，私立・官立の専門学校を昇格させる形で拡大し，1929（昭和4）年までに49校となった。このなかには，植民地に設置された帝国大学の京城帝国大学（1924（大正13）年），台北帝国大学（1928（昭和3）年），大学令に基づいて認可された旅順工科大学，満州医科大学も含む。ただし，私立大学は国家の管理統制下に置かれることになり，独自の学風が失われていく側面もみられた。

学制から半世紀を経て，初等教育から高等教育に至る体系的な学校制度が確立したということができる。

5　戦時下の教育改革

（1）戦時体制に向けた教育改革

　1935（昭和10）年，天皇が日本の統治主体であることを明らかにした「国体明徴」宣言がなされた。翌年の教学刷新評議会答申では，国体・日本精神に立脚する教育と学問の統制の方針を鮮明にした。

　1937（昭和12）年に教育審議会が内閣総理大臣の諮問機関として設置された。必ずしも戦時体制に即応した教育制度の改革を目的としたものではなかったが，たとえば青年学校義務制の実施（1939（昭和14）年）や国民学校の発足（1941（昭和16）年）など，その後の教育改革を方向づける重要な答申がなされた。このほか，教育審議会の答申を基礎にして，1943（昭和18）年に師範教育令が改正され，師範学校を「皇国ノ道ニ則リテ国民学校教員タルベキ者ノ錬成ヲ為ス」機関とした。また，県立であった各師範学校を官立（国立）とするとともに，中等教育程度から専門学校程度の教育機関に「昇格」させた。

（2）国民学校の特質

　教育審議会の答申に基づき，1941年，「国民学校令」が公布された。それまでの「小学校令」体制を改変するものであった。小学校の名称を国民学校とし，6年制の初等科と 2年制の高等科の計 8年とした。6年から 8年へと義務教育期間の延長を定めたのである（ただし，戦局の悪化により，実施されることはなかった）。

　その第 1条には「国民学校ハ皇国ノ道ニ則リテ初等普通教育ヲ施シ国民ノ基礎的錬成ヲ為スヲ以テ目的トス」と目的規定がなされ，皇国民の「錬成」のための教育課程が定められた。特に教科の統合は特徴的で，国民科，理数科，体錬科，芸能科の 4つにまとめられた（高等科はこれに実業科が加わる）。

　「錬成」とは，知識偏重を否定し，体験や「行」（実践）を重視する，という程度の意味であった。規定が曖昧ゆえに，その内容・方法は現場に委ねられ，しだいに過剰な取り組みになっていった。儀式や行事，訓練の機会が増えてい

き，戦局が厳しくなると，食糧増産や勤労奉仕，教室に神棚を設置する神棚教育の実践なども教育内容に位置づけられた。

（3）戦争と学校のゆくえ——学童疎開・学徒動員・学徒出陣

　戦況の悪化は，学校教育の変質や崩壊をもたらす。1944（昭和19）年，空襲の激化が想定される東京，大阪等の全国17都市の国民学校初等科3学年以上の児童45万人が，地方都市へ集団疎開した。子どもは親元を離れ，学校単位で教員と寮母と共に寺院や旅館に移り住み，地元の学校を間借りして教育活動を行った。

　中等教育機関の生徒は，深刻な労働力不足を補うため勤労動員され，食糧増産や軍需工場等での労働に従事した。1944年に入ると，「学徒勤労令」，「女子挺身勤労令」が公布された。1945（昭和20）年には「決戦教育措置要綱」（閣議決定）や「戦時教育令」が公布され，学校での授業は完全に停止された。

　学徒出陣と呼ばれる，高等教育機関の学生の徴兵も行われた。文系の学生は戦地に，理系の学生は主に軍の研究所に動員され，多くの学生が命を落としたのである。

| 学習課題 | ① 卒業した小学校の歴史（創立年や設置の経緯）について調べてみよう。 |

①　卒業した小学校の歴史（創立年や設置の経緯）について調べてみよう。
②　小学校，中学校（高等女学校や実業学校も），高等学校，帝国大学のそれぞれの就学率・進学率の変遷をグラフにしてみよう。
③　戦前の学校教育における性別による違いを調べてみよう。

引用・参考文献

石川松太郎監修『図録　日本教育の源流』第一法規出版，1984年。

大久保利謙編著『森有礼全集』第1巻，宣文堂書店，1972年。

久保義三ほか編著『現代教育史事典』東京書籍，2001年。

竹内洋『立身出世主義——近代日本のロマンと欲望（NHKライブラリー⑭）』日本放送出版協会，1997年。

田中義廉・諸葛信澄閲『師範學校　小學教授法』雄風舎，1873年。

戸田市立郷土博物館『寺子屋から明治期の学校風景（特別展）』（展示会ブックレット）1999年。

内閣官報局編『法令全書』第5巻1，原書房，1974年。

山田恵吾編著『日本の教育文化史を学ぶ——時代・生活・学校』ミネルヴァ書房，2014年。

第4章

戦後日本の学校制度の展開

　本章では，学校の種類，段階，接続といった学校体系に焦点を合わせ，第2次世界大戦の終戦以降，日本の学校制度が作られてきた歴史的展開について取り扱う。終戦直後の新しい学校制度の構築，その後の拡大と多様化，規制緩和がどのような時代的，社会的要請に対応するために行われたものであったのかについて理解し，これからの日本において学校教育が担うことが期待されている社会的役割とは何かを考えるための知識について理解を深めていこう。

1　戦後教育改革と新学制の成立

（1）総司令部による改革——四大改革指令と米国教育使節団

　第2次世界大戦後，日本の教育改革は連合国軍最高司令官総司令部（以下，総司令部）の占領下で進められた。特に教育に関する改革を担当する部局として，民間情報教育局（CIE）が設立され，総司令部による戦後直後の改革はCIEを中心に進められることとなった。

　1945（昭和20）年，総司令部は教育に関する4つの指令，いわゆる四大改革指令を発した。10月22日の「日本教育制度ニ対スル管理政策」は，教育内容，教職員などについて包括的に指示し，文部省に総司令部への報告義務を課した。10月30日の「教員及教育関係官ノ調査，除外，認可ニ関スル件」は，軍国主義的思想を持つ者を教職から排除するように求めた。12月15日の「国家神道，神社神道ニ対スル政府ノ保証，支援，保全，監督並ニ弘布ノ廃止ニ関スル件」は，信教の自由の確保と，国家と宗教の分離の実現をねらいとした。12月31日の「修身，日本歴史及ビ地理停止ニ関スル件」は，軍国主義定着の役割を

担っていたとされた修身，日本歴史，地理の授業停止と教科書回収を命じたものであった。

　これらの指令が具体的に実施されたのは翌1946（昭和21）年であった。1月に国民学校後期使用教科書の削除訂正箇所が文部省により通達された。また，5月以降，適格審査によりおよそ2600人の教師が不適格者と判定され，審査によらず不適格者とされた者を含めたおよそ5300人が教職から追放された。

　これら占領期初期に行われた四大改革指令を中心とする改革を，日本の教育から軍国主義を排除するための改革，すなわち「引き算の改革」と捉えるなら，その後に続く改革は，日本を民主主義国家として成立させるために必要な教育を整備するための改革，すなわち「足し算の改革」と表現することができる。

　その方向性を示したのは，総司令部によりアメリカから招かれた**米国教育使節団**であった。27人からなる米国教育使節団は1946年3月に来日して1カ月間滞在し，*"Report of the United States Education Mission to Japan"*（「米國教育使節團報告書」）を提出した。そこには「日本人がみずからその文化のなかに，健全な教育制度再建に必要な諸条件を樹立するための援助をしようと努めた」と記されていた。その内容は，国語の改革，初等及び中等学校の教育行政，教授法と教師養成教育，成人教育，高等教育にわたる。初等，中等学校に関しては，6年制の小学校，3年制の初級中等学校，3年制の上級中等学校の設置が提案された。特に初級と上級の中等学校により「小学校高等科・高等女学校・予科・実業学校および青年学校等の果しつつある種々の職能を，継続する」とあるのは，それまでの**分岐型**の学校体系を**単線型**に切り替えるという意味において，重要な提案であった。

　米国教育使節団の報告書に対して，文部省（1992）は，日本の過去の教育の問題点を指摘し，民主的な教育を提言したものと評価し，CIEによる教育改革の指針としての役割を果たしたと指摘している。小川は，具体的な提案もあれば抽象的な勧告もあるとして，内容の偏りを指摘しつつも，民主主義，自由主義の立場から教育のあり方についての考え方を述べていたと評価している（小川，1985：377）。

　1950（昭和25）年8月には，**第2次米国教育使節団**が来日し，報告書に示さ

れていた改革案の実施状況の確認を行った。

（2）「新日本建設ノ教育方針」

　総司令部によって主導されてきた戦後直後の教育改革であったが，他方，日本が自律的に教育改革を試みた側面もあった。その一例が，総司令部による四大改革指令に先立ち，1945年9月15日に文部省が発表した「**新日本建設ノ教育方針**」である。「戦争終結ニ関スル大詔ノ御趣旨ヲ奉体シテ世界平和ト人類ノ福祉ニ貢献スベキ新日本ノ建設ニ資スル」ためとして，①新教育の方針，②教育の体勢，③教科書，④教職員に対する措置，⑤学徒に対する措置，⑥科学教育，⑦社会教育，⑧青少年団体，⑨宗教，⑩体育，⑪文部省機構の改革，の11項目について，その方針が示されていた。

　「新日本建設ノ教育方針」について，文部省（1972）は，同年10月に行われた教員養成諸学校長及び地方視学官への講習や，各都道府県で行われた国民学校長や青年学校長への講習などによって，その方針の普及徹底が図られたと指摘している。小川は，応急的な措置であったと捉えながらも，四大改革指令と比較して，的外れの案ではなかったと評価している（小川，1985：373～375）。

（3）教育刷新委員会による新学制の構築

　総司令部は米国教育使節団に協力するための組織を日本に要請しており，それを受けて，**日本側教育家委員会**が31名をもって組織された。日本側教育家委員会が米国教育使節団に提出した報告書には，学校体系に関わる議論として，義務教育段階の学校のあり方について，6・3制と6・2制の2案が提示されていた。

　米国教育使節団の帰国後，日本側教育家委員会を母体として，1946年8月に**教育刷新委員会**が内閣に設置された。同年12月の第1回建議では，①教育の理念及び教育基本法，②学制，③私立学校，④教育行政，の4つの領域が取り扱われた。学制については，初等教育の後に3年制の義務教育の中学校，3年制の高等学校，大学は4年制を原則とすることが示され，翌1947（昭和22）年3月制定の学校教育法において示された，6・3・3制による単線型学校体系

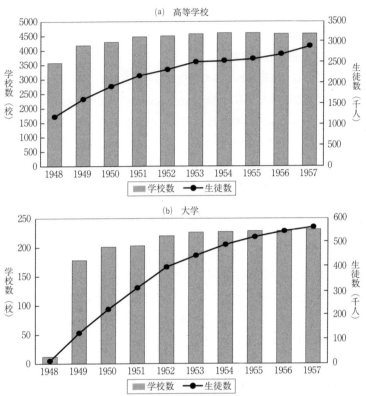

図 4 - 1　高等学校・大学の学校数・生徒数の推移（1948〜1957年度）

出所：文部省『学校基本調査報告書』（各年度版）をもとに筆者作成。

の基盤となった。

　教育刷新委員会は1949（昭和24）年6月に**教育刷新審議会**と改称された。同年7月の第31回建議において新学制完全実施についての議論を取り扱うなど，**中央教育審議会**の新設に関する1951（昭和26）年11月の建議に至るまで，計35回の建議を内閣に提出した。最後の建議で取り上げられた中央教育審議会は，1952（昭和27）年6月に発足した。

　教育刷新委員会と教育刷新審議会について，文部省（1992）は，この時期の教育改革のほぼすべてを審議した場であり，その役割はきわめて大きかったと述べている。藤岡貞彦は，戦後の日本の教育改革の設計図を作成したと評価し

ている（宮原ほか，1974：19）。

　図 4 - 1 は，新学制移行後の学校数と生徒数の推移を，高等学校と大学について示している。1948（昭和 23）年度から 1957（昭和 32）年度の 10 年間で，高等学校の学校数は 3575 校から 4577 校，生徒数は 120 万人から 290 万人に増加した。大学に関しては，学校数が 12 校から 231 校に，生徒数が 1 万 2000 人から 56 万人に増加した。1947 年の 6・3・3 制成立以降の 10 年間において，学校数の増加が初期の 2 年間に集中し，生徒数は前半 5 年間で大きな伸びをみせたが，その後も順調に増加したといえる。

2　新学制の再編と学校制度の多様化

（1）政令改正諮問委員会と高等専門学校の新設

　1951（昭和 26）年 5 月，総司令部の指令により政令改正諮問委員会が設置された。政令改正諮問委員会が同年 11 月にまとめた「教育制度の改革に関する答申」は，6・3・3 制の学校体系を原則的に維持すべきとしつつ，「わが国の実情に即しない画一的な教育制度を改め，実際社会の要求に応じ得る弾力性をもつた教育制度を確立する」必要性を指摘した。そして「普通教育を偏重する従来の制度を改め，職業教育の尊重強化と教科内容の充実合理化を実現する」との視点から，高等学校 3 年間と大学の 2 年間あるいは 3 年間を合わせた農・工・商教育等の職業教育に重点を置く新しい学校種の設置を構想した。

　この構想は，中央教育審議会における短期大学制度とのすり合わせなどを経て，1958（昭和 33）年の第 28 回通常国会より専科大学構想として議論され，1961（昭和 36）年 6 月の学校教育法の改正をもって，高等専門学校として成立した。

（2）後期中等教育と高等教育の拡大

　その後，図 4 - 2 に示すように，高等専門学校の学校数は 1962（昭和 37）年の 19 校から約 10 年後の 1971（昭和 46）年には 63 校に，生徒数は 1962 年の 3400 人から 1971 年には 4 万 7000 人へと拡大することとなった。設置者に着目する

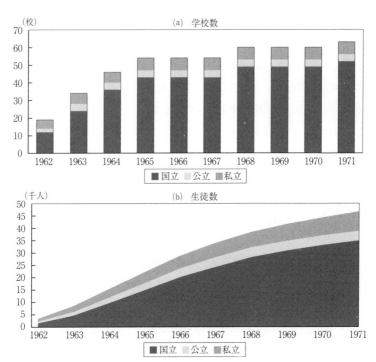

図4-2　高等専門学校の学校数・生徒数の推移（1962〜1971年度）

出所：文部省『学校基本調査報告書』（各年度版）をもとに筆者作成。

と，高等専門学校の拡大は主に国立学校によって牽引されたことが示されている。

　1960年代は高度経済成長期であり，経済成長を支えるための人材の育成を教育に求める動きが強まった時期であった。学歴と雇用が強く結びついたことを背景として，後期中等教育や高等教育への進学を希望する生徒が急速に増大した。図4-3に示すように，高等学校などへの進学率は1960（昭和35）年の57.7％から1970（昭和45）年には82.1％まで増加し，1974（昭和49）年には90％を超えた。

　大学も学校数，生徒数ともに拡大を続けていた。図4-4に示すように，1962年に260校であった大学は1971年には389校に増加し，生徒数も1962年の73万人から1971年の150万人に増加した。設置者に着目すると，大学の拡大については私立学校が牽引していたことが示されている。

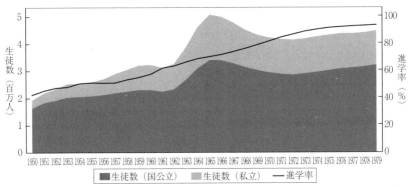

図 4 - 3　高等学校の生徒数・高等学校への進学率（1950～1979 年度）

注：「高等学校等への進学率」は，中学校卒業者のうち，高等学校（通信制仮定（本科）への進学
　　者を除く），特別支援学校高等部の本科・別科並びに高等専門学校に進学した者（就職進学した
　　者を含み，過年度中卒者等は含まない）の占める比率を指す。

出所：文部省『学校基本調査報告書』（各年度版）をもとに筆者作成。

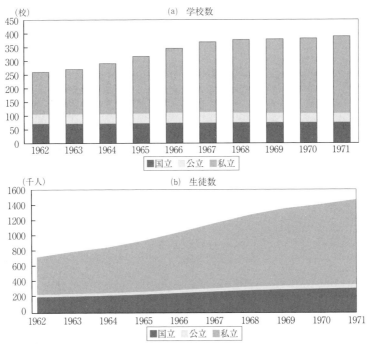

図 4 - 4　大学の学校数・生徒数の推移（1962～1971 年度）

出所：文部省『学校基本調査報告書』（各年度版）をもとに筆者作成。

（3）四六答申による学校制度の多様化

　このような状況下にあって，中央教育審議会は，1967（昭和42）年7月の文部大臣の諮問に対して，1971年6月に「今後における学校教育の総合的な拡充整備のための基本的施策について」を答申する。この答申は，1971（昭和46）年に発表されたものであることから，一般に**四六答申**と呼ばれている。

　四六答申の内容は初等・中等教育の改革と，高等教育の改革に分かれている。学校体系に関して，初等中等教育における基本構想として，中学校と高等学校を一貫した学校として教育を行うことや，小学校，中学校，高等学校の区切り方を変えることを提言した。また，高等教育については，基本構想として高等教育機関を大学，短期大学，高等専門学校，大学院，研究院の5種に種別化し，そのなかでも教育課程の類型を設けることで多様化を図り，教育機会を開放することによって高等教育の拡充を実現することを提言した。

3　臨時教育審議会以降の学校改革

（1）臨時教育審議会

　1984（昭和59）年9月，内閣総理大臣の諮問機関として，**臨時教育審議会**が総理府に設置された。臨時教育審議会は，1985（昭和60）年6月の第1次答申，1986（昭和61）年4月の第2次答申，1987（昭和62）年4月の第3次答申を経て，第4次答申を1987年8月にとりまとめた。

　答申の内容を概観すると，学校体系に関して，第1次答申では，大学入学資格の自由化・弾力化（状況に応じて柔軟に対応できるようにすること），6年制中等学校の設置について議論された。第2次答申では高等教育機関の多様化と連携に関する審議内容が含まれた。第3次答申では高等教育機関の組織運営のあり方についての議論が述べられた。最終の第4次答申は，第3次までの答申を総括し，改革への視点を，①個性重視の原則，②生涯学習体系への移行，③国際化ならびに情報化への対応，の3点に集約した。

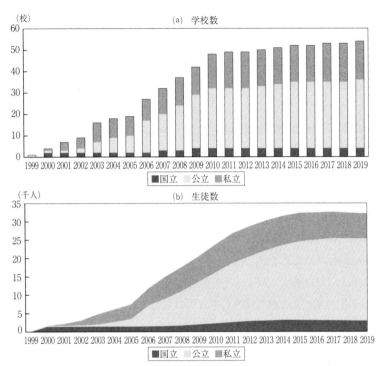

図 4 - 5　中等教育学校の学校数・生徒数の推移（1999～2019 年度）
出所：文部省・文部科学省『学校基本調査報告書』（各年度版）をもとに筆者作成。

（2）答申内容の具体化──中等教育学校

　1990 年代以降の教育改革の流れの 1 つとして，前節の四六答申や前項の臨時教育審議会答申の具体化があったといえる。1998（平成 10）年に学校教育法の改正によって制度化され，翌 1999（平成 11）年から始まった**中等教育学校**はその一例である。中等教育学校は，中学校に相当する前期課程 3 年間と高等学校に相当する後期課程 3 年間の計 6 年間を修業年限としている。

　1999 年には 1 校のみであった中等教育学校は，その後 20 年をかけて拡大し，2019（令和元）年には 54 校にまで増えている。図 4 - 5 に示すように，生徒数も 1999 年には 236 人であったのが，2019 年には 3 万 2000 人となっている。

　従来の中高一貫校とは異なり，中等教育学校では，教育課程の特例として，

前期課程と後期課程の教科や科目の内容を一部入れ替えて指導することなどが認められている。また，中等教育学校と同じく1999年に，同一の設置者が設置する中学校と高等学校において一貫した教育を行うことができるとした併設型中高一貫教育校の仕組みが導入され，中等教育学校と同様の特例が認められている（平成16年文部科学省告示第60号一部改正「中等教育学校並びに併設型中学校及び併設型高等学校の教育課程の基準の特例を定める件」）。

（3）教育改革国民会議

　2000（平成12）年には，内閣総理大臣決裁「教育改革国民会議の開催について」に基づいて，**教育改革国民会議**が開催されることとなり，2000年3月から2001（平成13）年4月にかけて，全14回が開催された。特に2000年12月の第13回会議において「教育改革国民会議報告——教育を変える17の提案」が提出されたことは着目される。そのなかにあった提言については，たとえば，教育基本法の見直しと教育振興基本計画の策定が2006（平成18）年の教育基本法の改正によって実現し，高度専門職業人養成型大学院は専門職大学院として2003（平成15）年に新設され，教員免許更新制は2007（平成19）年の教育職員免許法の改正によって具体的に制度化されるなど，その後の教育改革に与えた影響の大きさを指摘することができる。

4　現代における学校制度改革の動向

（1）教育における規制緩和——公立学校選択制度と学校設置会社立学校

　2000年代の改革の流れとして，全般的な行政改革の潮流が教育においても影響を及ぼしたケースが指摘される。特に，**規制緩和**はその潮流の主たるものであり，学校教育のあり方にも大きな影響を与えている。

　教育における規制緩和の一例として，**公立学校選択制度**が挙げられる。従来，慣習的に各地方公共団体が定める通学区域によって定められてきた各家庭の児童生徒が通う公立学校を，保護者の意見を聴き取って決定する取り組みである。この取り組みに向けての議論は，1996（平成8）年12月に行政改革委員会が公

表 4-1　地方自治体の公立学校選択制度導入状況（市町村教育委員会への調査）

	小学校		中学校	
	2006年	2012年	2006年	2012年
回答自治体のうち，当該学校種を 2 校以上設置する自治体数	1696	1547	1329	1250
実施・導入	240 (14.2%)	廃止を検討・決定せず 234 (15.1%) 廃止を検討・決定 12 (0.8%)	185 (13.9%)	廃止を検討・決定せず 195 (15.6%) 廃止を検討・決定 9 (0.7%)
非実施 （現在検討中・今後検討予定）	569 (33.5%)	26 (1.7%)	482 (36.3%)	18 (1.4%)
非実施 （現在は検討していない）	887 (52.3%)	導入を検討していない 1267 (81.9%) 過去に導入，すでに廃止 8 (0.5%)	662 (49.8%)	導入を検討していない 1022 (81.8%) 過去に導入，すでに廃止 6 (0.5%)

出所：文部科学省（2013）をもとに筆者作成。

表した「規制緩和の推進に関する意見（第 2 次）」が学校選択の弾力化を提案したことを，直接的な契機とみることができる。2001（平成13）年12月に総合規制改革会議が出した「規制改革の推進に関する第 1 次答申」において，各市町村教育委員会の判断により学校選択制を導入できるということが提言され，2003（平成15）年 3 月の学校教育法施行規則の一部改正によって，市町村教育委員会が就学校を指定するにあたって，あらかじめ保護者の意見を聴取することができると明確にされた。

　公立学校選択制度を導入する自治体は，表 4-1 に示すように，2006（平成18）年では小学校240自治体，中学校185自治体，2012（平成24）年では小学校246自治体，中学校204自治体である。大きな変化がみられるのは導入の検討状況である。小学校についてみると，2006年では569自治体が検討中・今後検討予定としていたのに対し，2012年では26自治体となっている。中学校についてみると，2006年では482自治体が検討中・今後検討予定としていたのに対し，2012年では18自治体となっている。すなわち，この 6 年間で多くの自治体が公立学校選択制度の導入の検討を終えたと指摘される。

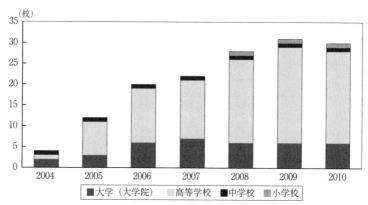

図4-6　学校設置会社立学校の学校数の推移（2004〜2010年度）

出所：文部科学省（2011）をもとに筆者作成。

　全国の状況についての公的な資料は，2020年12月現在，上記の文部科学省（2013）が最新のものである。都道府県についてみると，たとえば東京都は，都内の市区教育委員会の実施状況を毎年報道発表している。それによると，2020年度は，23区26市のうち，小学校については12区7市，中学校については17区10市が，公立学校選択制度を実施している。

　また，2002（平成14）年12月の構造改革特別区域法によって制度化された**構造改革特区**も，規制緩和政策の流れにあるものである。2003年1月に閣議決定された「構造改革特別区域基本方針」には，そのねらいとして，①特定の地域における構造改革の成功事例を全国的な構造改革へと波及させる，②地域の活性化，の2点が挙げられている。

　教育における構造改革特区の例として，**学校設置会社**による学校設置事業がよく知られている。学校教育法第2条により，学校を設置することができるのは，本来，国と地方公共団体と学校法人のみとされているが，この特区の認定を受けた地方公共団体においては株式会社も学校を設置することができるようになり，その学校設置を認められた株式会社を学校設置会社という。

　図4-6に示すように，2004（平成16）年度末の段階では4校であった学校設置会社立学校は，5年後の2009（平成21）年度末には31校にまで増加しており，その増加は高等学校段階における学校数増によるところが大きい。

　しかしながら，これらの改革が必ずしもプラスの側面のみを主張しうるものではないことも知っておく必要があろう。公立学校選択制度についてみると，生徒の偏り，学校と地域の連携や児童生徒と居住地域の関係，登下校の安全確保などを課題として，2008（平成20）年に江東区が小学校の学校選択の範囲を縮小，2009年には前橋市が制度を廃止し，久留米市が中学校の学校選択に通学距離の制限などを導入，2012年には長崎市も制度の見直しを行っている。学校設置会社立学校についてみると，2011（平成23）年度の定員充足状況が，大学（大学院）においては1校を除いて定員割れし，高等学校においては全体の平均が45％に届かず，生徒の継続的な確保が厳しい状況にある。経営安定化のため，2008年度に大学（大学院）1校，2010（平成22）年度から2011年度にかけて高等学校以下の学校4校が学校法人立，すなわち通常の私立学校へと転換している。また，2010年度に大学（大学院）1校が廃校となっている。さらには，2016（平成28）年から2017（平成29）年にかけて，区域外で指導が実施され，その内容が学習指導要領から逸脱していたケースや，財政上の理由から学校を廃止するにあたり，保護者への説明に問題がみられたケースが明らかとなり，制度として地方公共団体による指導監督体制の確保が図られる事態となった。このように改革による新しい制度や取り組みが，その後実情に合わなかったなどの理由で廃止された時，その新制度や取り組みを利用していた児童生徒はどうなるのか。これからの改革論議には，そうしたセーフティネットの考え方がよりいっそう求められるといえよう。

（2）教育再生実行会議と義務教育学校

　2013（平成25）年以降，内閣総理大臣が開催者となって，**教育再生実行会議**が開かれている。教育再生実行会議は，2013年の「いじめの問題等への対応について」から2019（令和元）年の「技術の進展に応じた教育の革新，新時代に対応した高等学校改革について」まで，11次にわたる提言を行った。

　2014（平成26）年の第5次提言「今後の学制等の在り方について」では，小中一貫教育の制度化が提言された。それを具体化する形で，2015（平成27）年の学校教育法改正により，**義務教育学校**が新しく設けられた。義務教育学校は，

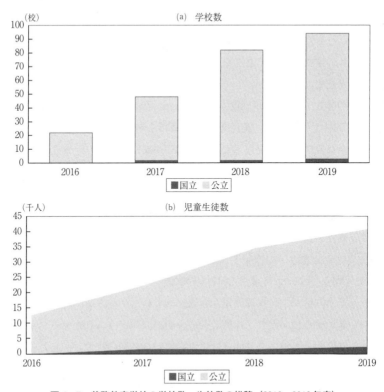

図4-7 義務教育学校の学校数・生徒数の推移（2016〜2019年度）

注：私立の義務教育学校は，2019年度まで0校であったが，2020年度に1校が開校されている。
出所：文部省・文部科学省『学校基本調査報告書』（各年度版）をもとに筆者作成。

小学校に相当する前期課程6年間と中学校に相当する後期課程3年間の計9年間を修業年限としている。

　図4-7に示すように，学校数は，2016年には22校であったのが，2019年には94校に増えている。児童生徒数は，2016年には1万2000人であったのが，2019年には4万1000人となっている。

　義務教育学校においても，中等教育学校と同様に，教育課程の特例として，前期課程と後期課程の教科や科目の内容を一部入れ替えて指導することなどが認められている（平成28年文部科学省告示第53号「義務教育学校並びに中学校併設型小学校及び小学校併設型中学校の教育課程の基準の特例を定める件」）。

表 4-2　不登校の児童生徒への対応策

	内容	通知名
1992年	義務教育段階の児童生徒について，学校外の公的機関や民間施設において相談・指導を受けている場合に，校長がその児童生徒を出席扱いとすることができるようになった。	「登校拒否問題への対応について」（平成4年9月24日付け文部省初等中等教育局長通知）
2003年	都道府県に教育支援センター整備指針の策定が求められるようになった。	「不登校への対応の在り方について」（平成15年5月16日付け文部科学省初等中等教育局長通知）
2005年	義務教育段階の児童生徒について，自宅において教育委員会，学校，学校外の公的機関や民間施設が提供するICTを活用した学習活動を行った場合に，校長はその児童生徒を出席扱いとしたり，成果を評価に反映することができるようになった。	「不登校児童生徒が自宅においてIT等を活用した学習活動を行った場合の指導要録上の出欠の取扱い等について」（平成17年7月6日付け文部科学省初等中等教育局長通知）
2009年	高等学校の生徒についても，学校外の公的機関や民間施設において相談・指導を受けている場合に，校長がその生徒を出席扱いとすることができるようになった。	「高等学校における不登校生徒が学校外の公的機関や民間施設において相談・指導を受けている場合の対応について」（平成21年3月12日付け文部科学省初等中等教育局長通知）
2016年	不登校児童生徒の一人ひとりの状況に応じて，教育支援センター，不登校特例校，フリースクールなどの民間施設，ICTを活用した学習支援など，多様な教育機会を確保する必要があることが示された。	「不登校児童生徒への支援の在り方について」（平成28年9月14日付け文部科学省初等中等教育局長通知）
2019年	義務教育段階の児童生徒への支援を改めて定めた。それまでの内容に加えて，新たに，学校外の公的機関や民間施設における学習の計画や内容がその学校の教育課程に照らし適切と判断される場合には，当該学習の評価を適切に行い指導要録に記入することができると明記された。	「不登校児童生徒への支援の在り方について」（令和元年10月25日付け文部科学省初等中等教育局長通知）

出所：筆者作成。

（3）「学校」の枠を超えた学習支援

　現代の日本の学校教育が抱える大きな教育問題の1つに，不登校が挙げられる。文部科学省が行っている「児童生徒の問題行動・不登校等生徒指導上の諸課題に関する調査」によると，2018（平成30）年度において，小学校段階では

5万人（全体の0.7%），中学校では12万人（全体の3.6%）の児童生徒が不登校であったことが明らかとなっている。

こうした状況にあって，学校に通うことができない児童生徒に対する支援のあり方は，大きな課題となっている。支援のための施設には，地方公共団体が設置する**教育支援センター**や，民間団体が設置する学びや生活の支援を目的とする**フリースクール**，通信制高等学校に在籍する生徒の学習支援を目的とする**サポート校**などがある。これらの学校外施設で相談や指導を受けている児童生徒については，表4-2に示すように，一定の要件を満たす場合に指導要録上の出席扱いとすることができるなどの対応策が打ち出されてきた。

しかしながら，こうした対応策が実際に活用されているとはいいがたい現状がある。「児童生徒の問題行動・不登校等生徒指導上の諸課題に関する調査」によると，2018年に小学校，中学校に在籍し，学校外の機関等で相談・指導等を受けて「指導要録上出席扱い」となった人数は，全国で小学校5148人，中学校1万8046人であり，不登校児童生徒数の1割程度にすぎない。自宅におけるIT等を活用した学習活動が「指導要録上出席扱い」とされた児童生徒数はさらに少なく，小学校が88人，中学校が198人である。

不登校状態にある児童生徒に対して学習の機会を可能なかぎり提供するという視点から，これらの仕組みのさらなる拡充と活用が求められている。

学習課題　①　学校基本調査の年次統計をもとに，高等教育機関への進学率の推移をグラフ化して，その特徴をまとめよう。

②　あなたが居住する（あるいは興味を持つ）市町村における，公立学校選択制度の議論を調べてみよう。

引用・参考文献

小川昇編『日本の教育——古代から現代までの歴史と変遷』文教政策研究会，1985年。

宮原誠一ほか編著『資料　日本現代教育史1』三省堂，1974年。

文部科学省「公立小学校・中学校における学校選択制等についての事例集（平成21年12月）」2009年。http://www.mext.go.jp/a_menu/shotou/gakko-sentaku/1288665.htm（2020年5月24日閲覧）

文部科学省「『学校設置会社による学校設置事業』調査結果（平成 23 年度）」2011 年。http:
　　//www. mext. go. jp/b_menu/shingi/chukyo/chukyo3/047/siryo/__icsFiles/afieldfile/
　　2014/02/04/1343824_4.pdf（2020 年 5 月 24 日閲覧）

文部科学省「小・中学校における学校選択制等の実施状況について（平成 24 年 10 月 1 日現
　　在）」2013 年。https://www. mext. go. jp/component/a_menu/education/detail/__ics
　　Files/afieldfile/2013/09/18/1288472_01.pdf（2020 年 5 月 24 日閲覧）

文部科学省「株式会社立学校を巡る最近の状況について」2017 年。https://www.mext.go.
　　jp/b_menu/shingi/chousa/shotou/125/shiryo/__icsFiles/afieldfile/2017/08/15/1387998
　　_1.pdf（2020 年 5 月 24 日閲覧）

文部省編『学制百年史』帝国地方行政学会，1972 年。

文部省編『学制百二十年史』ぎょうせい，1992 年。

文部省・文部科学省『学校基本調査報告書』（各年度版）（学校基本調査については「e-Stat
　　政府統計の総合窓口」より閲覧可能。https://www.e-stat.go.jp/stat-search/files?page=
　　1&toukei=00400001&tstat=000001011528（2021 年 1 月 9 日閲覧））

第 5 章

教育法制と学校

　本章では，憲法を最高法規とし，法律によって制度の基本を構築するという法規構造が，現代日本の教育に適用されている意義をふまえたうえで，日本国憲法や教育基本法で規定されている教育の理念について取り上げる。教育を受ける権利，義務教育，学校教育の目的や目標が法規によってどのように具体化されているかを捉え，学校における教育活動に何が求められているのかを考えるために必要な法規の理解を深めていこう。

1　教育法令の体系

（1）法規構造——憲法，法律，政令，省令

　教育法規を理解するにあたり，法規構造を把握することが重要となる。まずは最高法規としての性質を有する**憲法**がある。現在の日本においては**日本国憲法**がそれに該当する。その最高法規性は，「その条規に反する法律，命令，詔勅及び国務に関するその他の行為の全部又は一部は，その効力を有しない」（第98条第1項）と規定されている。

　この憲法の内容を制度として構築するために定められるルールが**法律**である。法律を定めることができるのは国会であり，日本国憲法のなかで「国会は，国権の最高機関であつて，国の唯一の立法機関である」（第41条）と規定されている。

　さらに，法律を具体的に実施するための**命令**がある。内閣が「憲法及び法律の規定を実施するために」（日本国憲法第73条第6号）制定する**政令**はその1つである。また，各省大臣が「法律若しくは政令を施行するため，又は法律若し

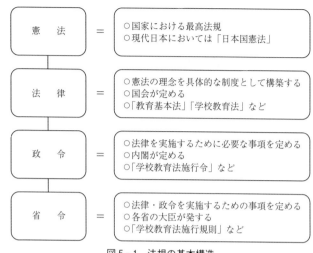

図5-1　法規の基本構造

出所：筆者作成。

くは政令の特別の委任に基づいて」（国家行政組織法第12条第1項）発する**省令**も命令の一種である。

　図5-1に整理するように，国家レベルにおいてはこの憲法，法律，政令，省令が法規の基本構造として捉えられる。

　日本国憲法において教育についてみるとき，教育を受ける権利と機会均等を定める第26条第1項，義務教育を規定する同条第2項，国家による宗教教育を禁じる第20条第3項，国会議員や選挙人の資格を教育によって差別することを禁じる第44条，公の財産を公の支配に属しない教育に支出することを禁じる第89条に，「教育」の2文字を見出すことができる。

（2）教育基本法

　日本国憲法の規定を受けて教育の基本理念を構築している法律が，**教育基本法**である。例を挙げると，教育基本法には日本国憲法第26条第1項を受けて「すべて国民は，ひとしく，その能力に応じた教育を受ける機会を与えられなければならず，人種，信条，性別，社会的身分，経済的地位又は門地によって，

教育上差別されない」（第4条第1項）との規定があり，また，日本国憲法第20条第3項を受けて「国及び地方公共団体が設置する学校は，特定の宗教のための宗教教育その他宗教的活動をしてはならない」（第15条第2項）と定められている。

　1947（昭和22）年に成立した11条からなる教育基本法は，具体的な制度というよりも基本的な理念を規定していた法律であり，長い間改正されることはなかった。しかし，60年を経て，教育に関する理論・考え方の変化などに鑑み，2006（平成18）年の第164回通常国会において改正法案が提出され，閉会時に継続審議となり，同年の第165回臨時国会において改正された。改正された教育基本法は，第3条に「国民一人一人が，自己の人格を磨き，豊かな人生を送ることができるよう，その生涯にわたって，あらゆる機会に，あらゆる場所において学習することができ，その成果を適切に生かすことのできる社会の実現が図られなければならない」として，生涯学習の理念を規定している。これは，ラングラン（Paul Lengrand）が1965（昭和40）年にユネスコで提唱した生涯教育の理念に基づくものであり，改正前の教育基本法が制定された1947年の後に出てきた考え方である。すなわちこの60年間における変化を反映した最たるものといえよう。

　2006年に改正された現行の教育基本法もわずか18条からなる法律であり，そこに示されているのはまさしく理念にほかならない。その理念を制度として構築するために，ほかの様々な法律が定められている。たとえば，学校の種類やその目的などについては「学校教育法」が，公立学校に勤務する教職員に独特の，ほかの地方公務員と異なる給与や研修などの仕組みについては「教育公務員特例法」が，学校などの教育施設を所管する地方の機関である教育委員会の構造や役割については「地方教育行政の組織及び運営に関する法律」が，その制度のためのルールを担っている。

　それらの法律の内容をさらに具体的に実施するために，政令や省令が定められている。たとえば，学校教育法では，義務教育における保護者への義務の履行の督促について「政令で定める」（第17条第3項）とし，その政令である学校教育法施行令の第21条に，小学校や中学校などにおいて，市町村教育委員会

が出席の督促を行うことを規定している。

（3）そのほかの法規

　国家レベルにおける法規構造を概観したが，ほかにも，国際レベルにおいて定められ，日本においては内閣が締結し，国会が承認する**条約**（日本国憲法第73条第3号）や，地方レベルにおいて地方公共団体が法律の範囲内で定める**条例**（日本国憲法第94条）などがある。

　条約の一例としては，**児童の権利に関する条約**が挙げられる。この条約は教育について，「締約国は，教育についての児童の権利を認めるものとし，この権利を漸進的にかつ機会の平等を基礎として達成する」（第28条第1項，外務省による翻訳）ためとして，①初等教育の義務化と無償化，②中等教育の奨励，③高等教育利用の機会，④教育と職業に関する情報と指導の利用の機会，⑤中途退学率の減少の奨励，の5項目を挙げている。

　条例については，東京都が定める東京都いじめ防止対策推進条例（平成26年東京都条例第103号）が，教育に関する条例の一例として挙げられる。具体的にみると，たとえばこの条例の第3条では，いじめの防止等のための対策の基本理念として，①学校の内外を問わずいじめが行われなくなるようにすること，②児童等がいじめの解決に向けて主体的に行動できるようにすること，③学校全体で組織的に取り組むこと，④社会全体でいじめの問題を克服すること，の4項目を定めている。

　これらの法規は，それぞれ制定する権限を持った機関によって条文の形式で明確にルールが示される**成文法**であるが，そのほか，条文の形式では示されない**不文法**と呼ばれるものがある。「法の適用に関する通則法」は，公の秩序や善良の風俗に反しない慣習は法律と同一の効力を有する（第3条）として，不文法である**慣習法**を認めている。

　また，個々の裁判例は文書の形で示されるが，そこから導き出されるルールとしての**判例法**は条文の形式を持たず，不文法の一種である。裁判所法は，「憲法その他の法令の解釈適用について，意見が前に最高裁判所のした裁判に反するとき」（第10条第3号）には最高裁判所の小法廷ではなく大法廷で裁判を

行うことを求めている。すなわち，その後の裁判に対してある程度の拘束力を持つという意味において，最高裁判所の判決に判例法的性質を認めている。教育に関する有名な判例として，日本国憲法にある「義務教育は，これを無償とする」（第26条第2項）という文言の解釈が争点となった義務教育費負担請求（事件番号：昭和38（オ）361）における最高裁判所大法廷の判決（1964（昭和39）年2月26日）がある。この判決において，「同条項の無償とは授業料不徴収の意味と解するのが相当である」として，「教科書，学用品その他教育に必要な一切の費用まで無償としなければならないことを定めたものと解することはできない」いう判断が示された。この判決は重要な判例として，最高裁判所民事判例集の第18巻に掲載されている。

（4）法律主義と国民主権

　上記の法規構造，特に憲法を最高法規として，法律によって制度の基本を構築するという仕組みが，教育においても適用されていることを当然のことと感じるかもしれないが，これは決してすべての国家，すべての時代で成り立っていることではない。たとえば，1889（明治22）年に発布された**大日本帝国憲法**には教育に関する規定そのものがなかった。憲法発布以前の教育は，1886（明治19）年の小学校令など，**勅令**すなわち天皇の命令による制度化が図られていた。大日本帝国憲法発布後も，教育制度に関しては，天皇の大権（大日本帝国憲法第9条）に属するものと解された。すなわち，議会が定める法律ではなく，天皇の命令である勅令によるもの，いわゆる**勅令主義**をとることとされたのである。

　第2次世界大戦後，日本国憲法に教育に関する条文が設けられた。たとえば，教育を受ける権利と義務教育の具体的な保障について，「法律の定めるところにより」（第26条第1項・第2項）とあり，すなわち法律に基づくことが求められている。1947年3月には，日本の教育の理念を示す教育基本法と，戦後の学校教育のあり方を規定する学校教育法が成立した。この学校教育法の附則第94条は，それまでの教育制度の根幹を規定していた戦前の諸勅令を廃止する内容であった。法律を制定する国会の衆参議院が議員によって組織されている

こと，議員が選挙による全国民の代表であることを鑑みるに（日本国憲法第43条第1項），上述の教育における**法律主義**の確立は，教育における**国民主権**の実現そのものであったと捉えることができよう。

2　教育を受ける権利と義務教育

（1）法の下の平等と教育の機会均等

　日本国憲法第14条第1項には「すべて国民は，法の下に平等であつて，人種，信条，性別，社会的身分又は門地により，政治的，経済的又は社会的関係において，差別されない」とある。いわゆる**法の下の平等**規定である。法の下の平等を，**教育を受ける権利**において特に規定したものが，日本国憲法の「すべて国民は，法律の定めるところにより，その能力に応じて，ひとしく教育を受ける権利を有する」（第26条第1項）という条文であり，また，教育基本法の「すべて国民は，ひとしく，その能力に応じた教育を受ける機会を与えられなければならず，人種，信条，性別，社会的身分，経済的地位又は門地によって，教育上差別されない」（第4条第1項）という条文である。これを**教育の機会均等**という。教育の機会均等には，個々人の受ける教育を能力によって区別することが平等に反するか否か，という「能力に応じ」と「ひとしく」の両立を問う議論が存在しているが，それをふまえてなお，教育の機会均等は教育における基本理念の1つとして捉えられている。

（2）義務教育における4つの義務

　教育の機会均等を，特に基礎教育段階においてすべての国民に保障することを目的としているのが，日本国憲法の「すべて国民は，法律の定めるところにより，その保護する子女に普通教育を受けさせる義務を負ふ」（第26条第2項）という条文や，教育基本法の「国民は，その保護する子に，別に法律で定めるところにより，普通教育を受けさせる義務を負う」（第5条第1項）という条文に定められている**義務教育**である。上記の条文から明らかなように，日本における義務教育は，まず子どもに教育を受けさせる義務を保護者に課している。

教育基本法第5条第1項の「別に法律で定めるところにより」を受けて、学校教育法に、義務教育が小学校、義務教育学校前期課程または特別支援学校小学部に入学してから9年間であることが示されている（第16条・第17条第1項・第2項）。これを**就学義務**という。

この保護者の就学義務は、保護者の努力のみによっては果たしえない。保護者がいくら子どもを学校に通わせようと考えても、学校そのものが通学できる場所になければ就学義務を果たすことはできない。したがって、保護者によって就学義務が果たされるよう、様々な仕組みが整えられている。その根幹となる規定として、教育基本法には「国及び地方公共団体は、義務教育の機会を保障し、その水準を確保するため、適切な役割分担及び相互の協力の下、その実施に責任を負う」（第5条第3項）とある。

その1つとして、**学校設置義務**がある。学校教育法により、市町村に小学校と中学校を設置する義務（第38条・第49条）を、都道府県に特別支援学校小学部と中学部を設置する義務（第76条第1項・第80条）を課すことによって、就学する義務教育段階の学校がないということが起こらないようにしている。

さらに、どのような経済状況の家庭であっても子どもが学校に通うことができるように、経済面を中心とした対応策がとられている。いわゆる**就学保障義務**である。義務教育における授業料の無償の規定はその最たるものであろう（日本国憲法第26条第2項、教育基本法第5条第4項）。ほかにも、義務教育段階の子どもの保護者が、生活保護法第6条第2項に規定する要保護者である場合などに、市町村が必要な援助を与えるよう定めている（学校教育法第19条）が、これも就学保障義務の一部を成している。

学校教育法では義務教育を受ける時期を「**学齢**」と定めているが、この学齢にある子どもの教育を受ける権利を保障することが義務教育制度の最大のねらいである以上、教育を受ける権利を阻害する環境的要因、すなわち教育を受けることに集中できないような状況は、可能なかぎり除かれなくてはならない。これを**避止義務**という。労働基準法の「使用者は、児童が満15歳に達した日以後の最初の3月31日が終了するまで、これを使用してはならない」（第56条第1項）という労働の最低年齢の規定は、この避止義務を定めたものである。

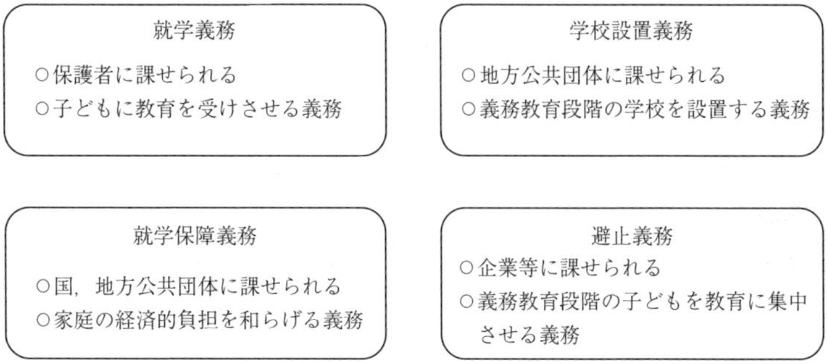

就学義務	学校設置義務
○保護者に課せられる ○子どもに教育を受けさせる義務	○地方公共団体に課せられる ○義務教育段階の学校を設置する義務

就学保障義務	避止義務
○国，地方公共団体に課せられる ○家庭の経済的負担を和らげる義務	○企業等に課せられる ○義務教育段階の子どもを教育に集中させる義務

図5-2　義務教育における4つの義務

出所：筆者作成。

　図5-2のように，就学義務，学校設置義務，就学保障義務，避止義務の4つの義務を社会の様々な構成者が担うことにより，日本の義務教育は成り立っている。これらの義務が法規上のみではなく，実体として機能しているかについても検証される必要があろう。たとえば，就学保障義務に関連して，家庭環境が原因となって義務教育を受けることができない子どもたちの存在が，「学びの貧困」問題として注目されている。

（3）教育権

　教育を受ける権利と表裏を成す概念として，教育を行う権利という考え方が議論されることがある。**教育権**といわれる概念である。教育権の議論は，1950年代から1970年代にかけて，**国家の教育権**と**国民の教育権**という2つの権利主体間の衝突という視点から捉えられ，1980年代以降は，国民の教育権に内在する**親の教育権**と**教師の教育権**の相互関係を指摘する**第2の教育法関係**の視点が新しく取り上げられるようになっている。この議論は端的にいえば「誰が教育内容を決定するのか」というものであり，具体的な論点としては，学校教育法施行規則第52条に基づく学習指導要領の法的拘束力，学校教育法第34条などを根拠とする教科書検定や教科書使用義務が，主要なものとして挙げられる。

　教育権をめぐる裁判例として，教科書検定の違憲性などが争われた裁判（事件番号：昭和61（オ）1428）における，最高裁判所第3小法廷の判決（1993（平成

５）年３月16日）が挙げられる。この判決は，まず教育権の主体について，「憲法26条は，子どもに対する教育内容を誰がどのように決定するかについて，直接規定していない」と指摘している。そして，「国は，子ども自身の利益の擁護のため，又は子どもの成長に対する社会公共の利益と関心にこたえるため，必要かつ相当と認められる範囲において，子どもに対する教育内容を決定する権能を有する」と述べ，その理由として，「教育内容が正確かつ中立・公正で，地域，学校のいかんにかかわらず全国的に一定の水準であることが要請される」ことを挙げている。

　その意味においては，教育権を国家に認めていたが，同時に「教師は，高等学校以下の普通教育の場においても，授業等の具体的内容及び方法においてある程度の裁量が認められるという意味において，一定の範囲における教育の自由が認められ」るとして，教師にも教育権を認めていた。そのうえで，具体的な制度としての教科書検定については，①教育内容の公正や水準についての要請を実現するためのものであり，検定基準もそのための必要かつ合理的な範囲を超えていないこと，②検定教科書を使用することによって教師の裁量の余地が奪われるものでもないこと，の２点をもって違憲性を否定した。

3　学校の目的・目標

（1）教育の目標と学校教育

　教育基本法には，学校教育について「教育の目標が達成されるよう，教育を受ける者の心身の発達に応じて，体系的な教育が組織的に行われなければならない」（第６条第２項）と定められている。ここに日本における学校教育の特質，すなわち家庭教育や社会教育との違いが示されている。第１に，体系的及び組織的に行われることが求められていること，第２に，**教育の目標**の達成が求められていることである。ここに示す教育の目標とは，同じく教育基本法の第２条に示されている５項目を指す。すなわち，①知徳体の養成，②自主自律の養成，③社会形成参画，④生命と自然の尊重と環境の保全，⑤国と郷土を愛する態度と国際性の養成，である。

　これらの教育の目標は，戦後直後の1947（昭和22）年に定められた最初の教育基本法には示されておらず，2006（平成18）年の改正時に新たに加えられた条文である。国会において議論がなされた際，当時の内閣官房長官は「家庭教育とか社会教育にも適用があるけれども，あらゆる教育主体についてすべての目標を一律に取り扱うことまでも求める趣旨ではない」と答弁している。たしかに，教育基本法における家庭教育（第10条）や社会教育（第12条）の条文では，教育の目標には触れられていない。それに対して，現在，学校教育においては，教育の目標の達成が明確に求められている。すなわち，教育基本法第2条は，学校教育に対して，より積極的に目標規定として機能しているのであり，その意味において学校教育の担う社会的役割はきわめて大きいといえる。

（2）学校教育の目的と目標

　学校教育法において，学校種それぞれの目的と目標が定められている。義務教育段階にある小学校，中学校，義務教育学校，中等教育学校前期課程の目的と目標をセットに捉え，構造を整理したものが，表5−1である。

　教育基本法に示されている教育全体の目的が義務教育，小学校，中学校，義務教育学校，中等教育学校前期課程へと引き継がれ，教育全体の目標が義務教育及びそれらの学校種のより具体的な目標の基礎となっている。本節第1項で取り上げた学校教育の特質，すなわち教育基本法第2条に定められる教育の目標5項目を積極的に達成することが求められているという性質が，こうして具体化されているのである。

　したがって，学校における教育活動についてみるとき，それらが上記の目的や目標のなかでどのように位置づけられるのか，ということをつねに問う必要があるのと同時に，その目的や目標そのものが，学校教育において目指されるものとして望ましいものであるのか，ということについても問い続ける必要があろう。たとえば，児童の権利に関する条約は，「締約国は，児童の教育が次のことを指向すべきことに同意する」（第29条第1項，外務省による翻訳）として，①人格と才能と精神的身体的能力の発達，②人権の尊重，③居住国や出身国の価値観とそれ以外の文明に対する尊重，④自由な社会における責任ある生活の

表5-1 教育の目的と目標

	目　的	目　標
教育	教育基本法（第1条） ・人格の完成 ・平和で民主的な国家及び社会の形成者として必要な資質 ・心身ともに健康な国民の育成	教育基本法（第2条） ・知徳体 ・自主自律 ・社会形成参画 ・生命と自然の尊重と環境の保全 ・国と郷土を愛する態度と国際性
義務教育	教育基本法（第5条第2項） ・各個人の有する能力 ・社会において自立的に生きる基礎 ・国家及び社会の形成者として必要とされる基本的な資質	学校教育法（第21条） ・自主自律と社会形成参画 ・生命と自然の尊重と環境の保全 ・国と郷土を愛する態度と国際性 ・家族，家庭，生活 ・読書と国語 ・生活に必要な数量的な関係 ・生活にかかわる自然現象 ・心身の調和的発達 ・音楽，美術，文芸その他の芸術 ・職業と将来の進路
小学校 中学校 義務教育学校 中等教育学校 （前期課程）	学校教育法 （第29条・第45条・第49条の2・第67条第1項） ・心身の発達に応じて 小学校：義務教育として行われる普通教育のうち基礎的なものを施す 中学校：小学校における教育の基礎の上に，義務教育として行われる普通教育を施す 義務教育学校：義務教育として行われる普通教育を基礎的なものから一貫して施す 中等教育学校（前期課程）：小学校における教育の基礎の上に，義務教育として行われる普通教育を施す	学校教育法 （第30条第1項・第46条・第49条の3・第67条第1項） ・各学校段階の目的（左欄）を実現するため義務教育の目標（上欄）を達成する

出所：筆者作成。

準備，⑤自然環境の尊重，の5項目を挙げており，これらが教育機関において
遵守されることを求めている（第29条第2項）。国際水準という視点から教育の
目的，目標を捉える際に考慮すべきものの1つとして挙げられよう。

4　学校教育の中立性

（1）教育と政治

　県庁や市役所内部に設置される一般的な行政を担う部署は，県知事や市長などの地方公共団体の長の権限事務を分掌させるために，地方自治法に基づいて設置されている組織である（地方自治法第158条第1項）。しかしながら，選挙によって選出されるという点において，地方公共団体の長は強い党派性を有している。その党派性に鑑み，政治的中立が求められる領域については，地方公共団体の長の指揮監督を受けない独立した執行機関を置くことが求められている（地方自治法第138条の4第1項）。これを一般に**行政委員会**という。地方自治法では，**教育委員会**，選挙管理委員会，人事委員会・公平委員会，監査委員が「普通地方公共団体に置かなければならない委員会及び委員」として挙げられている（第180条の5第1項）。

　教育に関しては，教育基本法により「法律に定める学校は，特定の政党を支持し，又はこれに反対するための政治教育その他政治的活動をしてはならない」（第14条第2項）として，政治的中立の確保が求められている。これは，同法第6条第1項で「法律に定める学校は，公の性質を有する」と定められていることをふまえ，学校において特定の党派の政治的な主張が優先的に教えられたり，特定の党派のための政治的活動が行われたりすることを防ぐねらいがある。なお，同法第14条第1項では「良識ある公民として必要な政治的教養は，教育上尊重されなければならない」と定められている。これは，民主主義において，社会に主体的に参画していくためには，政治についての知識やその知識に基づいた判断力などの政治的教養が必須であることをふまえ，教育においてもそれらが尊重される必要があることを示している。

　この政治的中立を確保するための仕組みとして，教育委員会が設置されていると解することができる。地方自治法では「学校その他の教育機関を管理し，学校の組織編制，教育課程，教科書その他の教材の取扱及び教育職員の身分取扱に関する事務を行い，並びに社会教育その他教育，学術及び文化に関する事

務を管理し及びこれを執行する」（第180条の8）と定められている。「地方教育行政の組織及び運営に関する法律」では，大学に関することや私立学校に関することなど一部の事務について地方公共団体の長の権限とされ（第22条），それら以外の教育に関する事務は教育委員会の権限とされている。

しかしながら，「地方教育行政の組織及び運営に関する法律」が2014（平成26）年に改正されて以降，教育委員会と地方公共団体の長の関係が変化した。同法では「地域の実情に応じ，当該地方公共団体の教育，学術及び文化の振興に関する総合的な施策の大綱」（第1条の3第1項）について，地方公共団体の長が定めることとされた。さらに，大綱を協議するための**総合教育会議**は，地方公共団体の長と教育委員会によって構成されるとされ（第1条の4第2項），地方公共団体の長が設けるものとされた（第1条の4第1項）。また，私立学校に関する事務に関して，地方公共団体の長が教育委員会の助言・援助を求めることができる（第27条の5）ともされており，総じて，教育委員会と地方公共団体の長の関わりが強まったと指摘される。現代の教育の課題に対応するためにこれらの新しい仕組みの活用が期待される一方で，教育の政治的中立が保たれているかについて，よりいっそうの留意が必要となっている。

（2）教育と宗教

日本国憲法には「いかなる宗教団体も，国から特権を受け，又は政治上の権力を行使してはならない」（第20条第1項）とあり，「国及びその機関は，宗教教育その他いかなる宗教的活動もしてはならない」（第20条第3項）とされている。これを受けて，教育基本法では「国及び地方公共団体が設置する学校は，特定の宗教のための宗教教育その他宗教的活動をしてはならない」（第15条第2項）と定められている。

他方，日本国憲法には「信教の自由は，何人に対してもこれを保障する」（第20条第1項）とあり，教育基本法には「宗教に関する寛容の態度，宗教に関する一般的な教養及び宗教の社会生活における地位は，教育上尊重されなければならない」（第15条第1項）と定められている。

そのため，国が設置する国立学校や，地方公共団体が設置する公立学校にお

いては，どこまでが信教の自由及び宗教の教育上の尊重として認められ，どこ
からが特定の宗教のための宗教教育として禁止されるのかについて，難しい判
断を迫られることがある。たとえば，学校教育で行われる特定の教育活動に対
して，特定の宗教を信じる立場から参加することが困難な子どもが現れた場合
が挙げられよう。

　行政事件裁判例集にある日曜日授業欠席処分取消等請求事件（事件番号：昭
和57（行ウ）151）における東京地方裁判所の判決（1986（昭和61）年 3 月 20 日）
は，その一例である。経緯をみると，公立の小学校において，校長が，日曜日
に参観授業を実施したことが発端となった。その学校に通う児童のなかに，宗
教上の集いに参加するために欠席した児童がおり，学校はその児童について指
導要録に欠席と記載した。これについて，指導要録は児童が卒業した後も長期
間にわたり保存され，進学や就職に利用されるものであり，宗教上の理由によ
り欠席した者を指導要録に欠席として記載することは，児童に不当なデメリッ
トを与えるものであり，憲法に規定されている信教の自由を侵害されたとして，
児童の両親が裁判に訴えた，というものである。東京地方裁判所は，判決にお
いて，まず，日曜日に授業参観を行ったことについて，「現実に児童の父母が
より多く参観に来ることができるような曜日を選定しなければならない」こと
から地域の実際の状況から「妥当性は裏付けられている」とした。そのうえで，
「宗教行為に参加する児童について公教育の授業日に出席することを免除する」
ということが，宗教，宗派ごとに学校の教育活動との重複・競合の日数が異な
るという視点から，「結果的に，宗教上の理由によつて個々の児童の授業日数
に差異を生じることを容認することになつて，公教育の宗教的中立性を保つ上
で好ましいことではない」ことに加えて，「公教育が集団的教育として挙げる
はずの成果をも損なうことにならざるをえず，公教育が失うところは少なくな
いものがあるといえる」と判断した。

　教育と宗教の関係が問われたもう 1 つの例として，最高裁判所判例集にある
進級拒否処分取消，退学命令処分等取消（事件番号：平成 7（行ツ）74）の事例
が挙げられる。公立の高等専門学校において，信仰上の理由により剣道実技の
履修を拒否した学生が，必修である体育科目の修得認定を受けられないことを

理由として2年連続して原級留置処分となり，さらに，それを前提として退学処分となったことについて，争訟したものである。裁判において，学生はレポート提出等の代替措置を申し入れていたが学校が認めなかったことをふまえ，退学処分は裁量権の範囲を超える違法なものだと主張した。これに対して，学校は，代替措置を認めることは特定の宗教を援助，助長，促進する効果を有するとして，憲法に違反すると主張した。最高裁判所第2小法廷（1996（平成8）年3月8日）は，代替措置をとることによって「教育秩序を維持することができないとか，学校全体の運営に看過することができない重大な支障を生ずるおそれがあったとは認められない」とした。また，「信仰上の真しな理由から剣道実技に参加することができない学生に対し，代替措置として，例えば，他の体育実技の履修，レポートの提出等を求めた上で，その成果に応じた評価をすることが，その目的において宗教的意義を有し，特定の宗教を援助，助長，促進する効果を有するものということはできず，他の宗教者又は無宗教者に圧迫，干渉を加える効果があるともいえない」としたうえで，「学校が，その理由の当否を判断するため，単なる怠学のための口実であるか，当事者の説明する宗教上の信条と履修拒否との合理的関連性が認められるかどうかを確認する程度の調査をすることが公教育の宗教的中立性に反するとはいえないもの」と指摘して，学校が行った処分は裁量権の範囲を超える違法なものと判断した。

　これら2つの事例は，宗教を理由とした特別扱いを認めるかについて，裁判所が異なる判断を下したことを示している。すなわち，公立学校における教育と宗教の関係は表面的，形式的に捉えることができず，状況に応じて判断する必要があると指摘することができよう。

学習課題　① 2006（平成18）年の教育基本法の改正について，改正前と改正後の条文を比較して，この改正が持つ意味について考えてみよう。
　　　　　　② 教育と宗教の項（第4節第2項）で挙げた2つの事例について，実際の判決の全文を読み，論点をまとめよう。

引用・参考文献

NHK「『教育は平等なんかじゃない』"学びの貧困"に苦しむ若者たち」2017年。https://www.nhk.or.jp/gendai/kiji/055/（2020年5月24日閲覧）

外務省「『児童の権利に関する条約』全文」。http://www.mofa.go.jp/mofaj/gaiko/jido/zenbun.html（2020年5月24日閲覧）

裁判所「裁判例検索」。https://www.courts.go.jp/app/hanrei_jp/search1（2020年5月24日閲覧）

渋谷秀樹・赤坂正浩『憲法1　人権　第5版』有斐閣，2013年。

渋谷秀樹・赤坂正浩『憲法2　統治　第5版』有斐閣，2013年。

総務省行政管理局「e-Gov法令検索」。https://elaws.e-gov.go.jp/search/elawsSearch/elaws_search/lsg0100/（2020年5月24日閲覧）

土屋基規「日本教育法学会の40年——教育法学研究の総括に向けて」『日本教育法学会年報』40，2011年，6～20頁。

文部科学省「改正前後の教育基本法の比較」2006年。https://www.mext.go.jp/b_menu/kihon/about/06121913/002.pdf（2020年5月24日閲覧）

第6章

国の教育行政と学校

　これまで，教育行政は国の強い基準のもとで地方（都道府県・市町村）が実施するというスタイルをとってきたが，1990年代以降の政治改革や中央省庁再編，さらには地方分権改革などの進展により，状況が大きく変化した。国による全国的な水準や指針の決定に際して，近年は「政治主導」の傾向が強まっている一方で，実際に教育政策を決定・実施するなかでは国と地方の間で調整の問題がつねに発生している。本章に入る前に，こうした近年の動向を理解しておこう。

1　教育行政における国の役割

（1）教育行政における国と地方の役割分担

　学校教育や社会教育の供給は，国，都道府県，市町村の役割分担によって行われている。教育基本法は第16条で「教育行政は，国と地方公共団体との適切な役割分担及び相互の協力の下，公正かつ適正に行われなければならない」（第1項）と規定している。そして国の役割を「全国的な教育の機会均等と教育水準の維持向上を図るため，教育に関する施策を総合的に策定し，実施」（第2項）することとし，地方公共団体の役割を「その地域における教育の振興を図るため，その実情に応じた教育に関する施策を策定し，実施」（第3項）するとしている。したがって，ある教育政策・教育制度がうまく機能している（もしくはうまく機能していない）場合の原因や責任も，単純に国だけのものでなく，地方（都道府県や市町村）だけのものでもない。両者の組み合わせの問題と理解した方がよいだろう。

　公立学校の教師を例に，この規定を考えてみよう。まず国は，教師の質を確保するために教員免許制度を定め，大学における教員養成課程のチェックなどを通じてこれを運用している。一方，都道府県や政令指定都市の教育委員会は，そうした制度のもとで養成された教員免許取得者について試験などの採用事務を行い，採用後の配置や異動，さらには給与負担や研修といった種々の人事管理を行っている。このうち市町村立学校（主に公立小中学校）における教員の配置や異動は，学校の設置者である市町村教育委員会と教員の人事管理を担当する都道府県教育委員会との間で調整が行われる。そして学校を設置している（都道府県や市町村）教育委員会は，教員の具体的な勤務について学校管理規則などを定め，その状況を監督する。このように公立学校の教師を例にみても，国・都道府県・市町村が役割を分担して学校教育を進めていることが理解できるだろう。

（2）役割分担のメリット・デメリット

　国と地方による**役割分担**は，教員の人事や勤務にかぎらず，教育課程（カリキュラム）や教科書，学校のインフラや教材についても行われている。国の制度や基準によって，地方や学校が守るべき「最低水準」が定められるなかで，国と地方，さらには都道府県と市町村との間で調整や補完を行うように教育行政が展開されることで，児童生徒の教育水準や安全に重大な危機をもたらすような「失敗」のリスクは低く抑えられている。一方，こうした融合的な行政は国と地方の役割（権限）や責任を曖昧にするため，もし何らかの問題が発生した際は，それが「誰の責任か」が明確になりにくいことにもなる。

　これに対して，国と地方の役割分担を明確にして行政を進める場合，どういう状況が生まれるだろうか。先に取り上げた公立学校の教員の例でいえば，各市町村が教師の採用・給与負担・配置を全部やってしまうような場合を考えてみるとわかりやすい。おそらく現行制度に比べて地域間で人材（教師）の質は均等にならず，教員の勤務条件のよい地域とそうでない地域で，教師の指導力や教育水準に地域差が生まれると考えられる。しかし一方では，そうした「成功」，「失敗」に対する各市町村の責任もはっきりするため，自発的に工夫・改

善が促されるのではないかとも考えられるのである。

　教育行政における国と地方の関係について，従来は国が教育活動の基準を強く示し，地方はそれを守るという重層的な実務の形（融合的な教育行政）をとり，広域的に教育水準を高めて大きな「失敗」が起きにくいようにすることを重要視してきた。しかし近年では，そうした重層的な役割分担が地方の当事者意識を薄めるという点に注目が集まり，地方の権限と責任を明確化する形（分離的な教育行政）のもと，それぞれの事情や独自性を反映することが重要視されるようになった。こうした考えのもとで進められたのが本書第7章でも説明する「**地方分権改革**」だが，その前提として，従来は国と都道府県・市町村の間の融合的な関係のなかで教育行政が進められてきており，それに対する評価の変化が改革の背景になった，という点を理解しておきたい。

2　教育政策の決定と実施

（1）文部科学省の組織と予算

　では，そうした分業関係のうち，国の教育政策はどのようにして決まり，どのようにして実施されるのだろうか。日本国憲法は「行政権は，内閣に属する」（第65条），「内閣総理大臣は（中略）行政各部を指揮監督する」（第72条）と定め，内閣の指揮監督のもとで行政活動が行われることを示している。そして国家行政組織法第3条第2項「行政組織のため置かれる国の行政機関は，省，委員会及び庁とし，その設置及び廃止は，別に法律の定めるところによる」を根拠に，国の教育政策をつかさどる省庁として文部科学省が設置され，その組織と担当すべき仕事（所掌事務）の範囲は文部科学省設置法が定めている。

　文部科学省設置法では，第3条第1項において，組織の任務を「教育の振興及び生涯学習の推進を中核とした豊かな人間性を備えた創造的な人材の育成，学術の振興，科学技術の総合的な振興並びにスポーツ及び文化に関する施策の総合的な推進を図るとともに，宗教に関する行政事務を適切に行うこと」としている。そして第4条では，それを具体化するための所掌事務を示し，関連する政令（文部科学省組織令）や省令（文部科学省組織規則）で詳細な組織編成を定

めている。これらの法令が，文部科学省の役割と組織体系の根拠となっているのである。

　しかしこのことは，文部科学省の組織構成がずっと変わらないことを意味するものではない。たとえば国土交通省が「観光立国」の推進体制を強化するために観光庁を設置した例（2008（平成20）年）や，内閣府が消費者行政の一元化を実現するために消費者庁を設置した例（2009（平成21）年）のように，行政サービスに関する必要性・重要性の変化に対応して国の省庁も組織構成を変化させている。図 6 - 1 は文部科学省の組織図である。2015（平成27）年10月から「スポーツ・青少年局」が組織を拡充し，新たな外局「**スポーツ庁**」となった。これは2011（平成23）年の「スポーツ基本法」の制定など，スポーツを通じた社会発展の理念の実現に向けた気運が高まったことや，オリンピック・パラリンピック大会の日本開催に対して，開催国として政府一丸となった準備が必要になったことを背景としている。また2018（平成30）年からは，教育分野の筆頭局として総合教育政策局が設置され，教育政策全体を総合的・横断的に進める機能を強化している。

　文部科学省が所管する2020（令和 2 ）年度の教育予算の内訳が図 6 - 2 である。グラフは文部科学省予算の特徴として，補助金や負担金の多さを示している（補助金や負担金の詳細については本書第 7 章を参照）。

　たとえば「**義務教育費国庫負担金**」（28.7％）は公立小中学校の教員給与の 3 分の 1 相当として各都道府県に配分される。また「**国立大学法人運営費交付金**」（20.4％）は全国の国立大学法人にその運営財源として配分され，「**私学助成関係予算**」（7.7％）も同様の目的等で全国の私立学校に配分される。この 3 つの費目だけですでに全予算の半分を超えているが，図 6 - 2 にはほかにも都道府県・市町村・学校法人等に配分される費目が様々示されている。このことは，文部科学省が直接の事業者となって施策を実施するだけでなく，補助金等の支出を通じてほかの事業者を支援・助成しており，その比率が高いことを意味している。

　このように，国は補助金や負担金の配分を通じて，地方や学校で教育を実施するための費用を一定程度負担し，教育（行政）の安定的な運用を支えている。

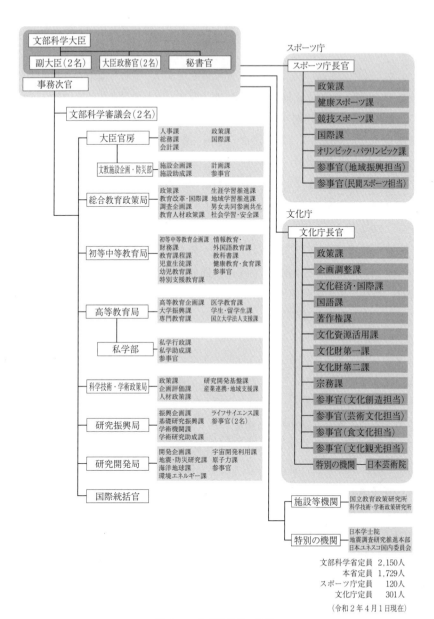

図6-1　文部科学省の組織

出所：文部科学省（2020a）。

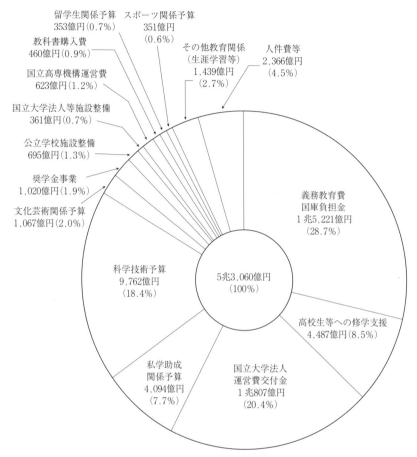

図 6-2　文部科学省予算の内訳（2020（令和 2）年度）
出所：文部科学省（2020c：2）をもとに筆者作成。

しかし一方では，補助金の支出対象となる政策を最終的に決めたり，負担金を支出するための基準（たとえば教員 1 人あたりの給与水準）を定めたりするのは国の役割となるため，補助金や負担金は地方や学校が（国の方針が予定しないような形で）独自の工夫や行動をとるのを抑制しているという指摘もある。教育行政が国と地方公共団体の分業で行われるといっても，国は地方に対して財政的なコントロールができることから，やはりその影響力が強くなる構造にある，

という指摘である。

（2）教育政策の決定方法——ボトムアップからトップダウンへ

　文部科学省の組織構成や活動については，関連する法令が根拠となり，予算の裏づけをもって各種の事業を行っているが，地方公共団体や国立大学法人といったほかの事業者に補助金や負担金を支出してその活動を助成するという手法に特徴があった。では，そうした事業（予算・法律）は，どのようなプロセスで決められているのだろうか。

　1990年代までの教育政策は，長期政権を維持していた与党（自民党）の族議員と文部省が密接にコミュニケーションをとりながら，一体的に立案されてきた。省内では「局」や「課」の組織単位で活動領域が縦割りされており（図6-1），新たな案件についても課から順に合意・了解を積み上げてゆく**ボトムアップ型**（組織の下位（現場レベル）からの提案・アイデアが上位（経営者）の意思決定の基本となる）の政策形成が行われていた。後で述べる審議会や研究協力者会議では，広範な情報収集と政策の検討が行われ，関係団体等の調整と合意形成が行われてきた。

　これに対して1990年代以降の**政治改革**と**中央省庁再編**（これによって文部科学省が誕生した）を経て政策の決定方法は大きく変わり，各省庁の縦割りを重視する調整型の合意形成は後退し，政治主導・内閣主導の**トップダウン型**（組織の上位（経営者）のアイデア・決定に沿って下位（現場レベル）が行動する）の政策決定へと変化した。教育政策についても，文部科学省は内閣府の各会議から提案される教育政策方針に対して受け身的に対応する位置づけに変化し，代わりに内閣府の各会議を構成する財務省・総務省・経済産業省などが教育政策に対する発言権や影響力を増大させた。

　こうした各省庁間の関係の変化は文部科学省内部の調整機能にも変化を及ぼした。政策に関する意思決定が各局のなかでは完結しないことが増え，大臣等の最上位ポストによる「政治判断」や「政治決着」が多く登場するようになった。ほかの領域の政策と同様に，教育政策の決定も大きく「**政治主導**」へと変化したことに対応して，局単位の積み上げ型による政策決定から，局を越えた

調整機能や省庁横断的な政策の企画立案機能が重視されるようになった。先に挙げた総合教育政策局の設置も，こうした必要性に応える意味を持つものであった。

（3）審議会と私的諮問機関

　文部科学省内での政策立案に際しては，様々な審議会による検討と助言を経るというケースが多い。文部科学省内の審議会としては，**中央教育審議会**（以下，中教審），教科用図書検定調査審議会，大学設置・学校法人審議会などが置かれている。これらに対して文部科学大臣は「**諮問**」を行って政策の審議を依頼し，取りまとめ・応答として「**答申**」が出される。

　このうち，中教審の設置は国家行政組織法第8条に基づいて制定される中央教育審議会令によっている。学識経験のある者のうち文部科学大臣が任命する委員によって構成され，任期は2年（再任あり）である。中教審は分科会を構成しており，①地方教育行政に関する制度などを扱う教育制度分科会，②生涯学習機会の整備などを扱う生涯学習分科会，③初等中等教育の基準に関することや教育職員の養成や資質の保持向上に関する重要事項などを扱う初等中等教育分科会，④大学・高等専門学校の教育について扱う大学分科会の4つが置かれている。先の図6-1に挙げた文部科学省（本省）の組織構成と対応するような形で分科会が設置されていることがわかる。このほかにも，特定のテーマについて集中的に審議を行う**調査研究協力者会議**などが，その時々の政策課題に応じて設置され，専門的な見地からの検討と政策提言を行っている。

　先に述べた通り，中教審などの答申は，文部科学省の政策立案の方向性を示すものであり，大きな影響力を持つ。これに対して，いくつかの政権ではこうした審議会・調査研究協力者会議とは別に，首相直属の政策検討組織（**私的諮問機関**）を置き，その審議結果が中央教育審議会などよりも強い影響力を持つというケースもみられる。

　たとえば第2次安倍内閣では2013（平成25）年1月に**教育再生実行会議**を設置し，中央教育審議会での政策論議に先んじる形で教育政策の提言を続けている。第1次安倍内閣でも2006（平成18）年10月に教育再生会議が設置されてお

り，同様に政策提言を進めていたほか，続く福田内閣でも後継組織として教育再生懇談会が設置されている。さらにさかのぼって2000（平成12）年3月に設置された教育改革国民会議も同様の性質を持ち，小渕内閣および森内閣において教育政策の提言を行っている。

　これらの私的諮問機関は，時の政権によって設置・運営されるため，組織としての一貫性はない。しかしいずれの私的諮問機関も，中央教育審議会等での検討を経た文部科学省による政策立案とは別に，先に述べたような，いわゆる首相主導・政治主導による教育政策の立案を補助する機能を果たしているという点では共通の性質を持っている。

3　地方の自律性と国の関与の変化

（1）国の役割の変化

　教育政策に関して，国は「全国的な教育の機会均等と教育水準の維持向上を図る」（教育基本法第16条第2項）という役割を負っており，教育基本法に示された理念の実現と，教育振興に関する施策の総合的・計画的な推進を図るため，5年ごとに教育振興基本計画を策定している。一方，地方（都道府県・市町村）はこの教育振興基本計画を参考にしつつ，地域の実情に応じた教育政策の基本的な計画を定めるよう努めることとされている。また，近年の地方分権改革により，都道府県や市町村が自律的な政策決定を目指すなかで，個々の教育政策の決定についても，同様の傾向がみられる。

　たとえば公立小・中学校の学級規模（1クラスあたりの児童生徒数）を考えてみよう。国の基準（「公立義務教育諸学校の学級編制及び教職員定数の標準に関する法律」（**義務標準法**））では小学校1年生の1学級の標準規模が35人，それ以降の学年（小学校2年生から中学校3年生まで）の1学級の標準規模が40人と規定され，(1)これをもとに配置すべき教職員数（定数）を算出し給与負担の根拠とし

---

(1)　小学校については，全学年に対し，2021年度から2025年度までの5年をかけ，学年ごとに学級の標準規模を35人に順次引き下げる予定である（2021年1月現在）。

ている。しかし，国から都道府県に支出する義務教育費国庫負担金（公立小中学校の教員給与の3分の1に充当する財源。図6-2を参照）について，都道府県や政令市はそれぞれの教職員定数に応じて定められた総額の範囲内で，実際に配置する教職員数や給与水準を自由に設定できるようになった（**総額裁量制**）。この結果，多くの都道府県では国の基準以上に教職員を配置し，少人数学級編制や少人数指導を実施している。

　また，学習指導要領と教科書検定制度を通じて，学校における教育内容は国が基準を定めているが，教育課程特例校制度のように学習指導要領によらない教育課程を編成・実施できる制度があるほか，総合的な学習の時間等を活用するなどして，学校や地域単位で特色ある教育課程を展開する例もみられる。このように学校教育の質を考えるうえで重要な要素である学級規模やカリキュラムについても，国の基準を絶対のものとしない運用がみられつつある。

（2）教育の質をどう保証するか

　こうした地方による裁量の拡大は，都道府県や市町村がそれぞれの実情に合った教育政策を工夫する可能性を広げるものといえるが，一方でその工夫が失敗したときの保証をいかにするかという点も新たに問われている。

　たとえば先に挙げた学級規模とそれを根拠とする教員の雇用については，少人数教育を可能にできるような形で地方の裁量が拡大する一方，これと並行して国・地方を問わず財政状況の悪化が進んだ。その結果，都道府県レベルで自主的に教員の給与水準を切り下げる事例が頻発しているほか，少人数教育の実施によって追加的に必要となる教員を非正規雇用（都道府県が給与を負担する常勤講師・非常勤講師や，市町村が給与を負担する非常勤職員など）でまかなう状況が常態化している。民間の雇用状況の好転や，各県における大量採用の継続もあり，近年では教員採用試験の倍率低下が生じており，一歩間違えれば教育水準の低下を招きかねない状況ともなっている。

　都道府県や市町村，各学校が裁量を発揮して工夫を進めるなかで，国はその最低水準をどう維持するかが問われている。全国学力・学習状況調査などの学力テストは，こうした状況下で教育の成果を問い，質を保証する機能を部分的

には果たしている。これに対して，学校における ICT 環境の整備については，国による費用負担があった一方で，地方にはそれをほかの政策領域に使う（ICT 機器の整備等には使わない）裁量もあった結果，地域間で機器の整備状況に格差が生じることになった。地方による裁量の拡大は，同様の事態がほかの政策においても生じる可能性があることを意味している。

　もし学校教育で政策上の「失敗」があったとき，その教育政策の対象となった児童生徒は時間の経過とともに学年が進んだり学校教育から離れたりするため，たとえ政策が修正されても，その「失敗」政策の影響を直接的に修正することはできない。したがって分権化によって教育への影響力を強めた地方や学校こそ，政策判断をより慎重にすることが求められる。そして国には，地方や学校の創意工夫を助成しながらも，最低限の質が損なわれたり，児童生徒の安心安全が脅かされたりしないようにするという，難しい役回りが求められるのである。

学習課題　① 直近の文部科学省の予算について，文部科学白書や文部科学省ホームページの予算解説などを調べて，気づいた点をまとめてみよう。
　　　　　　② 中央教育審議会では，最近どのような諮問についての検討が進んでいるのか，またどのような答申が出されているのかを調べ，政策論議の動向をまとめてみよう。
　　　　　　③ 現在の教育振興基本計画を読んでみて，どのような政策が重点に掲げられているのかを調べてみよう。

引用・参考文献

小川正人『教育改革のゆくえ──国から地方へ（ちくま新書828）』筑摩書房，2010年。
御厨貴『公共政策』放送大学教育振興会，2017年。
文部科学省「組織図の紹介」2020年a。https://www.mext.go.jp/b_menu/soshiki2/04.htm（2021年1月8日閲覧）
文部科学省『文部科学省の概要（パンフレット）』2020年b。https://www.mext.go.jp/content/20201217-mxt_kouhou02-100012444_1.pdf（2021年1月8日閲覧）
文部科学省「令和2年度予算（案）主要事項」2020年c。https://www.mext.go.jp/content/20191220-mxt_kaikesou01-100014477_02.pdf（2021年1月8日閲覧）

第7章

地方の教育行政と学校

学校教育や社会教育の供給は国と地方（都道府県・市町村）の役割分担によって行われており，国が全体的な基準や方針を定める一方で，学校の設置・運営に関する役割の多くは地方が負っている，ということはすでに第6章で説明した。本章では地方（都道府県・市町村）レベルにおける教育行政について考えてみよう。「教育行政の地方自治」の原則と，それを具体化している教育委員会制度と，学校に関する「設置者管理主義」，「設置者負担主義」の原則について，それぞれ理解しよう。

1　教育行政の地方自治

（1）設置者管理主義と設置者負担主義

　学校を設置できる者について，学校教育法第2条は「学校は，国（中略），地方公共団体（中略）及び私立学校法第3条に規定する学校法人（中略）のみが，これを設置することができる」と規定しているが，義務教育については都道府県・市町村の役割がさらに明記されている。小・中学校について学校教育法第38条は「市町村は，その区域内にある学齢児童を就学させるに必要な小学校を設置しなければならない」と規定し，この内容を中学校にもあてはめる（準用する）とした第49条とあわせて，市町村に小・中学校を設置する義務を課している。また特別支援学校については「都道府県は，その区域内にある学齢児童及び学齢生徒のうち，視覚障害者，聴覚障害者，知的障害者，肢体不自由者又は病弱者で，その障害が第75条の政令で定める程度のものを就学させるに必要な特別支援学校を設置しなければならない」（学校教育法第80条）と規

定し，都道府県に学校設置の義務を課している。このように義務教育については，その供給が全国に行き渡るよう，市町村や都道府県に学校の設置を義務づけている。

　義務教育（小・中学校及び特別支援学校小・中学部）においては，学校の設置に加えて，しかるべき時期にしかるべき対象（児童生徒）が学校に通えるよう（保護者が就学（させる）義務を果たせるよう）にすることも重要である。これは**就学事務**と呼ばれ，市町村教育委員会の業務とされる。就学事務において市町村教育委員会は，各市町村内に居住する学齢の児童生徒の就学義務の状況を確認する目的で**学齢簿**を編製する。また**就学時健康診断**を実施し，保護者に対して入学期日と就学すべき学校の指定を行う。この際，相当の理由がある場合には学校指定の変更や区域外就学が認められる一方，特別支援学校への（区域外）就学が相当とされる児童生徒であっても，小・中学校での受け入れ態勢が整っている場合などにおいては，認定特別支援学校就学者として通常の小・中学校への就学が認められる。これらを検討・決定するプロセスも就学事務に含まれる。

　また教育基本法第4条は，経済的理由によって就学が困難な児童生徒については，国と地方公共団体が奨学の措置を講じなければならないと規定している。生活保護法に規定する要保護者については，国が4分の3，自治体が4分の1を負担して**教育扶助費**（学用品費，給食費，通学費など）が補助されるのに加え，国と自治体が2分の1ずつを負担して**就学援助**が行われる。また，これに準じる程度に困窮していると市町村教育委員会が認める者（準要保護者）については，市町村の単独負担により就学援助が行われる。

　さらに，学校教育法第5条は「学校の設置者は，その設置する学校を管理し，法令に特別の定のある場合を除いては，その学校の経費を負担する」と規定し，学校の管理・運営とその費用負担についての基本的ルールを**設置者管理主義**として定めている。これに従って学校の設置形態と設置者（＝管理者・費用負担者）の関係を例示すると，下のようになる。

- A県B町立X小学校　→　設置者はB町
- C県立Y高等学校　→　設置者はC県（所在地の市町村は関係なし）
- 学校法人D学園Z高等学校　→　設置者は学校法人D学園

　なお，幼稚園や高等学校などには設置者に関する規定がないものの，2019（令和元）年度の学校基本調査によれば，全国の幼稚園の35％，高等学校の73％が公立である。これらの教育の供給についても，地方は大きな責任を負っているのである。

（2）国の基準と地方の裁量

　先にみた通り，学校教育の具体的な実施にあたり，必要な管理と経費負担をしているのは地方（都道府県・市町村）と学校法人である。しかし，一方で学校教育法第3条は「学校を設置しようとする者は，学校の種類に応じ，文部科学大臣の定める設備，編制その他に関する設置基準に従い，これを設置しなければならない」と規定しており，学校教育の運用を完全な地方の裁量とはせず，国の定める様々な基準に沿うよう求めている。各学校種の設置基準（小学校設置基準，中学校設置基準，高等学校設置基準など）をみると，クラスサイズ，教員の配置，校舎や運動場の面積，備えるべき施設や教具などが規定されているほか，教育内容については学習指導要領や教科書検定などが国の基準として機能している。

　このように，学校の設置・管理と費用負担については，地方が主役となる一方で，国も本書第6章で示したような形で全国的な方針や政策を決定し，さらには学校の管理運営における様々な基準の設定を行うなどして役割を分担している。教育基本法第16条第1項が示す「国と地方公共団体との適切な役割分担及び相互の協力」は，このようにして成立しているが，本書第6章で扱ったような，総額裁量制を活用した教員の追加的雇用や，教育課程特例校などを用いたカリキュラム開発などは，地方の裁量性を高める新たな取り組みといえよう。

2　地方における教育政策の決定

（1）地方政治・地方行政と教育行政

　さて，都道府県や市町村においては，住民の選挙で選ばれた議員によって議会が運営され，政策が検討・決定される。首長（都道府県知事及び市町村長）は

行政のトップとして政策の実施にあたるほか，自ら予算や政策を立案し，議会に諮る。こうした地方制度のなかにありながら，教育行政分野では教育政策の決定・実施に際して教育委員会が大きな役割を果たしており，一般的な地方政治・地方行政の制度から相対的に独立するような制度設計が行われている。

　教育委員会は**行政委員会**制度の１つで，執行機関の多元主義という考え方のもと，首長への過度な権力集中を避け，行政の中立的な運営を確保し，さらに住民の直接参加で行政を民主化することを目的に設置されている。教育委員会以外にも，公安委員会，人事委員会，選挙管理委員会などが行政委員会にあたり，首長から独立した地位と権限を持っている。もし首長がこれらの権限を直接行使できるような制度を設計すると，首長の「暴走」によって行政の公正・中立が損なわれた際，その回復がとても難しくなることが想定される。

　都道府県と市町村に置かれる教育委員会では，１人の**教育長**（常勤）と，２人から５人程度の**教育委員**（非常勤）がそれぞれ任命される。「地方教育行政の組織及び運営に関する法律」（以下，地教行法）第３条では基本的な委員数を４人としているが，都道府県及び市などでは５人以上の委員で，また町村などでは教育長と２人以上の委員で組織できるとしている。教育長と教育委員は，それぞれ首長が議会での同意を得て任命する（地教行法第４条）ことで，間接的な住民代表としての性質を備えている。教育長の任期は３年，他の教育委員の任期は４年である（地教行法第５条第１項）。

（2）教育委員会の組織と活動状況

　教育委員会では，会議（月１〜２回の定例会のほか臨時会や非公式の協議会）を開催して，都道府県や市町村の教育行政における重要事項や基本方針を決定している。会議は公開が原則とされ，各自治体のホームページ等を通じて議事録の公開も進んでいるので，具体的にどのような事項が議論されているのかも確認できる。そして，教育委員会（会議）の決定に基づいて具体的な教育行政活動をするのが教育委員会事務局である。多くの人にとって，教育委員会という語からまず想定する組織は，おそらくこの教育委員会事務局であろう。地教行法第21条は教育委員会の職務権限を示しており，学校関係にかぎってもその

内容は下記の通り多岐にわたる。

- 学校その他の教育機関の設置，管理及び廃止に関すること。
- 学校その他の教育機関の用に供する財産の管理に関すること。
- 教育委員会及び学校その他の教育機関の職員の任免その他の人事に関すること。
- 児童生徒の就学や，幼児児童生徒の入学，転学及び退学に関すること。
- 学校の組織編制，教育課程，学習指導，生徒指導及び職業指導に関すること。
- 教科書その他の教材の取り扱いに関すること。
- 校舎その他の施設及び教具その他の設備の整備に関すること。
- 校長，教員その他の職員の研修に関すること。
- 校長，教員その他の職員や，幼児児童生徒の保健，安全等に関すること。
- 学校その他の教育機関の環境衛生に関すること。
- 学校給食に関すること。

　このほかにも，社会教育に関することやスポーツに関すること，文化財保護に関することなどが教育委員会の職務とされている。また地教行法第18条は，学校における教育活動についての専門的事項を指導する職員（**指導主事**）等を教育委員会事務局に置くことを定めている。

　これらは図7-1のようにまとめられるが，合議制の教育委員会と事務局組織をあわせて「広義の教育委員会」と呼び，合議制の教育委員会のみを指して「狭義の教育委員会」と呼ぶことがある。「教育委員会」と聞いて最もイメージしやすい事務局組織は，これら「広義」と「狭義」の隙間部分に該当するものである。

　表7-1，表7-2は，2019（令和元）年度における教育長や教育委員の任命状況や活動状況について整理したものである。教育長については都道府県・市町村ともに平均年齢が60歳を超えており，女性の比率は低く，教育行政経験者や一般行政経験者が多くを占める一方で，都道府県教育長については教職経験者の割合が低い。教育委員の平均年齢は60歳程度で，40％程度の委員が女性である。委員の30％程度は保護者であり，委員の普段の職種としては専門

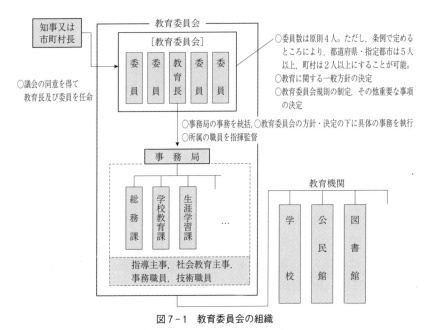

図7-1　教育委員会の組織

出所：文部科学省「教育委員会制度について」。

的・技術的職業や管理的職業の比率が高い。

　このような構成は，教育委員会制度の重要な理念である，教育委員による素人統制（レイマン・コントロール）と教育長の専門的指導（プロフェッショナル・リーダーシップ）を反映している。教育行政を専門家の手にすべて委ねてしまうのではなく，素人である一般市民の意向との緊張関係（専門性と民主性との「均衡と抑制」（チェックアンドバランス））のもとで教育政策の立案と実施が進むことを期待するこの原理は重要であるが，一方で学校教育等に関する技術や制度が専門化するなかでは，工夫なしに素人による統制を実現するのは難しくなっているのも事実である。教育委員に事前の学習機会や研修機会を設けたり（ただし場合によっては素人性を失うことにもなる），教育委員会の機能自体を専門家（教育長や教育委員会事務局職員）の提示する政策の確認や審査に重点化する（ただし場合によっては政策の企画場面から市民が遠ざけられる）などの検討が求められているところである。

表7-1　教育長の状況

	都道府県	市町村
総　数	47人	1723人
平均年齢	61.0歳	64.1歳
平均在職年数	1.7年	2.1年
女性の割合	8.5%	5.0%
教職経験者の割合	21.3%	74.6%
教育行政経験者の割合	72.3%	82.0%
一般行政経験者の割合	78.7%	27.9%

出所：文部科学省（2019）をもとに筆者作成（市町村は第7～9表，都道府県は第17～19表）。

表7-2　教育委員の状況

	都道府県	市町村
総　数	234人	7282人
平均年齢	59.2歳	59.1歳
平均在職年数	3.8年	4.9年
女性の割合	43.2%	40.7%
教職経験者の割合	18.8%	28.6%
保護者の割合	31.6%	32.7%

出所：文部科学省（2019）をもとに筆者作成（市町村は第4・5表，都道府県は第14・15表）。

（3）教育委員会制度改革

　さて，教育委員会は最初から現在のような組織と機能を備えていたわけではない。ここで簡単にその経緯を振り返っておこう。教育委員会は，教育行政の民主化，教育行政の地方分権，教育の自主性確保といった方針のもと，1948（昭和23）年に定められた**教育委員会法**を根拠に制度化され，1950（昭和25）年には全国に設置された。その後1956（昭和31）年には，地方公共団体における教育行政と一般行政との調和，教育の政治的中立と教育行政の安定の確保，国・都道府県・市町村一体となった教育行政制度の確立といった目的のもと，教育委員会法が廃止されて新たに地教行法が定められた。その後，1999（平成

11) 年には地方分権改革の一環として，また2001（平成13）年にも教育委員会制度の活性化を目的に制度改革が行われている。

　この間，教育委員会制度をめぐっては，民主性と効率性・総合性のあり方が課題とされてきた。旧教育委員会法時代，教育委員は議員や首長と同様に公選され，住民の意向が教育委員の選任に直接反映されていたが，低投票率の問題等が指摘されていた。またこの時期，教育委員会には予算編成の権限が認められていたが，一方で市町村や都道府県で一体性のある予算編成を妨げるという課題も指摘されていた。これらは1956年の地教行法制定（教育委員会法廃止）の背景となった。

　その後は，教育委員会の構成に性別・年齢層の偏りがあることや全般的な活動が低調で住民にもその存在が知られていないこと，その結果として地方教育行政の民主性が保たれていないことが指摘されてきた。これに加え，教育行政が首長による一般行政からの独立性を重視しすぎた結果，国（旧文部省）との政策の一貫性のみが志向され，住民の声が教育行政に届かないという点も批判された。これらの批判に応えるため，1999年の地教行法改正では教育長の任命承認制度が廃止されたほか，国から地方への関与規定が改められたのに加え，2001年の法改正では教育委員会の会議を原則公開としたり，委員構成の多様化が進められた。

　さらに近年では，地方分権の進展を背景に，首長による教育政策への関与が制限されていることが問題視されるようになった。またいじめや体罰に関する事件や子どもの自殺事件などの際，学校教育での危機管理体制や責任体制が不明確であることも問題視されるようになった。これらを契機に，2015（平成27）年に教育委員会制度が大きく改革され，新たな局面を迎えている。

　具体的には，これまでよりも教育行政の独立性が薄められ，首長による一体的な行政運営に近づけられた。教育行政の責任者である教育長は，首長から直接任命されるようになり，（教育長ではなく）首長が「その地域の実情に応じ，当該地方公共団体の教育，学術及び文化の振興に関する総合的な施策の**大綱**を定める」とした（地教行法第1条の3第1項）。また，この大綱の作成等を目的とする会議（**総合教育会議**）が新たに設けられることとなり，その招集は首長が

行うとされた（地教行法第1条の4）。

　これらの改革は教育政策への首長の関与を強めるものである。具体的には，従来の教育委員会が首長から独立することで重視してきた政治的な中立性についても，また教育委員による合議制をとることで重視してきた政策の継続性・安定性についても，今回の改革はそれらの性質を弱めると考えられる。しかし一方では，この20年近くで進行してきた地方分権の全体的な動向と合致した改革との評価もできる。これらの制度改革が地方教育行政や学校での教育活動にどのような具体的影響を及ぼすのか，今後の注目が必要であろう。

3　地方における教育政策の実施

（1）教育委員会事務局

　教育委員会事務局は，先に説明した会議体の「狭義の教育委員会」での決定に基づき，自治体内の教育行政を行っている。自治体ごとに組織構成は様々である。例として表7-3にはA・Bの2市における教育委員会の組織構成を挙げたが，文化・スポーツ振興や子育て支援の部署を教育委員会事務局に置くA市と首長部局に置くB市とで，違いが確認できる。

　これは地教行法第23条において，スポーツに関すること（学校における体育に関することを除く），文化に関すること，文化財の保護に関することについては，地方公共団体の長が管理・執行できる（教育委員会が管轄しなくてもよい）としていることなどが反映されている。なお地教行法第22条は（教育委員会ではなく）地方公共団体の長が管理・執行する事務として，大学に関すること，幼保連携型認定こども園に関すること，私立学校に関すること，教育財産を取得し，及び処分すること，教育委員会の所掌に係る事項に関する契約を結ぶこと等を挙げている。

　教育委員会事務局については，その組織の充実が大きな課題である。教育事務の執行責任者である教育長を補佐する組織が教育委員会事務局であり，地方における教育政策の立案と実施の中核を担っている。教育委員会事務局には，学校教育と社会教育に関する政策の立案・実施や日常の活動支援に従事する専

表7-3　教育委員会事務局の組織構成（例）

○A市（文化・スポーツ振興・子育て支援関連を教育委員会に）

教育長	管理部	教育総務課，職員課，施設課
	学校教育部	学校教育室，教育企画課，学校指導課，学事課，保健体育課，総合教育センター
	生涯学習部	社会教育課，スポーツ振興課，公民館，図書館，博物館
	人権教育室	
	こども未来部	こども室，こども若者企画課，保育課，子育て支援課，こども福祉課，家庭教育課

○B市（文化・スポーツ振興・子育て支援関連を首長部局に）

教育長	教育部	教育総務課，学事課，学校教育課，文化財課，図書館，美術館
（市長）	まちづくり部	文化・スポーツ課，施設管理課　など
	健康福祉部	子育て支援課，自立支援課，健康課，地域医療課　など

出所：A市・B市の組織図をもとに筆者作成。

表7-4　職種別事務局本務教員数の推移（市町村教育委員会）

区　分	2011年度	2013年度	2015年度	2017年度	（構成比）	2019年度	（構成比）	（増減）
	人	人	人	人	％	人	％	人
総　　数	54,280	53,583	53,310	55,524	（100.0）	58,001	（100.0）	2,477
増　　減	△146	△697	△273	2,214		2,477		
対前回伸び率	△0.3%	△1.3%	△0.5%	4.2%		4.5%		
指　導　主　事	4,579	4,720	5,131	5,480	（9.9）	5,941	（10.2）	461
充て指導主事	1,417	1,399	1,257	1,334	（2.4）	1,288	（2.2）	△46
社会教育主事	1,366	1,292	1,175	1,150	（2.1）	1,098	（1.9）	△52
派遣社会教育主事	154	140	130	120	（0.2）	111	（0.2）	△9
社会教育主事補	47	25	34	35	（0.1）	47	（0.1）	12
事　務　職　員	42,246	41,695	41,654	43,301	（78.0）	45,322	（78.1）	2,021
技　術　職　員	2,759	2,738	2,579	2,795	（5.0）	3,023	（5.2）	228
労　務　職　員	1,712	1,574	1,350	1,309	（2.4）	1,171	（2.0）	△138

出所：文部科学省（2019，第11表）をもとに筆者作成。

門人材として指導主事や社会教育主事が配置されるが（図7-1），分権化により地方の創意工夫が求められるなかでは，その機能への期待が高まっている。しかし，市町村教委での配置は表7-4のような状況で，指導主事の配置が進む一方で，社会教育主事は減少を続けている。さらに表7-5は人口規模別でみた専門職員の配置状況であるが，特に小規模町村ほど教育委員会事務局組織

表 7-5 人口規模別指導主事・充て指導主事，社会教育主事・派遣社会教育主事
の配置状況（市町村教育委員会・本務者）

区　　分	教育委員会数	指導主事・充て指導主事を置く教育委員会		社会教育主事・派遣社会教育主事を置く教育委員会	
		配置率	配置教委当たり平均人数	配置率	配置教委当たり平均人数
		%	人	%	人
市町村教育委員会（一部事務組合等を除く）の計	1,736	74.7	5.6	42.9	1.6
50万人以上	35	100.0	46.3	65.7	3.9
30万人以上50万人未満	50	100.0	19.8	60.0	1.8
10万人以上30万人未満	202	100.0	9.4	55.0	1.9
5万人以上10万人未満	256	96.5	4.8	45.7	1.7
3万人以上5万人未満	240	89.6	3.2	47.9	1.4
1.5万人以上3万人未満	294	78.2	1.9	41.5	1.4
8千人以上1.5万人未満	231	65.4	1.4	39.0	1.5
5千人以上8千人未満	167	55.7	1.1	34.7	1.5
5千人未満	261	28.4	1.1	30.3	1.3

（区分欄左に「人口規模別」の縦書き）

出所：文部科学省（2019）。

の充実が課題になっているといえよう。

（2）教育委員会による学校管理

　都道府県や市町村の教育委員会が公立学校を設置して管理運営を行う際，その根拠となるのが都道府県・市町村で定める**学校管理規則**である。規則では，国の基準を逸脱しない範囲で，学校の学期や長期休業日，教職員組織，施設設備，学校保健，教育活動などに関することを定めている。教育委員会事務局は，教育委員会規則に定める組織や業務内容や学校管理規則を根拠に，日常的な指導・助言を行っている。

　この指導・助言を主に担当する専門人材が指導主事であり，教育委員会に異動（人事交流）した教員が配置される（本書第9章も参照）。学校運営や教育活動の指導，研修の企画実施，事件・事故・苦情への対応など，幅広い業務を担当して学校教育活動を支援している。教育委員会事務局の支援機能の充実は，学校教育活性化の鍵であるが，一方で都道府県議会・市町村議会への対応など行政的な事務活動が多く，支援機能が十分発揮されていないとの指摘もある。

こうしたルールや専門人材に加え，教育委員会が設置者としての役割を十分果たす（設置者管理主義・設置者負担主義を機能させる）ためには財政的な裏づけも必要である。たとえば十分な財政力を持たない地域で学校が手抜き建築されたり，教師の労働条件が劣悪だったらどうなるだろうか。教育の質が保証されないばかりか，児童生徒の安全も脅かされることになるのは想像に難くない。そこで，学校教育に関する地方の役割を支え，国の定める基準を実現するため，財政面でもいくつかの制度が準備されている。

　本書第6章では，文部科学省の予算の多くが補助金や負担金に割かれ，地方や学校などの直接的な事業者を支援・助成していると説明したが，これらの補助金や負担金は教育行政の地方自治を財政的に支えている。たとえば市町村が小・中学校を新たに設置したり，すでにある学校の建物を改修する際，設置者負担主義のルールに従えば，その費用負担は設置者（市町村）が負うことになる。しかし，このような費用負担のルールのなかで，どこかの市町村が財政上の制約から国の基準を満たさない建築しか整備できないといった状況が発生した時，たとえ関係者等への罰則を準備したとしても，建物の不適切性は改善されず，国の求める教育環境や児童生徒の安全も不十分なままとなる。こうした状況を避けるために準備されたのが国庫負担金制度であり，この場合では「義務教育諸学校等の施設費の国庫負担金等に関する法律」の第3条において，国は市町村が必要とする施設費用の半分を負担すると定めている。

　同様に，国はいくつかの費目について，地方の支出を一部負担し（**国庫負担金**），教育に対する責任の一部を負っている。たとえば義務教育費国庫負担金は，公立小・中学校に勤務する教員給与費の3分の1を国が支出するという制度で，学校建築の場合と同様に，財政的な事情から教員の雇用条件が悪化しないよう保障する機能を果たしている。なお，義務教育費国庫負担金が保障するのは教員の給与費の3分の1だが，残りの3分の2についても地方交付税交付金によって財源が保障されている。地方交付税交付金とは，都道府県や市町村による財源の不均衡を調整し，一定の水準を維持できるよう財源を保障する制度のことで，地方行政全般の活動を対象とするため使途の制限はない。同じ財源保障だが学校建築や教員給与以外への使用を認めない負担金とは対照的である。

　こうした財源保障の制度があることで，教育行政は地方自治の形をとりながらも一定の水準が守られ，大きな地域差も生まれないようになっている。しかし負担金の支出にあたって国が地方に求める条件を厳格にすると，一定水準の確保が進む一方で地方の創意工夫は妨げられる（国の条件から外れてしまうと負担金が受け取れなくなるため）と考えられる。したがって地方の自律性や創意工夫を重視する立場からは，負担金のように使途と基準が定められた財源よりも，使途の制限されない地方交付税交付金のような一般財源の方が好ましいという意見もある。一定水準を確実に確保することと創意工夫の余地を大きく残すこととは，なかなか並立しにくいものと考えてよいだろう。

> **学習課題**　住んでいる自治体や大学の立地する自治体，そのほかに関心のある自治体などについて，ホームページ等を活用して教育委員会のことを調べてみよう。
> ①　教育長や教育委員は，どういった人たちだろうか。
> ②　教育委員会事務局はどのような組織だろうか（文化・スポーツ事業や子育て支援などは，どの部署が関わっているだろうか）。
> ③　総合教育会議や教育委員会の開催記録（もしくは議事録・議事概要等）を読んで，どのようなことが議論されているのかを調べてみよう。

引用・参考文献

日本教育行政学会研究推進委員会編『地方政治と教育行財政改革——転換期の変容をどう見るか』福村出版，2012年。

日本教育行政学会研究推進委員会編『首長主導改革と教育委員会制度——現代日本における教育と政治』福村出版，2014年。

村上祐介編著『教育委員会改革５つのポイント——「地方教育行政法」のどこが変わったのか』学事出版，2014年。

文部科学省「教育委員会制度について」。https://www.mext.go.jp/a_menu/chihou/05071301.htm（2021年1月8日閲覧）

文部科学省「結果の概要——令和元年度教育行政調査（令和元年度5月1日現在）」より「2. 調査結果の概要」2019年。https://www.mext.go.jp/content/20201120-mxt_chousa01-100012455_b.pdf（2021年1月8日閲覧）

第 8 章

学校の組織と経営

　本章ではまず，学校の活動全般がどのようなもので，そのなかで教員はどのような勤務をしているのか，現状と課題を把握したい。つぎに，学校運営における考え方の変化とその具体化（学校マネジメント概念の誕生，校長の経営責任や学校の自主性・自律性の追求）がどのようなものかを捉えよう。最後に近年の政策動向の１つでもある「チーム学校」について，具体的な動向と学校組織の変化について考えよう。

1　学校の活動

（1）学校は何をするところか

　学校の組織や運営を理解するには，まず「学校は何をするところなのか」を理解する必要がある。というのも，学校にかぎらず組織というものは，その「やるべきこと」にあわせて構成され，機能する（運営される）からである。どういった方法でその「やるべきこと」を把握するかにはいくつか方法があるが，ここでは学校が公費（税金）を使って管理・運営され，公的な性質を持っていることに着目し，法律等を参照しながら整理を行う。

　教育基本法は第５条第１項で「国民は，その保護する子に，別に法律で定めるところにより，**普通教育を受けさせる義務を負う**」と**義務教育**を規定し，その内容である「普通教育」については，続く第２項において「各個人の有する能力を伸ばしつつ社会において自立的に生きる基礎を培い，また，国家及び社会の形成者として必要とされる基本的な資質を養うことを目的として行われるもの」と示している。

　これを受けて，学校教育法では第16条において，保護者は子に「9年の普通教育」を受けさせる義務があることを示し，第17条はその具体として小学校・中学校等への就学義務を規定している。第21条では「義務教育として行われる普通教育」の（全体に関する）目標が示され，続いて各学校の目的・目標が示されている（幼稚園：第22・23条，小学校：第29・30条，中学校：第45・46条，義務教育学校：第49条の2・3，高等学校：第50・51条，中等教育学校：第63・64条，特別支援学校：第72・73条，等々）。

　以上のような，幼児児童生徒に向けた各学校の「やるべきこと」にあわせて，幼児児童生徒と直接的には関わらない部分においても，上記目的にあわせて学校を円滑に運営するための「やるべきこと」が発生する。学校教育法第37条以降では，学校に置くべき職員として「校長，教頭，教諭，養護教諭及び事務職員」などが規定されているが，このうち校長，教頭等の職務として**「校務」**という語が使われる。この校務こそが，教育活動の下支えとして学校が担うべき「やるべきこと」となる。

　校務の具体的な内容は，様々な法令等に分散して規定されている。まず学校教育の管理として，職員会議の主宰，学校評議員の推薦，非常変災時の臨時休業の決定，教育課程の編成や教科書の支給に関すること，補助教材の選定，各種調査統計に関する義務等が挙げられる。つぎに児童生徒の管理として出席簿の作成，出席状況の把握，指導要録の作成，児童生徒の懲戒，全課程修了者の通知（卒業・修了の認定）等が，また学校保健の管理として健康診断や健康相談，出席停止をはじめとする感染症対応等が挙げられる。さらに教職員の管理として勤務場所を離れた研修の承認や労働時間の管理等が，施設・設備の管理として施設利用の許可や防火管理等が挙げられる。

　これらが円滑に実施されるよう，各学校には必ず「置かなければならない」職員（**必置職員**）と特別な事情がある場合は「置かないことができる」（置かないことが認められている）職員（**原則必置職員**）と任意に「置くことができる」職員（**任意設置職員**）が定められている（表8-1）。また上記の校務の最終的な責任者は校長（と教育委員会などの学校管理機関）であるが，これらをすべて校長が直接行うのは現実的でないため，教職員でこれらを分担して行う。この分担

表 8-1　学校における職員配置

	幼稚園	小学校・中学校・義務教育学校	高等学校	中等教育学校	特別支援学校※1
校長・園長	◎	◎	◎	◎	◎
副校長・副園長	△	△	△	△	△
教頭	◎※2	◎※2	◎※2	◎※2	◎※2
主幹教諭	△	△	△	△	△
指導教諭	△	△	△	△	△
教諭	◎	◎	◎	◎	◎
助教諭	△	△	△	△	△
講師	△	△	△	△	△
養護教諭	△	○※3	△	○※3	○※4
養護助教諭	△	△	△	△	△
栄養教諭	△	△	△	△	△
実習助手	—	—	△	△	△
事務職員	△	○※5	◎	◎	◎
技術職員	—	—	△	△	△
学校用務員	△	△	△	△	△
学校医・学校歯科医・学校薬剤師	◎	◎	◎	◎	◎

◎：必置　○：原則必置（置かないことができる）　△：任意設置（置くことができる）
※1　寄宿舎を設ける特別支援学校においては，このほかに寄宿舎指導員が必置
※2　副校長（もしくは副園長）を置くときその他特別の事情のあるときは置かないことができる
※3　養護をつかさどる主幹教諭を置くときは置かないことができる
※4　小・中学部については養護をつかさどる主幹教諭を置くときは置かないことができる
※5　特別の事情のあるときは置かないことができる

出所：学校教育法をもとに筆者作成。

の組織のことを**校務分掌**組織といい，学校の種類に応じて置かれるべき主任や主事（教諭等をもって充てる充当職）が定められている（第2節において後述する）。

（2）教員は何をしているか

　学校で「やるべきこと」とされる業務の種類は多岐にわたるが，教員はそれ

をどのような時間配分で進めているのだろうか。2016（平成28）年に文部科学省が実施した「**教員勤務実態調査**」のデータによると，勤務日における教諭の平均出勤時刻は7時30分頃で平均退勤時刻は19時頃（小学校が19時1分，中学校が19時19分）であり，1日あたりの学内勤務時間は11時間を超えている（小学校11時間15分，中学校11時間32分）。

　図8-1は時間帯別の行為者率（どれくらいの教員がどの業務に従事しているか）を示したものである。小学校の教諭は，多くが学級担任制のもとで働くため，15時くらいまでは授業に従事する者が多く，授業準備・学習指導・成績処理・学校経営等の校務などについてはそのあとの時間帯で行われている。また授業前や昼休みの時間帯は，生徒指導（集団）等に充てられている様子がわかる。

　これに比べて中学校の教諭は，多くが教科担任制のもとで働くため，授業時間帯における「空きコマ」を活用して授業準備・学習指導・成績処理・学校経営等の校務に従事している。授業前や昼休みにおいて生徒指導（集団）等が行われているのは小学校と共通するが，授業時間後に部活動やクラブ活動の指導や生徒指導（個別）が行われているのが特徴的である。

　ちなみに，職位（校長，教頭・副校長，教諭）によっても平日の平均業務時間には違いがある。校長は多くの時間を学校経営に費やしているのに比べて，教頭・副校長は事務に多くの時間を充てており，教諭については授業・授業準備・生徒指導（と，中学校については部活動・クラブ活動）が業務の中心になっている。

　地方公務員の1日の勤務時間が7時間45分と定められているなかで，教員については長時間労働が常態化している点が大きな課題となっている。学校における働き方改革の実現に向けて，2019（令和元）年には**給特法**（「公立の義務教育諸学校等の教育職員の給与等に関する特別措置法」）の一部を改正し，勤務時間（学内勤務時間）の縮減に向けたガイドラインの設定が行われたほか，自治体や学校では業務の縮減・適正化に向けた改善が進められている。

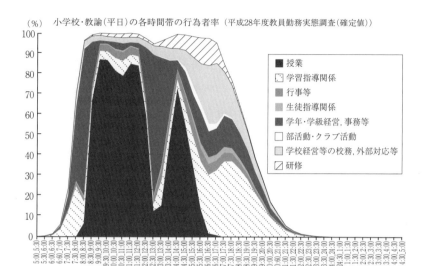

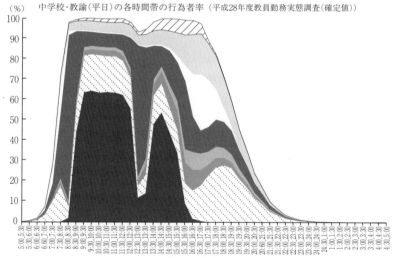

図8-1 教諭の仕事配分（行為者率）

注：授業…授業（主担当），授業（補助）。学習指導関係…授業準備，学習指導，成績処理。行事
　等…学校行事，児童会・生徒会指導。生徒指導関係…生徒指導（個別），個別の打ち合わせ。
　学年・学級経営，事務等…朝の業務，生徒指導（集団），地域対応，学年・学級経営，事務
　（調査への回答），事務（学納金関連），事務（その他）。部活動・クラブ活動…部活動・クラ
　ブ活動。学校経営等の校務…学校経営，職員会議・学年会などの会議，保護者・PTA 対応，
　行政・関係団体対応，会議・打ち合わせ（校外），その他の校務。研修…校内研修，校務とし
　ての研修。※休憩・その他を除く。
出所：文部科学省（2017）をもとに筆者作成。

2　教育活動と組織運営

（1）教育活動

　学校における活動の第1は教育活動であり，学校の教職員構成も教育活動の形態と密接に関連することになる。

　小・中学校では一般的に児童生徒を学級として編制（団体を組織）し，教育活動を含む学校生活全般の基礎としている。小学校のような学級担任制では，学級担任となる教員が多くの教科の授業を担当する一方で，中学校のような教科担任制では各教科の担任が授業を行っているが，いずれも学級を教育活動の基本的単位としている点は共通している。

　したがって各学校に配置すべき教員の数も，学級数を基準に計算される。義務標準法（「公立義務教育諸学校の学級編制及び教職員定数の標準に関する法律」）第3条では，同学年の児童生徒で編制する学級については1学級あたりの上限を40人（ただし小学校1年生については35人）としている。また学校規模がきわめて小さいため2つの学年をあわせて1つの学級を編制する場合（いわゆる**複式学級**）については小学校で16人（ただし1年生を含む場合は8人），中学校で8人を上限としているほか，特別支援学級を設置する場合の1学級あたりの上限についても8人と規定している（表8‐2）（学級の人数に関わる近年の動向については，本書第6章の82頁を参照）。これによって算出される学級数に対して，各都道府県・政令指定都市教育委員会は義務標準法第7条を基準に教員配置のルールを設定している。ちなみに（公立）高等学校については高校標準法（「公立高等学校の適正配置及び教職員定数の標準等に関する法律」）に沿った教員配置が行われるが，小・中学校とは異なり課程数や収容定員から教員数が算出される。

　なお2017（平成29）年から，学校教育法施行規則第140条に基づく**通級による指導**（児童生徒の障害による学習上・生活上の困難を克服するために障害に応じて行われる指導）を行うための教員定数が新たに算出された。特別支援学級の教員数等とは別に，該当する児童生徒13人につき教員1人を学校に配置すべき教員数として算定している。

表 8-2　学級編制の基準（2021 年 1 月現在）

小学校	同学年の児童で編制する学級	40 人（1 年生は 35 人）
	2 つの学年で編制する学級（複式学級）	16 人（1 年生を含む 学級は 16 人）
	特別支援学級	8 人
中学校	同学年の児童で編制する学級	40 人
	2 つの学年で編制する学級（複式学級）	8 人
	特別支援学級	8 人
特別支援学校 （小学部・中学部）		6 人
	重複障害児童・生徒で学級を編制する場合	3 人
高等学校		40 人

出所：義務標準法第 3 条第 2 項付表をもとに筆者作成。

　こうした教員数の算出は，学校が設置者管理主義及び設置者負担主義のもと，地方公務員たる教職員によって担われていることからも説明できる。公金（税金）による教員の雇用や学校運営を行う以上，その必要数の算出や各学校への配当は一定の基準をもって行われ，公正性を保つことが求められるのである（ルールの裏づけなく教員をたくさん雇用してその賃金が自治体財政を圧迫したり，地域や学校によって教員の数に極端な差が出たり，といった事態は避けられなければならない）。

（2）校務分掌

　学校において，教育活動に付随して発生する様々な業務を「校務」と呼び，校長が責任者となることはすでに説明したが（本章第 1 節），実際は校長の責任のもとで各教員が校務を分担し，学校での教育活動を支えている。これを校務分掌と呼んでいる。

　校務分掌組織を規定するのは学校の設置者・管理運営者であるのが原則だが，学校管理規則等を通じて校長に委任されているのが一般的である。校務を行うためという性質上「学校は何をするところか」に応じて構成される（したがって，各学校における課題や重点によって組織構成が異なる）が，いくつかの担当者については必置規定がある。具体的には校種に応じて教務主任（学校の教育計画の

表 8-3　主幹教諭，指導教諭，教諭または事務職員をもって充てる職

	小学校・義務教育学校前期課程	中学校・義務教育学校後期課程	高等学校	中等教育学校	特別支援学校
教務主任	○※1	○※1	○※1	○※1	○※1
学年主任	○※1	○※1	○※1	○※1	○※1
保健主事	○※1	○※1	○※1	○※1	○※1
生徒指導主事	—	○※1	○※1	○※1	○(中・高等部)※1
進路指導主事	—	◎	◎	◎	◎(中・高等部)
司書教諭	○※2	○※2	○※2	○※2	○※2
事務長または事務主任	△	△	◎	◎	◎
学科主任（2以上の学科を置く場合）	—	—	○※1	○※1	○(高等部)※1
農場長（農業高校・農業科）	—	—	○※1	○※1	—
寮務主任，舎監（寄宿舎を置く場合）	—	—	—	—	○※1

> ◎：必置　○：原則必置（置かないことができる）　△：任意設置（置くことができる）
> ※1　特別の事情があるとき，置かないことができる
> ※2　学級数11以下の学校では「当分の間，置かないことができる」とされる

出所：学校教育法施行規則をもとに筆者作成。

立案等を行う），学年主任（各学年の教育活動に関する連絡調整等を行う），保健主事（保健に関する事項の管理），生徒指導主事（生徒指導に関する連絡調整と指導・助言），進路指導主事（進路指導に関する連絡調整や指導・助言）等を必ず置くよう規定されている（表 8-3）。また学校図書館の専門的職務をつかさどる司書教諭，事務をつかさどる事務長・事務主任についても設置が規定されているが，学校種・規模等に応じた違いがある。このほかに，学校の必要に応じて主任等を置くことができ，校務分掌組織を構成することとされている。

　具体的な例として，ある小学校における校務分掌組織を図 8-2 に示した。この小学校では学校運営協議会制度を導入したコミュニティ・スクールの活動を行っているため，これに対応する分掌が確認できる。

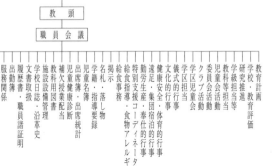

図8-2　校務分掌の例（小学校）

出所：筆者収集。当該学校長の許可を得て転載。

（3）学校マネジメント

　学校における教育活動を，誰の責任のもとで進めるべきかについては，この20年ほどで大きな変化があった。従来は，教育の機会均等と教育水準の維持向上を重視して国が強いイニシアチブを発揮し，中央集権的に教育条件の整備や学校の管理運営を進めてきたが，一方でこれは学校や教育委員会での教育活動に対する国等の関与を当然のものとし，主体的な創意工夫を妨げている，という批判を生むこととなった。そのため1990年代後半からは，教育行政における地方分権化と，学校経営における自主性・自律性の確立がそれぞれ志向され，様々な制度改革が進められた。

　自主的・自律的な学校経営においては，各学校が自校の状況を判断し，どのような手を打つ（経営する）ことが関係者（児童生徒，保護者，地域住民や社会，教職員，等々）にとって最善かを考え，それを実践することが目指される。当然，学校教育に関する重要事項を国などで決定するような（中央集権的な）教育行政・学校経営のなかでは，それらを追求する余地はほとんどなかった。制度改革を通じて目指されたのは，学校経営の責任者である校長がリーダーシッ

プや学校（組織）マネジメントを発揮し，それぞれの学校の特性に応じた特色ある教育活動を展開する，という姿であった。

　組織の活動に必要な「資源」の面では，たとえば「ヒト」については2001（平成13）年に「地方教育行政の組織及び運営に関する法律」が改正されたことにより，教職員の異動・配置に際して校長の意見具申が重視されるようになったほか，「モノ」や「カネ」の面では学校が（設置者である教育委員会の判断を仰がずに）独自判断で使用できる予算（**学校裁量予算**）を拡大させる動きが様々な地域でみられる。また1998（平成10）年に告示（2002（平成14）年から全面実施）された小・中学校の学習指導要領で新設された「総合的な学習の時間」のように，教育活動についても自主的・自律的な企画・実施の余地が広がった。あわせて学校の組織運営についても，これらのリーダーシップやマネジメントを実現できるような整備が進められた。学校の方針決定とその実施が校長の責任のもとで行われるのに伴い，**職員会議**の性質は校長職務の円滑な執行に資するために校長が主宰するもの（学校教育法施行規則第48条）と定められ，校長の補助機関としての性質が明示された。

　一方，こうした学校（長）の裁量権が拡大する以前であれば，国の方針通りに教育活動を行うことが活動の正当性・妥当性を示していたが，学校の自主的・自律的な活動が行われるなかでは，別の手段で活動の正統性・妥当性を確認する必要がある。学校評価はこれに応えるものであり，自己評価の実施と結果の公表が義務づけられているほか，自己評価を活用した学校関係者評価の実施とその結果の公表が努力義務とされている。さらに，学校運営について地域住民や保護者の意見を収集する学校評議員制度や，学校の運営について協議する学校運営協議会が活用されるのも，こうした自主的・自律的な学校教育活動について正当性・妥当性を高める効果が期待されている。

　しかし一方で，教育行政における地方分権の進展は，公立学校の管理運営について設置者管理主義を重視する側面も含んでいる。たとえば教員評価制度を通じて若手から中堅・ベテランに至るまで教員の力量向上を図ったり，授業等の「スタンダード」を定め，一定の形式を統一することで教育活動の質の保証・向上を図ったりするような動向は，学校単位というよりも市町村・都道府

県の教育行政によるものが目立つ。こうした市町村教育委員会・都道府県教育委員会による学校への関与の強まりは、学校の自主性・自律性との整理を必要とする場面も生み出すことになる。学校の管理・運営に関する条例や規則（教育委員会規則や学校管理規則等）等のあり方や工夫・改善の方向性を考えるうえでも、今後の重要な論点である。

3　他機関との連携・地域連携

（1）「チーム学校」に向けて

さらに近年の動向として、学校組織に関わる「大人」の種類が多様になっていることが挙げられる。まず従来から学校の主要構成員であった者のうち、教員や学校事務職員等については臨時的任用や非常勤といった、いわゆる非正規雇用の活用が進んでいる。少人数指導・少人数学級への対応や特別支援教育の充実を図るため、表面上の教職員数については（少子化の傾向にもかかわらず）維持・拡大が図られているものの、その一方で雇用の不安定化も進展しており、中長期的に学校教育の質を低下させるおそれも指摘できる。

つぎに、教職員とは異なる種類の専門職が学校に関わる傾向もみられる。学校現場における様々な課題（いじめ、不登校、暴力行為等）の未然防止や早期対応に加え、それらの背景となるような児童生徒本人の課題や家庭の課題（子どもの貧困問題や虐待も含む）に対して直接的な対応を行ったり、福祉・就労等の隣接領域の諸機関と連携したりする専門職として**スクールカウンセラー**（SC）や**スクールソーシャルワーカー**（SSW）への期待は高い。スクールカウンセラーについては臨床心理士や精神科医等の資格を有する者やそれに準ずる者を各学校に配置しており、1990年代中盤から現在まで配置学校数や配置時間の拡大が図られてきた。スクールソーシャルワーカーについては社会福祉士や精神保健福祉士等の資格を持つ者を各学校に配置している。2000年代後半以降、重要性の認識が広がるとともに配置が拡大しつつあるものの、スクールカウンセラーほどの規模にはないのが現状である。

ほかにも、授業等において教員を支援する専門スタッフとして、ICT支援

員，学校司書，英語指導を行う外部人材（外国語指導助手（ALT）等）などが挙げられるのに加えて，「学習サポーター」等の名称で補習を手伝う人材や「教師業務アシスタント」等の名称で印刷等の事務作業の補佐を行う人材を配置するような自治体もある。また部活動に関する専門スタッフとして，部活動指導員を配置する自治体があるほか，特別支援教育に関する専門スタッフとして，医療的ケアを行う看護師等の専門人材や，障害のある児童生徒等の日常生活上の介助や発達障害の児童生徒等に対する学習支援などを行う特別支援教育支援員，障害に応じた専門的な知識・技術を有する者として言語聴覚士，作業療法士，理学療法士，卒業後の就労支援のための就職支援コーディネーターなどが配置されている。さらにごく最近では，学校における諸課題について法的な側面からの相談・支援にあたる弁護士（スクールロイヤー）の活動にも関心が集まっている。

　このように，多様な専門性を持つ人材が学校教育に関与することで学校教育の質を向上させるべく，「チームとしての学校」への転換が進められている。とはいえ，専門性や文化の異なる職員が学校に関わる状況では，学校が何を重点とし，どういう方向性の取り組みを進めるかをそれらの職員とも共有することが鍵となるため，ここでも校長による学校マネジメントが重要視されている。

（2）外部機関との連携

　学校のなかに教員とは異なる種類の専門性を有するスタッフ等が参入することで，「チームとしての学校」への転換が進む様子については先に指摘したが，もう一方では，学校が様々な外部機関と連携する実践も進展している。とはいうものの，児童虐待に関する重大事案等においては，学校・教育委員会・児童相談所等の連携（事案の通告や関連情報の共有）に不備がある点がたびたび指摘されており，今後のさらなる充実が求められる領域といえる。

　学校にとって，連携すべき外部機関は様々である。まず，児童生徒の発達や学習については県や市町村の相談窓口等が，不登校については適応指導教室やフリースクール等が，児童虐待については市町村の児童家庭相談窓口や児童相談所等が挙げられる。また児童生徒・保護者の精神保健や経済的な問題につい

ては，都道府県の福祉事務所や保健所・保健センター等との連携が挙げられる
ほか，非行・犯罪行為・いじめ等については警察との連携も想定される。また
幅広い地域での見守りと状況把握を考えるうえでは，民生委員・児童委員との
連携も欠かすことはできない。特別支援教育等に関しては医療関係機関との連
携が求められるのに加え，地域によっては外国にルーツを持つ児童生徒への対
応を充実させるための連携が必要になるような場合も挙げられる。

　さらに「社会に開かれた教育課程」実現の一環として，コミュニティ・ス
クールを活用したり，地域学校協働活動を展開したりする学校においても，
様々な外部機関との連携が展開されている。最も身近なものとしては，公民館
等を含む社会教育との連携が考えられるが，地域の文化団体・スポーツ団体の
ほか，福祉・警察・消防・まちづくり関連の諸機関・団体，民間の教育事業者
や企業・経済団体，大学等の教育機関など，地域特性に応じた連携も展開され
ている。学校教育活動をさらに充実させるうえでは，児童生徒・保護者や学校
にどのような必要性があり，地域にどのような機関・団体があるのかに応じた，
多様な連携・協力の展開が期待されているのである。

学習課題　① 関心のある学校について，学校のホームページなどを活用して，校務分掌が
　　　　　　　　どうなっているのかを調べてみよう。
　　　　　　　② 関心のある市町村（教育委員会）のホームページなどを活用して，どのよう
　　　　　　　　な外部人材が活用されているのかを調べてみよう。
　　　　　　　③ これからの学校教育において，どのような学校「外部」との連携が考えられ
　　　　　　　　るか，どのような「外部人材」の協力が必要になるか，アイデアを出してみよ
　　　　　　　　う。

引用・参考文献

小川正人『日本社会の変動と教育政策——新学力・子どもの貧困・働き方改革（放送大学叢
　　書047）』左右社，2019年。
株式会社リベルタス・コンサルティング『平成29年度文部科学省委託研究 「公立小学校・
　　中学校等教員勤務実態調査研究」調査研究報告書』2018年。https://www.mext.go.
　　jp/component/a_menu/education/detail/__icsFiles/afieldfile/2018/09/27/1409224_005_
　　1.pdf（2021年1月8日閲覧）

国立教育政策研究所編『教員環境の国際比較　OECD 国際教員指導環境調査（TALIS）
　　2018報告書——学び続ける教員と校長』ぎょうせい，2019年。

文部科学省「学校における業務改善について」より「学校における働き方改革特別部会（第
　　5 回）配布資料　業務時間別の勤務時間（平成28年度教員勤務実態調査（確定値））」
　　2017年。https: //www. mext. go. jp/component/a_menu/education/detail/__icsFiles/
　　afieldfile/2019/05/21/1409652_009_1.pdf（2021年 1 月 8 日閲覧）

第9章

学校と教職員

　本章では，第8章において扱った教職員組織を下支えする諸制度（県費負担教職員制度などの財政制度，専門性を保障する仕組みとしての免許制度と教員養成制度）のほか，教職員の服務，人事管理，研修等の制度について理解しよう。あわせて，教職員をめぐる現代的な課題として，教員の多忙問題と働き方改革，メンタルヘルスの問題，競争倍率の低下や教員不足といった現代的な課題についても，学びを深めよう。

1　学校に置かれる教職員

（1）教職員の種類と配置の基準

　教員は，学校教育を進めるうえでの「最低条件」の1つである。たとえ校舎や教室，教材や教具が不十分であっても，児童生徒と教員がいさえすれば，何らかの形で学校教育は成立する。ICT 技術を駆使した遠隔教育などにより「教員と教室で学ぶ」以外の方法で学校教育を行う余地が広がりつつあるものの，少なくともこれまでと現在の学校教育において，教員は必要不可欠な要素である。

　そして学校教育において教員が不可欠であるからこそ，その質（能力）や量（人数）と配置のバランスは，教育の質を大きく左右する。十分な資質をもった教員を必要な人数採用し，能力を十分に発揮できる環境を整えることは，学校や教員の教育活動をよくするうえで大切なのはもちろん，そうした学校環境や教員配置に偏りがない（とても充実した教育環境・教員配置の学校がある一方で，まったくそうでない学校もある，といったばらつきがない）ことも，教育の機会均等

を果たすうえで重要となる。これらを実現するため，教職員の配置についても，様々な法制度が整備されている。

　学校に配置されるべき教職員の種類については本書第 8 章で扱ったが，それぞれに配置の根拠となる法律がある。学校教育法第 37 条は，まず必ず配置すべき職員（必置職員及び原則必置職員）について「小学校には，校長，教頭，教諭，養護教諭及び事務職員を置かなければならない」と規定し，続いて追加的に配置可能な職員（任意設置職員）について「小学校には（中略）副校長，主幹教諭，指導教諭，栄養教諭その他必要な職員を置くことができる」（学校教育法第 37 条②）と示し，それぞれの果たすべき職務・役割を示している（学校教育法第 37 条④〜⑲）。中学校については準用規定（学校教育法第 49 条）により小学校と同様の教職員が置かれるとされる。高等学校については「校長，教頭，教諭及び事務職員を置かなければならない」（学校教育法第 60 条）とされ，「副校長，主幹教諭，指導教諭，養護教諭，栄養教諭，養護助教諭，実習助手，技術職員その他必要な職員を置くことができる」（学校教育法第 60 条②）との規定とあわせて，小・中学校とは若干異なる職員配置を定めている。このように各学校種に配置される職員の種類と役割がはっきりしてはじめて，それぞれ配置すべき人数をどうするか，どのような資質能力が必要で，それをどのようにして高めていくかといった問題を，制度の問題として検討できるのである。

　各学校に配置すべき教員の人数も規定されている。小・中学校については「公立義務教育諸学校の学級編制及び教職員定数の標準に関する法律」（以下，**義務標準法**）が，高等学校については「公立高等学校の適正配置及び教職員定数の標準等に関する法律」（以下，**高校標準法**）が，1 学級の基準をそれぞれ定めている（本書第 8 章参照）。小・中学校ではこの基準（35 人学級・40 人学級）をもとに学級数を算出し，学級数をもとに配置すべき教員（副校長・教頭・主幹教諭・指導教諭・教諭・助教諭・講師）の数を導き出して教職員配置の基準を作っている（義務標準法第 6 条・第 7 条）。養護をつかさどる主幹教諭・養護教諭・栄養教諭・事務職員についても同様で，学級数を基準に設置すべき数を導き出している（義務標準法第 8 条・第 8 条の 2・第 9 条）。特別支援学校の小学部・中学部についても同様に規定がある（義務標準法第 10 条〜第 14 条）。ただし高等学校

は，設置される課程の数と生徒の定員から教諭などの数を導き出している（高校標準法第 8 条～第12条）。小・中学校とはちがい，学級規模の標準（から導かれる学級数）と教職員数との間に直接的な関係がない。

　このように，各学校に置くべき教職員の種類と数を法定しておくことで，極端に教職員の配置が不十分な学校などが生じるのを防いでいるのである。

（2）県費負担教職員制度

　以上のような規定のもとで配置される教職員は，都道府県が給与を負担している。本書第 7 章では地方教育行政の基本的ルールとして**設置者負担主義**を説明したが，義務教育段階での教職員給与はこの例外である。公立小・中学校の設置者は市町村であるため，**設置者管理主義**の原則から，そこで働く教職員の身分は設置者（市町村）のものとなる。同様に設置者負担主義の原則に従えば，教職員の人件費は設置者である市町村が負担することになるが，市町村立学校給与負担法は特別に**県費負担教職員制度**を定めている。

　具体的には市町村立学校職員給与負担法第 1 条において，市町村立の小・中学校における教職員（校長・副校長・教頭・主幹教諭・指導教諭・教諭・養護教諭・栄養教諭・助教諭・養護助教諭・寄宿舎指導員・講師・学校栄養職員・事務職員）の給与や諸手当を都道府県の負担と定めている。また，こうした県費負担教職員の採用や異動・配置といった人事権をもつのも都道府県教育委員会であると定められている（「地方教育行政の組織及び運営に関する法律」（以下，地教行法）第37条）。

　これらの規定により，市町村の規模や財政状況によって教職員の待遇が著しく異なるといった事態を避けることができているほか，小・中学校の教職員が（学校の設置者である市町村の職員身分を持つにもかかわらず）異なる市町村間で異動できるようになっている。公立小・中学校の採用事務が都道府県及び政令指定都市を基本的な単位として進められているのも，こうした制度によるものである。

　これまで挙げた諸制度は，市町村間・学校間で教員の配置数や質に大きな偏りを作らない（どこかの市町村やどこかの学校にだけ，能力の高い教職員が偏在するというような事態を起こさない）ために機能している。しかし，たとえばどこか

の県で財政が逼迫して標準法が示す人数の教職員を雇えなくなったり，あるい
は教職員の数が足りていても，財政状況を理由にその待遇が極端に悪化すると
いった事態が生じたとき，県費負担教職員制度だけでは対応ができない。たと
え国の基準を満たせない都道府県について罰則規定などを設けたとしても，そ
の罰則で財政条件が好転することはなく，国の条件に満たない教育環境の改善
は望めない（お金がなければ十分な職員が配置できないという事態は変わらない）か
らである。そこで県費負担教職員制度を財政的に支えるため，**義務教育費国庫
負担制度**が設けられている。

　義務教育費国庫負担制度についてはすでに本書第 7 章で説明したが，公立
小・中学校の教職員人件費のうち 3 分の 1 を国が負担金として支出するこの制
度は，残りの 3 分の 2 を保証する地方交付税交付金とあわせて，財政的な事情
から教職員配置が滞ることのないよう機能している。以上のような教員の種類
と配置に関する規定と県費負担教職員制度，さらにそれを財政的に裏づける諸
制度の組み合わせによって，教育環境の最低水準が保たれ，また学校間・地域
間の教育条件も均等なものとなり，大きな格差の発生をおさえているのである。

（3）近年の変化

　一方，本書の第 6 章や第 7 章でも触れた地方分権改革の影響で，これらの制
度にも近年いくつかの変化がみられる。都道府県・市町村の事情に応じた教職
員の採用・配置の余地が進めやすくなったのである。

　まず都道府県レベルでは，2001（平成13）年に義務標準法が改正され，法の
示す標準規模（40人学級）よりも小規模な学級編制基準を定めることができる
ようになった。また国庫負担対象の教職員定数を非常勤に振り替えることもで
きるようになった（たとえば 1 日 8 時間のフルタイムの教員を 1 日 4 時間のパートタ
イム 2 人に振り替えられるようになった）。続いて2003（平成15）年からは，教育
課題などに応じて追加的に配分される教員数（加配定数）の活用方法が弾力化
（状況に応じて柔軟に対応できるようになること）され，加配教員を活用した少人数
教育を行いやすくなった。そして2004（平成16）年には教職員の給料・諸手当
を国の基準に準拠させる制度が廃止されたほか，義務教育費国庫負担金につい

ても各都道府県はあらかじめ算出された負担金の範囲内で，教員の雇用条件（給与水準と人数）を弾力的に運用できるようになった（総額裁量制）。この結果，教員の給与水準を引き下げたり，正規雇用を非正規雇用に振り替えたりして新たな財源を発生させ，それを用いて教員を追加的に雇用するといった運用ができるようになったのである。

　こうして，多くの都道府県では**少人数教育**（少人数学級編制や少人数指導）が進められるようになった。少人数教育の実施自体に制約があった時期や，少人数教育実施のために必要な教員の追加的雇用を都道府県単独の財政負担で進めなくてはならなかった時期に比べて，財政上の制約が大幅に緩んだことで，少人数教育が普及した。

　しかし，こうした諸制度を活用した少人数教育の推進は，教員の給与水準の抑制や引き下げ，さらには非正規雇用への振り替えを伴うため，教職員の雇用条件の悪化や不安定化を引き起こしているという指摘もある。民間の雇用状況等との比較において，教職の相対的な魅力低下につながることも懸念されるのである。

　市町村に関しては，少人数教育の推進などを目的とした教員の独自雇用が2006（平成18）年からできるようになった。市町村レベルでは特に，パートタイマーの教職員の活用が広範に進んでおり，外国語指導助手（ALT）やスクールカウンセラー（SC）やスクールソーシャルワーカー（SSW）といった専門的人材のほか，特別支援教育支援員（介助員や学習支援員など）をはじめ，学習支援，生活指導等を目的とした補助的職員の採用も広がっている。パートタイマーの教職員の増加により，従来の学校組織では手の届きづらかった業務を補う効果が期待される一方，資質能力を持った人材の確保や研修機会の確保，学校での協働の促進や円滑な組織運営といった点に新しい課題を投げかけている。

2　教員の資格認定制度と採用

（1）教員免許制度

　これまで挙げてきた諸制度は，十分な数の教職員を適切に配置し，地域間・

学校間で教育環境に差が生まれないようにする制度的な工夫である。つぎにこうした工夫を十分に機能させるためには，資格認定等に関する適切な制度設計を行い，教職員の基礎的な資質能力が確保されることが求められる。

　教員の質を保証するうえで中心的な制度の1つとして教員免許制度が挙げられる。教育職員免許法は第3条で，幼稚園，小学校，中学校，高等学校，特別支援学校と幼保連携型認定こども園の教員（主幹教諭・指導教諭・教諭・助教諭・講師等）について，各校種等に相当する免許状を有することを求めている（**相当免許状主義**）。このうち中学校と高等学校については教科ごとの免許状が授与されるほか，特別支援学校については幼稚部・小学部・中学部・高等部に対応する学校種の免許状と特別支援学校の免許状が求められる。なお養護教諭（児童生徒の養護をつかさどる）及び栄養教諭（児童生徒の栄養の指導及び管理をつかさどる）については各校種共通の免許が授与されている。

　つぎに教育職員免許法第4条と第5条は，教員免許状の種類として**普通免許状**，**特別免許状**，**臨時免許状**の3種類を定めている。このうち普通免許状は短期大学士の学位（短期大学卒業）を基礎資格とする**二種免許状**，学士の学位（4年制大学卒業）を基礎資格とする**一種免許状**，修士の学位（大学院修士課程修了）を基礎資格とする**専修免許状**に分かれている。それぞれの免許状を取得するには，基礎資格を満たしたうえで，教育職員免許法や同法施行規則に定める「教科に関する科目」，「教職に関する科目」などの単位を履修することが求められる。

　特別免許状は，学校教育の質を多様化・活性化する性質を持っている。教科についての専門的な知識経験や技能などを持っているものの，普通免許状を持っていない社会人に対して授与する教諭の免許状で，一部の教科や教科の領域の事項について授与される。同様の趣旨で免許状主義の例外とされているのが**特別非常勤講師**制度である。専門的知識・経験を有する社会人を活用する点は共通するが，特別免許状とはちがい，非常勤講師として教科の領域の一部のみを担任させるものである。また特別免許状の授与に際しては都道府県教育委員会による教職員検定を経るが，特別非常勤講師は都道府県教育委員会への届出により任用できるとされている。

臨時免許状は，学校教育の質を保証する性質を持っている。たとえば小規模の中学校では教員の配置数が少なく，全教科・領域の免許状保有者をそろえられない場合が考えられる。さらにその学校が山間地や離島にあって近隣校との兼務や非常勤講師の確保が難しいなど，学校規模や地理的環境のために普通免許状を有する教員が確保できないような状況において，助教諭，養護助教諭を採用する際などに臨時免許状が授与される（したがってその対象も，普通免許状と同様の教科となる）。なお，臨時免許状を含めても免許状保有者が確保できないような場合には**免許外教科担任制度**が活用されるが，相当免許状主義の例外となる。臨時免許状の授与に際しては，特別免許状と同様に教職員検定を経るが，これに対して免許外担任は，校長及び教諭等が都道府県教育委員会に申請して許可を得ることとされている。

　それぞれの免許状には有効期間と有効地域が定められている。普通免許状と特別免許状の有効期間はともに10年だが，臨時免許状は3年である。そこで普通免許状を持つ現職教員については，免許状更新講習を定められた期間内に受講・修了して，10年に1度免許状を更新することが求められている。また有効地域については，普通免許状が全国であるのに対し，特別免許状と臨時免許状は授与・認定を受けた都道府県内のみとなっている。

　このように教員の資格制度は高等教育機関での単位取得（と卒業）を主な根拠としており，ほかの専門職にみられるような国家試験や統一試験による資格認定は行われていない。そのため，大学などにおける教員養成と，各都道府県・政令市による教員採用の制度と運用が，教員の質に大きく影響することになるのである。

　一方，教頭・副校長・校長の資格については，教諭等の職とは対照的に相当免許状主義が厳密ではない。学校教育法施行規則第20条から第23条では，校長・副校長・教頭の資格について，教諭の専修免許状もしくは一種免許状を持ち「教育に関する職」に5年以上あった者のほか，該当する免許を持たなくとも「教育に関する職」に10年以上従事していた者，さらにはこれらと「同等の資質を有すると認める者」（第22条），「5年以上教育に関する職又は教育，学術に関する業務に従事し，かつ，教育に関し高い識見を有する者」（第21条）

など幅広く資格を認めている。こうした資格要件の幅広さにより，いわゆる「民間人校長」の採用・配置が可能となっている。

（2）教員養成制度

　先述したように，大学などでの教育を基礎に教員免許状が授与されるという制度上，そこでの教育内容が教員の質を大きく左右することはいうまでもない。

　戦前の教員養成制度の主流は師範学校であったが，これは教員養成を目的とする専門の学校であった（本書第3章を参照）。これに対して，教員養成に特化しすぎた教育課程から輩出される人材に偏りが生じやすかったという反省から，戦後の新制度では幅広い視野と専門的な知識・技能を持つ多様な人材が教職に就くことを重要視した。そこで，より多様で専門的な教育経験を経た人材を得るために「**大学における教員養成**」という原則と，教員免許状取得に必要な科目を開設すれば国・公・私立を問わずいずれの大学も教員養成ができる「**開放制の教員養成**」の原則を定めた。

　また，教育職員免許法は時代の変化に応じて改訂が行われており，教員免許状授与に必要な学習内容や学習量（単位数）を変更させてきている。従来に比べると，現在は教科に関する科目よりも教職に関する科目の学習が重視される傾向にあるほか，実習の重視も進み，より「即戦力」としての期待が高まっていることが指摘できる。

　こうした変化は，学校教育における課題の変化に応じて教師に求められる資質能力も変化してきたことを示している。また同時に，大学などでの教員養成教育が決して教師としての「完成形」を提供するものではなく，卒後（採用時）に最低限必要となる資質・能力について，かぎられた修学時間における優先度を考慮しながら体系化されているという特性（制約）を示しているものともいえる。したがって，これまでの制度変更のなかで減らされてきたような学習内容や領域は，決して教師として不必要な資質能力を意味するわけではなく，卒後など教職生活を通じて補うべき内容であるということも，忘れてはいけないだろう。

　さて，教員免許制度の趣旨を発揮して幅広い人材に教員免許状を与えるため

には，様々な大学で多様な方法・内容による教員養成が行われる必要があるものの，一方で学校教育を担う教員の質を保証するという観点からは，教員養成の方法・内容を何らかの形でチェックする必要も生じる。こうした一種のジレンマの解として，教員養成を行っている大学等に対しては教職課程の認定が行われている。国は，教職課程として教員養成教育を行っている学科などの目的・性格と免許状とが対応しているか，そのための教育課程や教育組織が適切で，必要な科目の開設や履修方法が適切か，などをチェックしている。こうして，一定の質を保証したうえで多様な人材が教職に迎えられるよう工夫を行っているが，近年では文部科学省により「教職課程コアカリキュラム」が設定されて，共通的に修得すべき資質能力が提示されるなど，人材の多様性よりも質保証に重きを置く傾向がみられる。

（3）教員採用制度

　教職課程を経て免許状を取得した者を対象に，各都道府県・政令指定都市教育委員会は採用試験を実施して公立学校の教員を採用している。先に説明した通り，公立学校教員の人事権は都道府県・政令市教育委員会が持っている。採用事務もその一環であり，各地域の教育課題に対応した教員を採用して地域事情に応じた配置を実施するために，人材の選考が行われる。また開放制の教員養成を行っているため，児童生徒数等から導かれる「必要数」とは一致しない数の教員免許状が毎年授与されている。そこで，免許状の取得とは別に適格者の選考を行う必要があることから，採用試験が実施されている，という説明もできる。

　なお，教員の採用は，競争試験ではなく**選考**によって行うとされる（教育公務員特例法（以下，教特法）第11条）。このため教員採用に際しては，一般的な筆記試験や論文・作文試験に加え，一部教科に関する実技試験や面接試験，模擬授業などといった様々な方法を組み合わせ，総合的な判断による選考が行われている。これらの方法の組み合わせは，採用事務を行う都道府県・政令市によって異なり，それぞれの採用にかかるニーズ（どういった能力・特性を持つ者が必要か）を反映している。

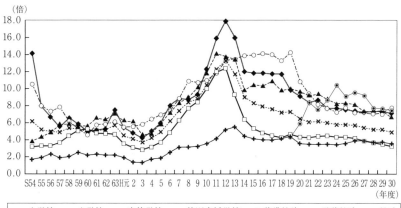

図9-1　競争倍率の推移

出所：文部科学省（2019a）。

　そして，各学校に配置される教職員数が法令を根拠に算出されることから，採用者数や競争倍率には時期的なばらつきが生じる（図9-1）。これは教員採用試験における合格者（つまり新規採用者）数が，児童生徒数の増減の状況（児童数が増加傾向にあれば需要増）と教職員の年齢構成（定年退職の世代が多ければ需要増）の影響を受けるためである。さらにこの動向は全国一律とならないため，採用倍率には地域ごとにも大きなばらつきが生じる。2019（令和元）年度の採用試験をみても，県によって小学校で1.2〜6.1倍，中学校でも2.4〜13.0倍といった開きがみられるのはこういった事情からである。このことは，教員採用試験合格者を時期的・地理的に比較しても，その資質能力が決して均一ではないことを意味しているのである。

3　教員の服務・人事管理・研修

（1）教員の服務──地方公務員法と教育公務員特例法

　学校教育の質を維持向上するための制度として，これまで教員の養成・採用・配置の各段階について説明した。これらに加えて，採用後の教員が適正に教育活動を行い，日常的に資質能力を高めることも学校教育の質を高めるうえ

では重要である。このための制度がどのように設計されているのか，以下で説明する。

　学校は設置者管理主義・設置者負担主義の原則のもとで運営されるため，公立学校に勤務する教員は公務員（教育公務員）である。したがって教員の任用や勤務も，まず一般的には地方公務員法（以下，地公法）の規定に従って行われる。具体的には「職務上知り得た秘密を漏らしてはならない。その職を退いた後も，また，同様とする」（地公法第34条）といった**守秘義務**や，「職の信用を傷つけ，又は職員の職全体の不名誉となるような行為をしてはならない」（地公法第33条）といった**信用失墜行為の禁止**，**職務に専念する義務**（地公法第35条）などが挙げられる。さらに，一部の事項については教特法が「教育公務員の職務とその責任の特殊性」に基づいて「任免，給与，分限，懲戒，服務及び研修等」（教特法第1条）を規定している。

　すでに教員特有の規定として，教員採用が競争試験ではなく選考によって行われるという点を述べたが，採用初期における**条件付任用期間**（民間企業等でいう「試用期間」）を1年とする（ほかの地方公務員は6ヵ月）というのも特例である（教特法第12条）。また学校教育における政治的中立を保つ観点から，教員の**政治的行為の制限**は，地方公務員ではなく国家公務員と同様の水準が求められている（教特法第18条）。制限される行為の範囲がより広く，さらに勤務地域を離れてもこの制限が及ぶという点に特徴がある。

　なお，こうした教員の服務を監督するのは，学校の設置者である。公立小・中学校についていえば，県費負担教職員制度により人事権は都道府県教育委員会にあるものの，市町村教育委員会は設置者として学校管理規則等を定め，これに基づいて教員の服務監督を行うという関係になっている。

（2）教員の人事管理・研修

　本書第7章で説明したように，学校の運営や教育活動について責任を負うのは，それぞれの設置者である（設置者管理主義）。そのため市町村の設置する公立小・中学校においては，その市町村教育委員会の定める学校管理規則などに従って学校運営や教育活動が行われる。教職員も市町村の職員としてそれらの

規則に従って教育活動を行い，市町村による服務監督を受けることになる。

　一方，市町村ごと，学校ごとの条件や環境の違いが教員の待遇などに影響を与えないよう，教育条件の均等を図る観点から県費負担教職員制度がとられていることもすでに説明した。この県費負担教職員制度では，教員の給与負担（や給与水準の決定）だけでなく，教員の採用，配置，異動，人事考課，昇進，研修などの人事管理全般を都道府県が行うこととしている（地教行法第37条）。このように教員の任命権（人事権）を都道府県に与え，さらに市町村間で教員の待遇などに関するルールを共通させることで，設置者管理主義の原則にもかかわらず同一県内であれば市町村をまたぐ（A市からB町へといったような）広域的な異動が可能となっている。

　このように公立小・中学校について市町村の責任を強調する設置者管理主義と，都道府県による広域調整を重視する県費負担教職員制度の間には，何らかのバランスをとった運用が求められる。そこで図9-2のように，県費負担教職員の異動を行う際は，各学校が設置者（市町村教育委員会）に**意見具申**をし，市町村教育委員会はそれらを勘案して**内申**を作成し，都道府県教育委員会はこれを受けて異動などの決定をすることとしている（地教行法第38条）。なお政令指定都市は都道府県と同様の人事権を有するため，内申のプロセスはなく学校からの意見具申が直接，市教育委員会に向かうことになる。

　教員と一般の地方公務員の服務を比較すると，**研修**の取り扱いにもちがいがある。教員の質保証を図るうえでも，養成段階・採用段階の工夫に加え，入職後に資質能力の維持向上を図るための働きかけとして研修は重要である。

　教特法は第21条に「教育公務員は，その職責を遂行するために，絶えず研究と修養に努めなければならない」と示し，研修（研究と修養）を教員の義務としている。これは研修を権利と位置づける一般の地方公務員と大きく異なる点である。第21条は続いて「教育公務員の任命権者は，教育公務員（中略）の研修について，それに要する施設，研修を奨励するための方途その他研修に関する計画を樹立し，その実施に努めなければならない」として，研修機会の準備を任命権者の義務としている。続けて，国は教員の計画的・効果的な資質向上に向けた指針を定めること（第22条の2），そして任命権者はこの指針を受け

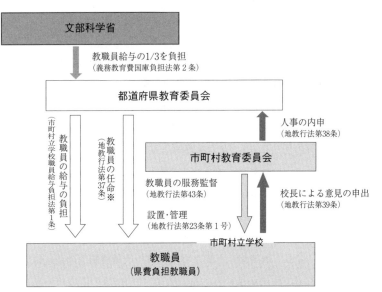

図9-2　県費負担教職員制度の概要

出所：文部科学省「県費負担教職員制度について」。

て資質に関する指標（第22条の3）と，教員研修計画を定めること（第22条の4）を定めている。

　これらの具体化として，教特法は第23条で採用1年目の教員に対する**初任者研修**を，また第24条では在職10年程度の教員に対する**中堅教諭等資質向上研修**を定めている。なお，これらの研修計画の立案と実施は，任命権者（都道府県・政令市）に加え，中核市の教育委員会にも求められている（地教行法第59条）。

　このように都道府県等が計画・実施する研修に加え，国レベルでは独立行政法人教職員支援機構が各種研修を企画・実施しているほか，市町村教育委員会や各学校でも日常的に研修が企画・実施されている。各学校が課題に応じて実施する校内研修は，教員にとって最も身近な研修機会である。特に近年では，児童生徒の状況や社会の状況，教育政策の状況などの変化が早く，従来以上に「学び続ける教師」が求められている。キャリアに応じて学び，教師としての

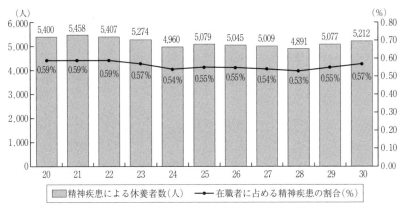

図9-3　教育職員の精神疾患による病気求職者数の推移（平成20～30年度）

出所：文部科学省（2019b）。

能力伸長を図る意味でも，また教職を取り巻く様々な変化に対応し続ける意味でも，研修の重要性は強まり続けている。

（3）近年の課題

　一方では，学校を取り巻く環境の変化等を原因に，いくつかの課題が指摘されている。その1つは教職の**多忙化**である。文部科学省は2006（平成18）年と2016（平成28）年に勤務実態調査を行い，多くの小・中学校教員が長時間労働の状態にあることを明らかにした。これを受けて学校における働き方改革の検討が進み，2019（令和元）年には給特法（公立の義務教育諸学校等の教育職員の給与等に関する特別措置法）が改正され，1年単位の変形労働時間制が適用されたほか，教員の時間外勤務時間（時間外在校等時間）の上限を1カ月あたり45時間，年間360時間を上限とする指針（「公立学校の教育職員の業務量の適切な管理その他教育職員の服務を監督する教育委員会が教育職員の健康及び福祉の確保を図るために講ずべき措置に関する指針」）が定められた。教員にとって長時間労働の解消は，心身の健康を維持しワークライフバランスを向上させるだけでなく，多様で自発的な力量形成・研修の機会の保障にもつながるため，今後の重要課題の1つである。

　また多忙化を1つの理由とする，教師のメンタルヘルスの問題も注目を集め

ている（図9-3）。精神疾患を理由とする病気休職者の発生率が上昇し，健康に教職を続ける妨げとなっている点が指摘されている。安定的に教職を継続できることは，研修や職務経験を通じた成長を促す基礎でもあり，教育の質の保証にもつながる。学校における多忙の解消やメンタルヘルスの問題解消も，今後の大きな政策課題である。

　さらに近年では，教員の大量需要を背景に，いくつかの地域で教員採用試験における競争倍率の低下がみられるほか，産・育休や病休の代替者となる教員が確保できない状況（**教員不足**）が発生し，教育の質保証に課題を投げかけている。先に挙げた働き方改革も含め，教員の職業としての魅力をどのように維持向上させるのかは，学校教育の質の維持向上を考えるうえで重要な課題となっているのである。

> **学習課題**　①　関心のある都道府県の教育センターのホームページなどをみて，どのような研修が用意されているのかを確認してみよう。
> ②　関心のある都道府県の教育委員会のホームページなどをみて，どのような「働き方改革」が計画・実施されているのかを確認してみよう。
> ③　文部科学省ホームページや，近隣の大学のホームページなどをみて，どのような教員免許状更新講習が行われているのかを調べてみよう。

引用・参考文献

苅谷剛彦『教育と平等——大衆教育社会はいかに生成したか（中公新書2006）』中央公論新社，2009年。

川上泰彦『公立学校の教員人事システム』学術出版会，2013年。

中央教育審議会「教職生活の全体を通じた教員の資質能力の総合的な向上方策について（答申）」2012年。https://www.mext.go.jp/component/b_menu/shingi/toushin/__icsFiles/afieldfile/2012/08/30/1325094_1.pdf（2021年1月8日閲覧）

坪井由美・渡部昭男編『地方教育行政法の改定と教育ガバナンス——教育委員会制度のあり方と「共同統治」』三学出版，2015年。

文部科学省「平成30年度公立学校教員採用選考試験の実施状況について」2019年a。https://www.mext.go.jp/a_menu/shotou/senkou/1416039.htm（2021年1月8日閲覧）

文部科学省「平成30年度公立学校教職員の人事行政状況調査について」より「平成30年度公立学校教職員の人事行政状況調査結果（概要）」2019年b。https://www.mext.go.jp/

content/20191224-mxt_zaimu-000003245_H30_gaiyo.pdf（2021 年 1 月 8 日閲覧）

文部科学省「県費負担教職員制度」より「県費負担教職員制度について」。https://www.
mext.go.jp/a_menu/shotou/kyuyo/__icsFiles/afieldfile/2017/09/14/1394392_01.pdf（2021
年 1 月 8 日閲覧）

山崎博敏『教員採用の過去と未来』玉川大学出版部，1998 年。

第10章

教育課程・教科書行政と学校

　教育課程は，教育目的・目標を達成するために組織された学校の教育計画である。この教育課程はどのように編成され，運営されているのだろうか。本章では，教育課程に関する法制度を中心に，教育課程行政の仕組みと教育課程の編成，さらには教科書行政について概説する。ここでは，教育課程や教科書に関する諸法令の内容を整理・確認することはもちろん，教育課程編成において重要な意味をもつ学習指導要領について理解を深めることが重要になる。

1　教育課程行政の仕組み

（1）教育課程とは何か

　「教育課程」は多義的であるが，「子どもたちの成長と発達に必要な文化を組織した，全体的な計画とそれに基づく実践と評価を統合した営み」（田中，2018：3）などと定義される。「教育課程」は主に教育行政の分野で使用される用語で，『小・中学校学習指導要領（平成29年告示）解説　総則編』によれば，「学校教育の目的や目標を達成するために，教育の内容を児童（生徒）の心身の発達に応じ，授業時数との関連において総合的に組織した学校の教育計画」（文部科学省，2018a：11／2018b：11）のことである。

　「教育課程」は「カリキュラム」（curriculum）の訳語とされているが，本来，「カリキュラム」は「学習経験の総体」を意味し，両者はまったく同じ概念というわけではない。カリキュラムの語源はラテン語の currere（クレーレ）であり，もともと競馬場，競争路を意味し，「人生の来歴」という意味も含み持つ。ここからうかがえるように，カリキュラムは教育課程を包含したより広い

概念である。教育課程は，各学校でどのような教育内容を，どの段階で，いかなる方法によって提供するかというように，意図的・計画的に編成される。このように，意図的・計画的に編成される教育課程を「公式カリキュラム」あるいは「顕在的カリキュラム」と呼ぶが，一方で，校風や教室の雰囲気，仲間や教師の人間関係，教師の態度や言葉遣いなどが知らず知らずのうちに，子どもたちの人格形成に影響を与えていることがある。このように暗黙裏に伝達される教育内容のことを，公式（顕在的）カリキュラムに対し，「隠れたカリキュラム」（hidden curriculum）あるいは「潜在的カリキュラム」という。行政用語である「教育課程」に対し，「カリキュラム」は対象範囲がより広く，学術的な用語といえる。

（2）教育課程行政と指導行政

　各学校の教育課程が適切に編成・実施されるために行われるのが，文部科学省と教育委員会による**教育課程行政**である。日本の教育課程行政は，①文部科学省での学習指導要領作成と各都道府県への指導・助言，②地方教育委員会による各学校への指導・助言，③各学校での実際的な教育課程編成への指導・助言，④その実態評価に基づいたフィードバックと新たな学習指導要領作成，という一連の流れとして整理できる（柴田，2008：49）。教育課程の基準として学習指導要領を作成するのは国（文部科学省）の役割であり，これに基づいて各学校が独自に教育課程を編成し，その適切な編成・実施のために，各学校に対して教育委員会が指導・助言を行うという仕組みになっている。

　この指導・助言に関わる教育行政の作用または活動内容のことを**指導行政**と呼ぶ。指導行政には，強制的な指揮・命令・監督でなく，非強制的な指導・助言・援助に重点を置く教育行政の作用という意味と，教育委員会が学校に対してその組織的能力を高めるために行う，専門的事項についての指導・助言に関わる活動領域（内容），という2つの意味がある。前者は，教育行政機関相互（文部科学省と教育委員会，都道府県教育委員会と市町村教育委員会）の関係と，教育委員会と学校の関係を包括した概念であり，戦後日本の教育行政の基本原理であると説明されることが多い。後者は，端的には，**指導主事**の職務活動を意味

している。指導主事とは，教育委員会事務局に属し，「上司の命を受け，学校（中略）における教育課程，学習指導その他学校教育に関する専門的事項の指導に関する事務に従事する」（「地方教育行政の組織及び運営に関する法律」第18条第3項）専門的教育職員である（本書第7章も参照）。教育委員会と学校の接点に位置し，指導行政を担う中核的存在として，学校訪問や教員研修の実施，情報の収集・提供，カリキュラム開発などの業務に携わる。

　学校の自主性・自律性を確立し，その教育力を高めるためには，学校を支援する指導行政の充実が欠かせない。指導主事の配置拡充や専門性の向上を図ることはもちろん，形式的，前例主義的な指導・助言でなく，学校が抱える問題に真摯に対応し，学校が真に必要とする情報を適切に提供するなど，学校の良きパートナーという立場で指導・助言を行うことが求められる。

2　教育課程の編成

（1）教育課程編成の原則

　各学校は，学校教育の目標や自校の理念を実現するため，年間・学期・月・週・単元・1日・1時限（本時）の教育計画を立て，教育課程を編成する。重要なのは，**教育課程**を編成・実施する主体が各学校，具体的にいえば，児童生徒と日常の教育活動を共にしている教師ということである。

　教育課程は，「校務をつかさどり，所属職員を監督する」（学校教育法第37条第4項）立場にある校長が責任者となり，全教職員が連携・協力して編成する。その際，児童生徒の発達段階や特性，学校や地域の実態を考慮し，学校の自主性を発揮しながら，創意工夫を生かすことが原則となる。しかし，このことは各学校がまったく恣意的に教育課程を編成することを意味しているわけではない。2017（平成29）年告示「小・中学校学習指導要領」の「第1章　総則」「第1　小・中学校教育の基本と教育課程の役割」の1には，「各学校においては，教育基本法及び学校教育法その他の法令並びにこの章以下に示すところに従い，児童（生徒）の人間として調和のとれた育成を目指し，児童（生徒）の心身の発達の段階や特性及び学校や地域の実態を十分考慮して，適切な教育課

程を編成するものとし，これらに掲げる目標を達成するよう教育を行うものとする」（括弧内は中学校）と記されている。

つまり，教育課程編成にあたって，①法令及び学習指導要領に示すところに従うこと，②児童生徒の人間として調和のとれた育成を目指すこと，③児童生徒の心身の発達の段階や特性を十分考慮すること，④学校や地域の実態を十分考慮すること，に留意しなければならない。もちろん，指導行政の趣旨からすれば，教育委員会の基準や指導・助言に従うことも必要である。

（2）教育課程に関する法制

公教育である学校の教育目的・目標及び教育課程については，法令で様々な定めがなされている。学習指導要領の「総則」に示されているように，教育課程の編成にあたっては，「**教育基本法**及び**学校教育法**その他の法令」に従う必要がある。「その他の法令」とは，**学校教育法施行規則**や「**地方教育行政の組織及び運営に関する法律**」等を指すが，その主な法令を整理したものが表10－1である。

このうち，文部科学省令である学校教育法施行規則（以下適宜，施行規則）では，各学校種の領域構成や各教科等の種類とその標準授業時数，学習指導要領の位置づけなど，教育課程に関する諸事項が具体的に規定されている。たとえば，施行規則第50条では，小学校の教育課程が，各教科，特別の教科である道徳，外国語活動，総合的な学習の時間，特別活動の5領域であること，同72条では，中学校の教育課程が各教科，特別の教科である道徳，総合的な学習の時間及び特別活動の4領域であることが定められている。

また，小・中学校の各学年における各教科等の授業時数，各学年でのこれらの総授業時数は「別表第1」（小学校），「別表第2」（中学校）に定める授業時数を標準とすると定められている（第51条・第73条）。各教科等の指導は，一定の時間内で行われるものであり，これらに対する授業時数の配当（時間割）は，教育課程編成のうえで重要な要素である。各学校では施行規則で定められた年間授業時数の標準や学習指導要領で定められた年間授業週数をふまえ，授業時数を実質的に確保する必要がある。なお，授業の1単位時間（授業の1コマを何

表 10-1　教育課程に関する主な法令等

名　称	条　文	内　容
学校教育法	21条	義務教育の目標
	29条・30条	小学校の目的・目標
	34条	教科用図書・教材の使用
	45条・46条	中学校の目的・目標
	49条の2・49条の3	義務教育学校の目的・目標
	50条・51条	高等学校の目的・目標
	63条・64条	中等教育学校の目的・目標
	72条	特別支援学校の目的
学校教育法施行令	29条	学期および休業日
学校教育法施行規則	24条	指導要録
	25条	出席簿
	28条	学校備付表簿とその保存期間
	50条	小学校の教育課程の編成
	51条（別表1）	小学校の年間授業時数
	52条	小学校の教育課程の基準
	59条	学年（4/1～3/31）
	60条	授業終始の時刻
	61条	休業日
	72条	中学校の教育課程の編成
	73条（別表2）	中学校の年間授業時数
	74条	中学校の教育課程の基準
	83条（別表3）	高等学校の教科・科目
	84条	高等学校の教育課程の基準
地方教育行政の組織及び運営に関する法律	21条	教育委員会の職務権限
	33条	学校等の管理
公立義務教育諸学校の学級編制及び教職員定数の標準に関する法律	3条	1学級の児童・生徒数
教科書の発行に関する臨時措置法	2条	教科書の定義
学習指導要領	各総則	教育課程の編成・実施等

出所：山田ほか（2019：35）。

分にするか）については，年間授業時数を確保しつつ，各教科等や学習活動の特質などを考慮して，各学校が適切に定めることになっている。

　施行規則ではほかにも，学年が4月1日に始まり，翌年3月31日に終わること（第59条），授業終始の時刻は校長が定めること（第60条），公立学校の休業日が，国民の祝日，日曜日及び土曜日，学校教育法施行令第29条の規定に

より教育委員会が定める日（＝夏季，冬季，学年末，農繁期等における休業日又は家庭及び地域における体験的な学習活動その他の学習活動のための休業日）であること（第61条）などを規定している。

　さらに施行規則では，①私立学校における「宗教」の扱い（第50条第2項），②合科的な指導の実施（第53条・第130条），③**研究開発学校制度**（第55条），④**教育課程特例校制度**（第55条の2），⑤特別の配慮・指導を要する児童生徒（不登校，日本語に通じない児童生徒）を対象とした教育課程の特例（第56条・第56条の2）などを規定し，教育課程編成上の特例を認めている。このうち，③は，教育実践のなかから提起される諸課題や，学校教育に対する多様な要請に対応した新しい教育課程や指導方法を開発するため，学習指導要領等の現行の基準によらない教育課程の編成・実施を認めるもので，1976（昭和51）年度から開始された。④は，文部科学大臣が学校を指定し，当該学校または地域の特色を生かして，学習指導要領等によらない特別の教育課程の編成・実施を認める制度である。この制度を活用した取り組みとして，たとえば，「市民科」（東京都品川区）や「国際科」（東京都港区，新潟県南魚沼市），「言語活用科」（千葉県松戸市），「日本語」（東京都世田谷区，佐賀県鳥栖市）など独自の教科を設定している例がある。

3　学習指導要領

（1）学習指導要領とは何か

　これまでに何度か学習指導要領という言葉が登場した。本節ではこの学習指導要領について説明しよう。学習指導要領とは，全国的に一定の教育水準を確保するなどの観点から各学校が編成する教育課程の基準として，国が学校教育法等の規定に基づき各教科等の目標や大まかな内容を**告示**（各省大臣，各委員会及び各庁の長官が行う公示の形式）として示しているものである。端的にいえば，教育課程の国家基準が学習指導要領であり，これに基づいて，教科書や各学校の教育計画，**指導計画**が作成される。

　学習指導要領の種類には，小学校学習指導要領，中学校学習指導要領，高等

学校学習指導要領，特別支援学校小学部・中学部学習指導要領，特別支援学校高等部学習指導要領があり，幼稚園には幼稚園教育要領，特別支援学校幼稚部には，特別支援学校幼稚部教育要領がある。

学習指導要領は，1947（昭和22）年3月に初めて「試案」として刊行されて以来，その時々の社会情勢を反映して，ほぼ10年に一度改訂が行われてきた。近年では，2017（平成29）年3月に小・中学校，2018（平成30）年3月に高等学校及び特別支援学校の学習指導要領が改訂され，これを含めてこれまでに，8回の全面改訂が行われている。

学習指導要領は，1958（昭和33）年の改訂で「告示」として公示され，これにより，法的拘束力を有すると解されるようになった。施行規則第52条の「小学校の教育課程については，（中略）教育課程の基準として文部科学大臣が別に公示する小学校学習指導要領によるものとする」という規定（中学校は第74条，高等学校は第84条で規定）は，各学校の教育課程が学習指導要領を基準として編成されるべきことの法的根拠であり，学習指導要領が法的拘束力（法的基準性）を有していることを意味する。かつて，学力調査（学テ）事件や伝習館高校事件などの裁判において，学習指導要領の法的性格が争われたことがあるが，最高裁判所は「国家は必要かつ相当と認められる範囲において，教育内容についても決定する権能を有する」として，学習指導要領の法的拘束力を認めている。

なお，学習指導要領の改訂は，**中央教育審議会**（中教審）答申に基づいて行われる。文部科学大臣が中教審に対して教育課程の基準等の改善・あり方について諮問し，これを受けた中教審は初等中等教育分科会教育課程部会での審議を経て答申を行い，この答申に基づいて学習指導要領が改訂されることになる。

（2）2017（平成29）年・2018（平成30）年告示学習指導要領の特徴

現在は，生産年齢人口の減少やグローバル化の進展，人工知能（AI）の飛躍的進化等によって社会構造や雇用環境が急激に変化し，将来が予測困難な時代といわれる。そこで学校教育には，「子供たちが様々な変化に積極的に向き合い，他者と協働して課題を解決していくことや，様々な情報を見極め知識の概

念的な理解を実現し情報を再構成するなどして新たな価値につなげていくこと，複雑な状況変化の中で目的を再構築することができるようにすることが求められている」（文部科学省，2018b：1）。このような状況認識に基づいて作成された学習指導要領には，たとえば次のような特徴がある。

　第1に，「社会に開かれた教育課程」の実現という理念を掲げていることである。2016（平成28）年の中教審答申「幼稚園，小学校，中学校，高等学校及び特別支援学校の学習指導要領等の改善及び必要な方策等について」（以下，「答申」）は，「学校が社会や世界と接点を持ちつつ，多様な人々とつながりを保ちながら学ぶことのできる，開かれた環境となることが不可欠」と指摘したうえで，「社会に開かれた教育課程」として次の3点が重要としている。

①社会や世界の状況を幅広く視野に入れ，よりよい学校教育を通じてよりよい社会を創るという目標を持ち，教育課程を介してその目標を社会と共有していくこと。

②これからの社会を創り出していく子供たちが，社会や世界に向かい関わり合い，自らの人生を切り拓いていくために求められる資質・能力とは何かを，教育課程において明確化し育んでいくこと。

③教育課程の実施に当たって，地域の人的・物的資源を活用したり，放課後や土曜日等を活用した社会教育との連携を図ったりし，学校教育を学校内に閉じずに，その目指すところを社会と共有・連携しながら実現させること。

　第2に，「主体的・対話的で深い学び」の実現に向けた授業改善を求めていることである。「答申」によれば，「主体的な学び」とは，「学ぶことに興味や関心を持ち，自己のキャリア形成の方向性と関連付けながら，見通しを持って粘り強く取り組み，自己の学習活動を振り返って次につなげる」学びであり，「対話的な学び」とは，「子供同士の協働，教職員や地域の人との対話，先哲の考え方を手掛かりに考えること等を通じ，自己の考えを広げ深める」学びをいう。また，「深い学び」とは，「習得・活用・探究という学びの過程の中で，各教科等の特質に応じた『見方・考え方』を働かせながら，知識を相互に関連付けてより深く理解したり，情報を精査して考えを形成したり，問題を見いだし

て解決策を考えたり，思いや考えを基に創造したりすることに向かう」学びである。「主体的・対話的で深い学び」の視点に立った授業改善を行うことで，学校教育の質的転換を図り，①知識及び技能が習得されるようにすること，②思考力，判断力，表現力等を育成すること，③学びに向かう力，人間性等を涵養すること，という「資質能力の３つの柱」が偏りなく実現されることが目指されている。

　第３に，**カリキュラム・マネジメント**の推進が図られていることである。「カリキュラム・マネジメント」（「カリキュラムマネジメント」とも表記される）とは，「各学校が，学校の教育目標をよりよく達成するために，組織としてカリキュラムを創り，動かし，変えていく，継続的かつ発展的な，課題解決の営み」（田村，2011：2）のことをいう。学習指導要領は，各学校が児童や学校，地域の実態を適切に把握し，①教育の目的や目標の実現に必要な教育の内容等を教科等横断的な視点で組み立てていくこと，②教育課程の実施状況を評価してその改善を図っていくこと，③教育課程の実施に必要な人的又は物的な体制を確保するとともにその改善を図っていくこと，の３つを「カリキュラム・マネジメント」の側面として例示している（2017（平成29）年告示「小学校学習指導要領」「第１章　総則」「第１　小学校教育の基本と教育課程の役割」の４）。各学校がこういった取り組みを通して，「教育課程に基づき組織的かつ計画的に各学校の教育活動の質の向上を図っていくこと」を努力義務としているのである。

4　教科書行政

（1）教科書とは何か

　教科書とは，広義には，教育・学習のために編集・使用される図書一般を指し，狭義には，初等中等教育段階の各学校で用いられる中核的な教材としての図書のことである。狭義の教科書とは，「小学校，中学校，義務教育学校，高等学校，中等教育学校及びこれらに準ずる学校において，教育課程の構成に応じて組織排列された教科の主たる教材として，教授の用に供せられる児童又は生徒用図書であつて，文部科学大臣の検定を経たもの又は文部科学省が著作の

名義を有するもの」(「教科書の発行に関する臨時措置法」第2条) をいう。

この条文に示されているように, 教科書には,「文部科学大臣の検定を経たもの」(検定教科書) と「文部科学省が著作の名義を有するもの」(文部科学省著作教科書) があるが, 学校教育法第34条第1項は,「小学校においては, 文部科学大臣の検定を経た教科用図書又は文部科学省が著作の名義を有する教科用図書を使用しなければならない」と規定し, その使用を義務づけている (中学校等にも準用)。ただし, 教科書使用義務の例外として, 学校教育法附則第9条では,「高等学校, 中等教育学校の後期課程及び特別支援学校並びに特別支援学級においては, 当分の間, 第34条第1項 (第49条, 第49条の8, 第62条, 第70条第1項及び第82条において準用する場合を含む。) の規定にかかわらず, 文部科学大臣の定めるところにより, 第34条第1項に規定する教科用図書以外の教科用図書を使用することができる」というように教科書使用の特例を規定している。

そして, 学校教育法第34条第4項では,「教科用図書 (中略) 以外の教材で, 有益適切なものは, これを使用することができる」と規定し, 教科書以外に**補助教材**の使用を認めている。補助教材の選定はその教材を使用する学校の校長や教員が行い, 教育委員会は, 補助教材の使用について「あらかじめ, 教育委員会に届け出させ, 又は教育委員会の承認を受けさせることとする定めを設けるものとする」(「地方教育行政の組織及び運営に関する法律」第33条第2項) とされている。

補助教材には, 副読本, 学習帳, 問題集, 資料集, プリント類, 掛図, 視聴覚教材 (DVD 等), 新聞などがある。補助教材の使用で授業の展開に工夫が生まれ, 児童生徒の学習内容を豊かにできるが, その使用にあたっては, 著作権に注意しなければならない。原則として, 著作権者以外の者が著作物を利用するためには著作権者の承諾を得る必要がある (著作権法第63条)。

しかし, 著作権法第35条は,「学校その他の教育機関 (営利を目的として設置されているものを除く。) において教育を担任する者及び授業を受ける者は, その授業の過程における使用に供することを目的とする場合には, その必要と認められる限度において, 公表された著作物を複製 (中略) することができる。

ただし，当該著作物の種類及び用途並びに当該複製の部数及び当該複製（中略）の態様に照らし著作権者の利益を不当に害することとなる場合は，この限りでない」と規定しており，学校では一定の条件のもとで著作物を自由に利用することが認められている。補助教材として著作物のコピーを作成・配布したり，テレビ番組を録画して使用したりする場合には，著作権の規定に抵触しないよう心がける必要がある。

（2）教科書検定・採択の仕組み

　戦前日本の教科書制度は，小学校用教科書については，①自由発行・自由採択制（1872（明治5）年～）→②開申・認可制（1881（明治14）年～）→③検定制（1886（明治19）年～）→④国定制（1904（明治37）年～）と変遷を遂げてきた。中等学校用教科書については，おおむね検定制が採用されてきた。

　戦後の教科書制度は検定制となり，1948（昭和23）年に教科用図書検定規則が定められ，翌年度から検定教科書が使用された。検定制のもとでは，教科書が児童生徒の手に渡るまでに，①著作・編集，②検定，③採択，④発行（製造・供給）及び使用，というプロセスを経ることになる（図10-1）。各段階の概要は次の通りである。

① 著作・編集

　民間の教科書発行者が学習指導要領や**教科用図書検定基準**等をもとに，創意工夫を加えた図書を作成し，検定申請する。

② 検定

　発行者が図書を検定申請すると，その図書は文部科学省の**教科書調査官**の調査に付されるとともに，文部科学大臣の諮問機関である**教科用図書検定調査審議会**に諮問される。審議会から答申が行われると，文部科学大臣はこの答申に基づき検定を行う。教科書として適切か否かの審査は教科用図書検定基準に基づいて行われる。教科書検定は，それぞれの教科書について，およそ4年ごとの周期で行われる。

　教科書検定が必要とされるのは教科書の記述が客観的かつ公正なものになるためであり，また，学校教育において教育の機会均等を保障し，適正な教育内

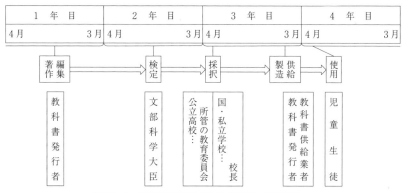

図 10-1　教科書が使用されるまでの基本的な流れ

注：製造・供給，使用の時期は，前期教科書の例をとった。
出所：文部科学省初等中等教育局（2020）。

容を維持し，教育の中立性を確保しなければならないからである。

③　採択

　検定教科書は，通常，1種目（教科書の教科ごとに分類された単位）について数種類存在するため，このなかから学校で使用する1種類の教科書が決定（採択）される必要がある。採択の権限は，公立学校で使用される教科書については，その学校を設置する市町村（特別区を含む）や都道府県の教育委員会にあり，国・私立学校で使用される教科書については校長にある。採択された教科書の需要数は文部科学大臣に報告される。

　採択の方法は，小学校，中学校，義務教育学校，中等教育学校の前期課程及び特別支援学校の小・中学部の教科書については**義務教育諸学校の教科用図書の無償措置に関する法律**（教科書無償措置法）に定められている。高等学校の教科書については法令上，具体的な定めはないが，各学校の実態に即して，公立高校については採択の権限を有する所管の教育委員会が採択を行う。

　教科書採択は，国民により開かれたものにしていくことが重要であり，採択の公正性・透明性を確保することはもちろん，教科用図書選定審議会の委員に保護者代表を加えるなど，保護者等の意見がよりよく反映されるような工夫が求められている。

④　発行（製造・供給）及び使用

　文部科学大臣は，報告された教科書の需要数の集計結果に基づき，各発行者に発行すべき教科書の種類及び部数を指示する。この指示を承諾した発行者は教科書を製造し，供給業者に依頼して各学校に供給する。供給された教科書は児童生徒の手に渡り，使用される。

（3）義務教育における教科書の無償給与

　義務教育無償の一環としての教科書無償措置は，1951（昭和26）年度から部分的に始まっており，「昭和26年度に入学する児童に対する教科用図書の給与に関する法律」の制定により，公立小学校への入学児童に対し，地方公共団体が国語と算数の教科書の無償給与を行う場合に国が補助金を出すこととした。1956（昭和31）年には，「就学困難な児童のための教科用図書の給与に対する国の補助に関する法律」が制定され，貧困家庭の児童生徒に対し，教科書の無償給与が行われることになった。

　その後，教科書無償を国の施策として行うべきという機運があらためて高まったことで，1962（昭和37）年には「義務教育諸学校の教科用図書の無償に関する法律」（教科書無償法），その翌年には「義務教育諸学校の教科用図書の無償措置に関する法律」が制定された。これらの法律に基づき，1963（昭和38）年度に小学校第1学年について無償給与が実施されたのである。以後，学年進行方式によって毎年拡大され，1969（昭和44）年度に小・中学校の全学年に無償給与となり，現在に至っている。

　このように，義務教育諸学校で使用される教科書については，すべての児童生徒に対し，国の負担によって無償で給与するという**義務教育教科書無償給与制度**がとられている。この制度は日本国憲法第26条第2項に掲げる義務教育無償の精神をより広く実現するものである。教科書の無償給与は教育費の保護者負担を軽減する効果があり，諸外国の多くが教科書の無償制を採用している。

学習課題　①　学習指導要領の基準性（法的拘束力）が争点となった教育裁判（学力調査（学テ）事件や伝習館高校事件等）について調べ，内容・論点を整理してみよう。

②　創意工夫を加えた教育課程編成とはどのようなものだろうか。教育課程特例校の事例等を参考に，特色のある学校の取り組みについて調べてみよう。

③　教科書検定・採択をめぐる主な論争や事件にはどのようなものがあるだろうか。戦後日本の教科書問題の動向を整理し，各事例について検討してみよう。

引用・参考文献

柴田義松編著『教育課程論　第 2 版』学文社，2008 年。

田中耕治編『よくわかる教育課程　第 2 版』ミネルヴァ書房，2018 年。

田村知子編著『実践・カリキュラムマネジメント』ぎょうせい，2011 年。

文部科学省『小学校学習指導要領解説　総則編』東洋館出版社，2018 年 a。

文部科学省『中学校学習指導要領解説　総則編』東山書房，2018 年 b。

文部科学省初等中等教育局「教科書制度の概要」2020 年。https://www.mext.go.jp/a_menu/shotou/kyoukasho/gaiyou/04060901.htm（2021 年 2 月 2 日閲覧）

文部省編『学制百年史』帝国地方行政学会，1972 年。

山田恵吾ほか『教育課程を学ぶ』ミネルヴァ書房，2019 年。

第11章

学校と家庭・地域住民

　本章では，「学校・家庭・地域住民の連携・協力」をめぐる教育改革の動向を概観する。まずは教育改革のキーワードとしての「開かれた学校づくり」に着目し，つぎに地域住民・保護者の学校運営への参画を意識した施策として登場した学校評議員制度，学校運営協議会制度，学校評価を取り上げる。そして，これからの学校・家庭・地域住民の連携・協力の方向性として，「開かれた学校」から「地域とともにある学校」への転換を志向する改革動向について触れていくことにしたい。

1　教育改革と学校・家庭・地域住民の連携・協力

（1）「開かれた学校」の展開

　1990年代半ば以降，日本の教育政策は「開かれた学校」を1つのキーワードとして展開されてきた。その発端となったのは，臨時教育審議会の答申における提言である。臨時教育審議会の第3次答申（1987（昭和62）年4月）では，①「従来いわれてきた『開かれた学校』は，学校施設の地域社会への開放というような比較的狭義の意味でとらえられがちであった」こと，②「しかし，これからの『開かれた学校』の在り方は，単なる学校施設の開放という範囲をこえて，（中略）学校の管理・運営への地域・保護者の意見の反映等をはじめとする開かれた学校経営への努力」など，学校の管理・運営についても「開かれた学校」にふさわしいあり方を模索する必要があること，が指摘された。

　臨時教育審議会が提言した，学校の管理・運営を地域に開くことを志向する教育政策は，その後，中央教育審議会における議論に引き継がれていく。1996

（平成 8）年 7 月の中央教育審議会「21 世紀を展望した我が国の教育の在り方について」（第 1 次答申）では，「これからの学校が，社会に対して『開かれた学校』となり，家庭や地域社会に対して積極的に働きかけを行い，家庭や地域社会とともに子供たちを育てていくという視点に立った学校運営を心がけることは極めて重要」であるとの提言がなされた。これ以降，「開かれた学校」の推進は教育改革のキーワードとなり，「学校・家庭・地域住民の連携・協力」を目指した教育政策が実現していくことになる。

　具体的には，「地域による学校運営への参画」を促す仕組みとして，**学校評議員制度の導入**（2000（平成 12）年），**学校運営協議会制度の導入**（2004（平成 16）年），**学校支援地域本部事業の開始**（2008（平成 20）年）などが挙げられる。また，学校が教育活動を自主的・自律的に改善し，「開かれた学校」として保護者や地域住民に対し説明責任を果たすという観点からは，**学校評価制度**が導入された（2002（平成 14）年）。これらの仕組みについては，第 2 節以降で詳述することにしたい。

（2）教育基本法への位置づけ

　さて，教育改革と「学校・家庭・地域住民の連携・協力」との関係については，2006（平成 18）年の教育基本法の改正をまず指摘しなければならない。

　教育基本法の改正は，1990 年代半ばから続いた一連の教育改革の結実点であった。この重要な改正に際し，「学校，家庭及び地域住民その他の関係者は，教育におけるそれぞれの役割と責任を自覚するとともに，相互の連携及び協力に努めるものとする」という第 13 条が新設されたのである。

　教育基本法は，文字通り，教育に関する「基本法」として位置づけられ，法形式としては「法律」に属しながらも，準憲法的な性格が与えられている。それゆえ，教育法規の最上位規範である教育基本法に，「**学校，家庭及び地域住民等の相互の連携協力**」に関する規定が位置づけられたことは，注目に値する出来事であった。この点に対する評価としては，先述の「21 世紀を展望した我が国の教育の在り方について」（第 1 次答申）以降，教育改革において中核的位置づけが与えられている学校，家庭，地域社会の連携・協力の「重要性を再

確認するという意義が存在する」との指摘がある（坂田，2007：55）。

2 地域住民・保護者の学校運営への参画

（1）学校評議員制度

学校運営に地域住民の参画を求める改革の一環として，1998（平成10）年の中央教育審議会答申「今後の地方教育行政の在り方について」では，学校評議員制度の導入が提言された。学校評議員制度とは，学校の設置者から「学校評議員」として委嘱された保護者や地域住民等が，校長の求めに応じて，学校運営に関する意見を述べることを可能とする制度である。その後，同答申をふまえ，2000（平成12）年の学校教育法施行規則の改正により，学校評議員制度が創設された。地域住民が学校運営に参画するための制度的仕組みとしては，法制度上，初めての位置づけであった。

現在は，学校教育法施行規則第49条に定めが置かれており，「小学校には，設置者の定めるところにより，学校評議員を置くことができる」（第1項），「学校評議員は，校長の求めに応じ，学校運営に関し意見を述べることができる」（第2項），「学校評議員は，当該小学校の職員以外の者で教育に関する理解及び識見を有するもののうちから，校長の推薦により，当該小学校の設置者が委嘱する」（第3項）と規定されている（他の学校種にも準用）。

文部科学省の調査（「学校評価等実施状況調査（平成26年度間）結果」）によれば，2014（平成26）年度に学校評議員を設置している公立学校は75.4％で，後述する「学校運営協議会」の設置により学校評議員の機能が確保されているため，学校評議員を設置していないところが7.0％存在している。学校評議員の人数は5～6人が多く，公立学校の場合，属性は「自治会等関係者」や「元PTA役員」，「社会福祉施設・団体関係者」等が多くなっている。

学校評議員の創設をめぐっては，欧米の学校参加の仕組み（校長の選任・契約，学校方針の承認等の学校方針・経営への権限を有した参加）を期待する考え方と，学校の権限拡大と自律のために校長をバックアップする「応援団」として学校評議員を想定する考え方が存在し，「そうした相違する考え方の『妥協』の産物

として学校評議員が創設されたこともあり，その性格は発足当初から曖昧で
あったことは避けられなかった」との指摘がある（小川，2010：204）。このよう
に，学校評議員制度に対する社会的評価が芳しくないなかで，保護者や地域住
民が学校運営により強い権限をもって参画することを可能にする仕組みとして
登場したのが，「学校運営協議会制度」であった。

（2）学校運営協議会制度

　学校運営協議会制度の構想は，2000年12月，教育改革国民会議による報告
「教育を変える17の提案」のなかで，「新しいタイプの学校（"コミュニティ・ス
クール"等）の設置を促進する」として打ち出されたものである。この構想は，
コミュニティ・スクールの法制化について提言した，総合規制改革会議「規制
改革の推進に関する第3次答申」（2003（平成15）年12月）等を経て，中央教育
審議会答申「今後の学校の管理運営の在り方について」（2004年3月）へと受け
継がれていく。これらをふまえ，2004年6月，「地方教育行政の組織及び運営
に関する法律」（以下，地教行法）が改正され，「地域住民や保護者が一定の権
限と責任をもって学校運営に参画することを可能とする仕組み」として，学校
運営協議会制度が導入された。

　学校運営協議会制度とは，教育委員会から任命された保護者や地域住民等で
構成される「学校運営協議会」が，校長が作成する学校運営の基本方針を承認
したり，学校運営に関する意見を教育委員会や校長に述べたりすることができ
る制度である。学校運営協議会を設置している学校のことを「コミュニティ・
スクール」という。

　制度発足から10年以上の間，学校運営協議会の設置は教育委員会の判断に
委ねられていたが（任意設置），その後2017（平成29）年3月に地教行法の改正
が行われ，同年4月からは設置が努力義務化されている（第47条の5第1項）。
地教行法改正の背景については第4節で後述するが，ここでは現行の学校運営
協議会制度について概観していく。

　まず，学校運営協議会の設置について，「教育委員会は，教育委員会規則で
定めるところにより，その所管に属する学校ごとに，当該学校の運営及び当該

運営への必要な支援に関して協議する機関として，学校運営協議会を置くように努めなければならない」（地教行法第47条の5第1項）。そして，学校運営協議会の委員は，①学校の所在する地域の住民，②学校に在籍する幼児・児童・生徒の保護者，③社会教育法第9条の7第1項に規定する「地域学校協働活動推進員」等の学校の運営に資する活動を行う者，④その他当該教育委員会が必要と認める者，について教育委員会が任命する（同条第2項）。校長は，これらの委員の任命に関する意見を教育委員会に申し出ることが可能とされている（同条第3項）。

　学校運営協議会の主な機能は3つある。第1に，校長が作成する学校運営の基本方針を承認すること（同条第4項），第2に，学校の運営に関する事項について，教育委員会または校長に対して意見を述べることができること（同条第6項），そして第3に，職員の採用その他の任用に関して教育委員会規則で定める事項について，教育委員会に対して意見を述べることができること（同条第7項）である。3点目に関して，教育委員会は，当該職員の任用にあたって，学校運営協議会により述べられた意見を「尊重するものとする」（同条第8項）とされている。なお，学校運営協議会が設置されても，学校運営の責任者は従来通りあくまで校長であり，学校運営協議会が校長の代わりに学校運営を決定・実施するものではない。

　学校評議員制度との違いは，学校評議員は「校長の求め」に応じて学校運営に関する意見を述べるのに対し，学校運営協議会は校長の求めがなくても意見を述べることが制度的に保障されている点，学校評議員は合議体ではないが学校運営協議会は合議体である点などが挙げられる。文部科学省は，「学校運営協議会設置の手引き（令和元年度改正版）」（2019（令和元）年）のなかで，学校評議員制度について「学校運営協議会への移行を積極的に推進」するとしており，学校運営協議会への段階的な発展のため，学校評議員を学校運営協議会の委員として任命することを提案している（図11-1）。

　学校運営協議会制度の導入状況についてみてみると（文部科学省，2020b），2020年7月1日現在，9788校（前年度比2187校増）であり，全国の公立学校（幼稚園型認定こども園を含む幼稚園・小学校・中学校・義務教育学校・中等教育学校・

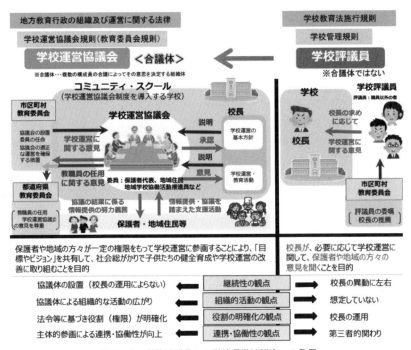

図 11-1　学校評議員から学校運営協議会への発展

出所：文部科学省（2019）。

高等学校・特別支援学校）のうち27.2％が導入している。学校設置者としては，全体の48.5％にあたる850市区町村及び29道府県の教育委員会（学校組合を含む）が導入しており，2019（令和元）年度より162設置者増加している。「第3期教育振興基本計画」（2018年6月15日閣議決定）では，2022（令和4）年度までに，すべての公立学校で学校運営協議会制度の導入を目指すとしており，政府による積極的な導入促進が行われている。

3　学校評価

（1）学校評価制度導入の経緯

　学校評価とは，「子どもたちがより良い教育を享受できるよう，その教育活

動等の成果を検証し，学校運営の改善と発展を目指すための取組」である（文部科学省「学校評価について」）。学校評価制度導入の背景には，「地域による学校運営への参画」を志向する流れとともに，「自主的・自律的な学校経営の確立」を目指すという改革動向が存在していた。学校評価が具体的に政策の議題として取り上げられるようになってきたのは，中央教育審議会答申「今後の地方教育行政の在り方について」(1998（平成10）年9月）以降と考えられる。同答申は，公立学校が家庭や地域の要請に応じて自主的・自律的に特色ある学校教育活動を展開できるようにするため，「地域住民の学校運営への参画」等の視点から改善を行うとした。そして，地域住民に学校運営に参画してもらい，学校と地域が連携協力して教育活動を展開するためには，「開かれた学校」として，学校が教育目標・教育計画とその実施状況について自己評価を行い，保護者や地域住民に説明する必要性を強調したのである。

　その後，教育改革国民会議報告「教育を変える17の提案」(2000（平成12）年12月）では，外部評価を含む学校評価制度を導入し，評価結果を保護者や地域と共有し，学校の改善につなげることが提言された。これらの提言を受けて，2002（平成14）年3月，小学校設置基準等が制定され，自己評価の実施・公表が努力義務として初めて法的に明文化された。

　さらに，2005（平成17）年10月の中央教育審議会答申「新しい時代の義務教育を創造する」では，学校評価ガイドラインの策定や自己評価の実施・公表の義務化，外部評価の充実等が提言され，翌2006（平成18）年3月には文部科学省が「義務教育諸学校における学校評価ガイドライン」を策定した（数度の改訂を経て，最新版は「学校評価ガイドライン〔平成28年改訂〕」である）。その後，2007（平成19）年6月の学校教育法改正及び同年10月の学校教育法施行規則の改正により，自己評価・学校関係者評価の実施・公表，評価結果の設置者への報告に関する規定が新設され，現在に至っている。

（2）学校評価制度

　文部科学省が策定した「学校評価ガイドライン〔平成28年改訂〕」(2016（平成28）年3月）によれば，学校評価の目的は，次の3点とされている（文部科学省，

2016：2）。

　　①各学校が，自らの教育活動その他の学校運営について，目指すべき目標を
　　　設定し，その達成状況や達成に向けた取組の適切さ等について評価するこ
　　　とにより，学校として組織的・継続的な改善を図ること。
　　②各学校が，自己評価及び保護者など学校関係者等による評価の実施とその
　　　結果の公表・説明により，適切に説明責任を果たすとともに，保護者，地
　　　域住民等から理解と参画を得て，学校・家庭・地域の連携協力による学校
　　　づくりを進めること。
　　③各学校の設置者等が，学校評価の結果に応じて，学校に対する支援や条件
　　　整備等の改善措置を講じることにより，一定水準の教育の質を保証し，そ
　　　の向上を図ること。

　上記①で示された「目標設定」，「達成状況等の評価」，「改善」という仕組み
は，いわゆる「PDCA サイクル」を意識したものである。学校評価における
PDCA サイクルとは，教育活動その他の学校運営に関する目標設定（Plan）→
実行（Do）→評価（Check）→学校・学校設置者による改善（Action）という流
れである。この PDCA サイクルを効率的に循環させるとともに，保護者・地
域住民に対し評価結果を公表・説明することにより，彼らの学校運営への参画
意識を高め，さらなる学校改善に結びつけることをねらいとしている。

　学校評価には，①**自己評価**，②**学校関係者評価**，③**第三者評価**，の３種類が
ある。①「自己評価」とは，各学校の教職員が行う評価，②「学校関係者評
価」とは，保護者・地域住民等の学校関係者が行う評価，③「第三者評価」と
は，学校とその設置者が実施者となり，学校運営に関する外部の専門家等が行
う評価である。

　学校評価に関しては，学校教育法及び学校教育法施行規則に定めが置かれて
いる。まず，学校教育法は，「小学校は，文部科学大臣の定めるところにより
当該小学校の教育活動その他の学校運営の状況について評価を行い，その結果
に基づき学校運営の改善を図るため必要な措置を講ずることにより，その教育
水準の向上に努めなければならない」（第42条）と規定している（ほかの学校種
にも準用）。ここでいう，「文部科学大臣の定めるところ」の内容については，

表11-1　学校評価の法的位置づけ

種類	内容	実施	公表	学校設置者への報告
自己評価	各学校の教職員が行う評価	義務 (第66条)	義務 (第66条)	義務 (第68条)
学校関係者評価	保護者，地域住民等の学校関係者などにより構成された評価委員会等が，自己評価の結果について評価することを基本として行う評価	努力義務 (第67条)	努力義務 (第67条)	実施した場合は義務 (第68条)
第三者評価	学校とその設置者が実施者となり，学校運営に関する外部の専門家を中心とした評価者により，自己評価や学校関係者評価の実施状況もふまえつつ，教育活動その他の学校運営の状況について専門的視点から行う評価	法的義務なし	法的義務なし	法的義務なし

注：括弧内は根拠となる学校教育法施行規則の条名。
出所：文部科学省（2016）をもとに筆者作成。

学校教育法施行規則第66条〜第68条に規定されている。すなわち，各学校には，①教職員による自己評価を行い，その結果を公表すること（第66条），②保護者，地域住民等の学校の関係者による評価（学校関係者評価）を行うとともにその結果を公表するよう努めること（第67条），③自己評価の結果および学校関係者評価を実施した場合にはその結果を設置者に報告すること（第68条）が求められている。

　なお，「第三者評価」については，法令上，実施義務や実施の努力義務は課されていない。あくまで文部科学省のガイドラインによって実施が推奨されているものであり，学校とその設置者が必要性を判断する。学校評価の法的位置づけについて整理すると，表11-1の通りとなる。

4　「開かれた学校」から「地域とともにある学校」へ

（1）「地域とともにある学校」への転換

　近年，「学校・家庭・地域住民の連携・協力」の姿は，新たな局面を迎えている。これを決定づけたのが，2015（平成27）年12月に公にされた中央教育審

議会答申「新しい時代の教育や地方創生の実現に向けた学校と地域の連携・協働の在り方と今後の推進方策について（答申）」（以下，2015年答申）である。

　2015年答申では，今後の地域における学校との協働体制のあり方について，「これからの公立学校は，『開かれた学校』から更に一歩踏み出し，地域でどのような子供たちを育てるのか，何を実現していくのかという目標やビジョンを地域住民等と共有し，地域と一体となって子供たちを育む『**地域とともにある学校**』へと転換していくことを目指して，取組を推進していくことが必要である」と提言され，「開かれた学校」から「地域とともにある学校」へ，というコンセプトの転換が打ち出された。

　転換の背景には，次の2点がある。第1に，昨今，少子高齢化や地域のつながりの減少による地域の教育力の低下や，学校が抱える課題の複雑化・多様化が指摘されるなか，学校だけではなく，社会全体で子どもの育ちを支えていくことが求められていること，第2に，「社会に開かれた教育課程」の実現に向けた学習指導要領の改訂や，チームとしての学校の実現，教員の資質能力の向上等，昨今の学校教育をめぐる改革の方向性や地方創生の動向において，「学校と地域の連携・協働」の重要性が指摘されていること，である。

　こうした背景をふまえ，2015年答申は，①地域と学校が連携・協働して，「**地域学校協働活動**」を推進すること，②そのために必要な体制として，「**地域学校協働本部**」を全国に整備し，③学校運営協議会制度との一体的な推進を図ること，の3点を提言した。この提言に基づき，2017（平成29）年3月に地教行法が改正され，第2節（2）で述べた通り，学校運営協議会の設置が任意設置から努力義務化された。また，同じく2017年3月には社会教育法が改正され，「地域学校協働活動」や「地域学校協働活動推進員」に関する規定が整備された。以下では，地域学校協働活動とこれを推進していくための地域学校協働本部の仕組みについて概観することにしたい。

（2）地域学校協働活動の推進

①　地域学校協働活動

　「地域学校協働活動」とは，「地域の高齢者，保護者，PTA，NPO，民間企

業，団体等の幅広い地域住民等の参画を得て，地域全体で子供たちの学びや成長を支えるとともに，学校を核とした地域づくりを目指して，地域と学校が相互にパートナーとして連携・協働して行う様々な活動」のことである（文部科学省，2017b）。社会教育法では，地域学校協働活動とは，地域住民等と学校が協働して行う以下の活動と規定されている（第5条第2項）。

- 主として学齢児童及び学齢生徒に対し，学校の授業の終了後又は休業日において学校，社会教育施設その他適切な施設を利用して行う学習その他の活動（第5条第1項第13号）
- ボランティア活動など社会奉仕体験活動，自然体験活動その他の体験活動（第5条第1項第14号）
- 社会教育における学習の機会を利用して行った学習の成果を活用して学校，社会教育施設その他地域において行う教育活動その他の活動（第5条第1項第15号）

　地域ではこれまでも，「**学校支援地域本部**」を設立するなどのそれぞれのやり方で学校を支援してきた。学校支援地域本部とは，地域住民がボランティアとして授業等の学習補助，部活動の指導補助，学校行事の支援，学校環境整備，登下校時の見守り等の学校支援活動を推進する体制のことであり，2008（平成20）年度から文部科学省が財政的な支援を開始した事業である。こうした従来の学校支援の取り組みと「地域学校協働活動」の違いとしては，「**支援から連携・協働へ**」という点が挙げられる。すなわち，「地域学校協働活動」においては，地域が学校を「支援」するという従来型の一方向の関係から，地域と学校がパートナーシップに基づき，「連携・協働」して課題解決に取り組むという双方向の関係となることが目指されている。

② 　地域学校協働本部

　地域学校協働活動の推進にあたって，文部科学省は，2015年答申において提言された「地域学校協働本部」を整備することが有効であるとしている（文部科学省，2020a）。地域学校協働本部とは，「社会教育のフィールドにおいて，地域の人々や団体により『緩やかなネットワーク』を形成した，任意性の高い体制」である（2015年答申）。連携の体制には様々な形態がありうるため，地域

学校協働本部について法律上の規定はない。だが，社会教育法では，教育委員会が地域学校協働活動の機会を提供するにあたって，「地域住民等の積極的な参加を得て当該地域学校協働活動が学校との適切な連携の下に円滑かつ効果的に実施されるよう，地域住民等と学校との連携協力体制の整備，地域学校協働活動に関する普及啓発その他の必要な措置を講ずるものとする」と規定されており（市町村教育委員会については第5条第2項，都道府県教育委員会については第6条第2項で準用），地域学校協働本部の整備もその取り組みの1つとされている（文部科学省，2017a）。

　「学校支援地域本部」をはじめとする従来の学校支援の取り組みでは，登下校の見守り・校庭の芝生や花壇の整備といった学校支援活動や，放課後子供教室，土曜日の教育活動といった，いわゆる学校支援ボランティア活動が「個別」に行われ，地域住民はそれぞれ参画したいと考える活動にアクセスし，各活動間のコーディネート（調整）は行われていないことが多かった。しかし，2015年答申が指摘するように，こうした「個別の活動」を行ううえでは，①それぞれ互いの活動の目標や，主に参画している関係者等の情報の共有等について必ずしも連携が十分でない，②調整ができていないことによる地域人材や活動機会，場所の偏り，不足等が生じている，③コーディネート機能の大部分を特定の個人に依存し，結果として持続可能な体制が作られていない場合が多い，といった課題が存在した。

　これに対して，新しい「地域学校協働本部」では，従来の「個別の活動」を「総合化・ネットワーク化」し，組織的・安定的に活動を継続できるような仕組みを整えることに主眼が置かれている。これまでは個別の活動にそれぞれ参画していた地域住民等が，地域学校協働本部を介して各活動に参画していく，というイメージである（図11-2）。

　ガイドラインによれば，学校支援地域本部等がすでに構築されている地域においては，その体制を基盤として，地域学校協働本部へと発展させていくことが期待されている。また，これまでに学校支援地域本部のような活動が十分に行われていない地域においては，まずは最初の第一歩として，放課後や土曜日等の教育・学習支援活動，登下校の見守り，学校周辺環境整備等の地域の特性

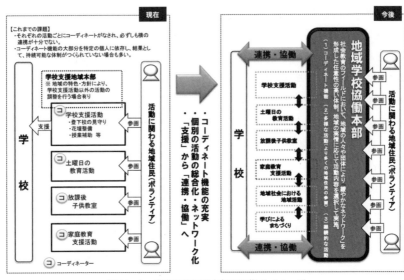

図11-2　地域学校協働本部の目指すイメージ

出所：文部科学省「地域学校協働活動」。

に応じた何らかの実行可能な活動から着手し，徐々に活動の幅を広げ，地域学校協働本部に発展していくことが望まれている。

③　地域学校協働活動推進員

　地域学校協働本部において，人材や活動のコーディネート役を担うキーパーソンとなるのが「**地域学校協働活動推進員**」である。2017年3月の社会教育法改正では，地域学校協働活動推進員に関する規定が新たに設けられ，「教育委員会は，地域学校協働活動の円滑かつ効果的な実施を図るため，社会的信望があり，かつ，地域学校協働活動の推進に熱意と識見を有する者のうちから，地域学校協働活動推進員を委嘱すること」（第9条の7第1項）が可能とされた。また，地域学校協働活動推進員の職務内容については，「地域学校協働活動に関する事項につき，教育委員会の施策に協力して，地域住民等と学校との間の情報の共有を図るとともに，地域学校協働活動を行う地域住民等に対する助言その他の援助を行う」（同条第2項）ものとされた。

　地域学校協働活動推進の候補となる人材としては，これまでのコーディネー

ターやその経験者，地域と学校の連携・協働に関わる活動に地域ボランティア
として活動している人，PTA 関係者や PTA 活動の経験者，退職した校長や
教職員，自治会・青年会等の地域関係団体の関係者，地域や学校の特色や実情
を理解する企業，NPO，団体等の関係者などが想定されている（文部科学省，
2017b）。

（3）地域学校協働本部と学校運営協議会の関係

　「地域とともにある学校」というコンセプトのもと，「地域学校協働本部」と
「学校運営協議会」は，その双方が機能し，両輪として相乗効果を発揮するこ
とが期待されている。例えるならば，「学校運営協議会」が頭脳（目標やビジョ
ンの策定を行う）であり，「地域学校協働本部」が身体（実働部門），という関係
である。

　2017 年 3 月の地教行法の改正においても，両者の一体的な推進を意図する
改正が行われた。すなわち，地教行法の旧規定では，学校運営協議会は「学校
の運営」に関して協議する機関とされていたが，改正により，これに加えて
「学校の運営への必要な支援」に関しても協議する機関と位置づけられた（第
47 条の 5 第 1 項）。また，教育委員会が任命する学校運営協議会の委員として，
新たに「地域学校協働活動推進員その他の対象学校の運営に資する活動を行う
者」が明記されている（第 47 条の 5 第 2 項 3 号）。地域学校協働活動推進員が，
学校運営協議会の委員を兼ねることが，地域学校協働本部と学校運営協議会を
一体的に推進するポイントとなる（図 11 - 3）。

　地域学校協働本部の整備状況をみてみると（文部科学省，2020b），2020（令和
2）年 7 月 1 日現在，地域学校協働本部を整備している公立の小学校・中学
校・義務教育学校は 1 万 7066 校で，全体の 60.3％にのぼっている。一方，コ
ミュニティ・スクールと地域学校協働本部を共に整備している公立の小学校・
中学校・義務教育学校は 6524 校（23.0％）であり，両者の一体的推進は緒につ
いたばかりといえる。

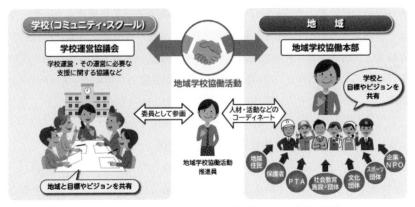

図11-3 学校運営協議会と地域学校協働本部の一体的な推進

出所：文部科学省（2020a）。

5 「地域とともにある学校」の課題

　本章では，「学校・家庭・地域住民の連携・協力」をめぐる教育改革の動向を概観してきた。学校・家庭・地域住民の連携・協力の目指す姿は，「開かれた学校」から「地域とともにある学校」へと転換し，今日では，地域が学校を「支援」するという従来型の一方向の関係から，地域と学校がパートナーシップに基づき，「連携・協働」するという双方向の関係が目指されていることが明らかとなった。

　「地域とともにある学校」の課題は，「双方向性」をいかに確保していくかという点にある。言い換えれば，地域が学校を支援するという従来のベクトルに加えて，学校が地域に協力するというベクトルをどのように作っていくか，という仕組みづくりの課題である。

　「ヒト」に着目した場合，おそらく，学校から地域の活動（地域の運動会やお祭り，青少年健全育成に関わる集会等）に出向いているのは，学校管理職であるケースが多く，一般の教員の姿はあまりみかけないのではないか。地域住民にとっては基本的に「余暇活動」としての連携・協働である一方，教員にとっては「勤務」としての連携・協働となっている点に，「ヒト」の「双方向性」を

確保する難しさが存在している。

　一般の教員が地域の活動にコミットする時間的余裕がないとすれば，学校と地域の双方向性を確保するための鍵は，やはり「学校管理職の力量」となるだろう。学校管理職が，学校を核とした地域づくりというビジョンを持ち，学校の代表として地域の活動に顔をみせるとともに，必要に応じて一般教員に役割をつないでコーディネートを行ったり，学校と地域の風通しをよくする役割を担ったりすることが，「双方向性」を進めていく一歩になると考えられる。

学習課題　① 「学校評議員制度」と「学校運営協議会制度」の違いを整理して書き出してみよう。
　　② 「地域学校協働活動」にはどのような活動があるのか，インターネット等で実践事例を調べてみよう。

引用・参考文献

小川正人『現代の教育改革と教育行政』放送大学教育振興会，2010年。

鞍馬裕美「学校と家庭・地域」藤田祐介編著『学校の制度を学ぶ』文化書房博文社，2015年，147～160頁。

坂田仰解説『新教育基本法──全文と解説』教育開発研究所，2007年。

照屋翔大「地域とともにある学校づくりのマネジメント」加藤崇英・臼井智美編『教育の制度と学校のマネジメント』時事通信社，2018年，156～167頁。

文部科学省「学校評価ガイドライン〔平成28年改訂〕」2016年。https://www.mext.go.jp/component/a_menu/education/detail/__icsFiles/afieldfile/2019/01/30/1323515_021.pdf（2021年1月10日閲覧）

文部科学省「義務教育諸学校等の体制の充実及び運営の改善を図るための公立義務教育諸学校の学級編制及び教職員定数の標準に関する法律等の一部を改正する法律等の施行について（通知）」（平成29年3月31日付け28文科初第1854号）2017年a。https://manabi-mirai.mext.go.jp/torikumi/yosan/cs/47jou6.pdf（2021年2月14日閲覧）

文部科学省「地域学校協働活動の推進に向けたガイドライン　参考の手引」2017年b。https://manabi-mirai.mext.go.jp/document/gaidorain(tiikigakkoukyoudoukatsudounosuishinnimuketa).pdf（2021年1月10日閲覧）

文部科学省『『学校運営協議会』設置の手引き（令和元年度改正版）コミュニティ・スクールのつくり方』2019年。https://www.mext.go.jp/a_menu/shotou/community/school/detail/__icsFiles/afieldfile/2019/10/08/1361007_001_1.pdf（2020年5月24日閲覧）

文部科学省「これからの学校と地域　コミュニティ・スクールと地域学校協働活動」2020年 a。https://manabi-mirai.mext.go.jp/upload/korekaranogakkoutotiiki_pamphlet2020.pdf（2020年9月30日閲覧）

文部科学省「地域と学校の連携・協働体制の実施・導入状況について」2020年 b。https://www.mext.go.jp/b_menu/houdou/31/10/1422294_00001.htm（2021年2月25日閲覧）

文部科学省「学校評価について」。https://www.mext.go.jp/a_menu/shotou/gakko-hyoka/index.htm（2020年9月30日閲覧）

文部科学省「地域学校協働活動」。https://manabi-mirai.mext.go.jp/torikumi/chiiki-gakko/kyodo.html（2020年5月27日閲覧）

山田知代「学校・家庭・地域の連携・協力」藤田祐介・加藤秀昭・坂田仰編著『若手教師の成長をどう支援するか――養成・研修に活かす教職の基礎（JSCP双書①）』教育開発研究所，2017年，146～153頁。

第12章

学校安全と危機管理

本章では，学校の経営に必要不可欠な要素となる学校安全と危機管理について，関係法令等をふまえながら，基本的事項を理解することに主眼を置く。

昨今，学校においては，教育活動中や登下校中の事件・事故，頻発化・激甚化する自然災害への対応に加え，インターネットやSNS等に関する新たな危機事象への対応も要求されている。広範・多岐にわたる学校安全と危機管理について，他人事としてではなく，責任当事者としての意識を持って読み進めてほしい。

1 学校安全と危機管理の重要性

（1）学校安全の意義

学校は，幼児児童生徒等（以下，児童等）の健全な成長と自己実現を目指して学習活動を行う教育機関であり，その基盤として安全・安心な環境が確保されていることが必須の条件となる。学校における教育活動はつねに危険を伴っており，事件・事故災害（以下，事故等）が発生すると，その対応を最優先しなければならないため，本来の教育活動の停滞や中断を余儀なくされる。

安全とは，「心身や物品に危害をもたらす様々な危険や災害が防止され，万が一，事件や事故，災害等（中略）が発生した場合には，被害を最小限にするために適切に対処された状態」（文部科学省，2019：7）のことである。安全な社会は人々が生きていくために必要であり，自他の安全の確保に向けて意識を高め，安全な社会を実現するための取り組みを進めていかなければならない。

学校においては，児童等が安心して学ぶことができるように，教育活動全体

を通じて安全を確保することが求められている。また，自他の生命尊重の理念を基盤として，生涯にわたって健康で安全な生活を送るうえでの基礎を培うとともに，安全・安心な社会づくりに参加・貢献できる資質・能力を育てることは，学校教育における重要な目標となっている。

（2）学校安全の領域と活動

　学校安全は，「生活安全」，「交通安全」及び「災害安全（防災）」の3つの領域に大別される（表12-1）。また，学校安全は，「児童生徒等が自ら安全に行動し，他の人や社会の安全に貢献できる資質・能力を育成するとともに，児童生徒等の安全を確保するための環境を整えること」（文部科学省，2019：9）をねらいとしている。

　その他にも，従来想定されていなかったインターネットやSNSの普及に伴う犯罪，学校に対する犯罪の予告やテロ，弾道ミサイルの発射など，新たな危機事象への備えも求められるようになっている。学校を取り巻く環境の変化に対応して，学校安全のあり方を柔軟に見直していくことが重要である。

　学校安全の活動は，「安全教育」，「安全管理」及び「組織活動」という3つの体系から構成される（図12-1）。「安全教育」は，児童等が自らの行動や外部に存在する様々な危険を制御したり，自ら安全に行動したりするなど，他の人や社会の安全のために貢献できるようにすることを目指す活動である。「安全管理」は，児童等を取り巻く環境を安全に整えることを目指す活動であり，対人管理と対物管理に区分される。「組織活動」は，安全教育と安全管理の両方を相互に関連づけて円滑に進めるための活動であり，組織体制の整備と家庭・地域・関係機関等との連携が含まれる。

（3）危機管理の意義

　各学校は児童等を守るため，様々な危機を未然に防止し，実際に発生した場合は被害を最小限にとどめる必要がある。そのため，学校や地域の実情等に応じて，実効性のある危機管理体制の構築に努めなければならない。

　危機管理とは，「人々の生命や心身等に危害をもたらす様々な危険が防止さ

表 12-1　学校安全の 3 領域

生活安全	交通安全	災害安全（防災）
学校・家庭など日常生活で起こる事件・事故を取り扱う。誘拐や傷害などの犯罪被害防止も含まれる。	様々な交通場面における危険と安全，事故防止が含まれる。	地震・津波災害，火山災害，風水（雪）害等の自然災害に加え，火災や原子力災害も含まれる。

出所：文部科学省（2019：10）。

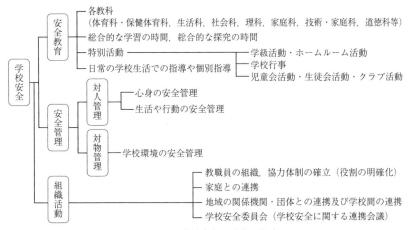

図 12-1　学校安全の活動の体系

出所：文部科学省（2019：12）。

れ，万が一，事件・事故が発生した場合には，被害を最小限にするために適切かつ迅速に対処すること」（文部科学省，2006：1）と定義されている。

　学校における危機管理の目的は，①児童等と教職員の生命や心身等の安全を守る，②児童等や保護者等との信頼関係を保つ，③児童等の心理的動揺を防ぎ学校を安定した状態にする，という 3 つに整理される。信頼関係を保つという点で，教職員の不祥事防止の取り組みも含まれるのが特徴的である。

　危機管理の過程として，体制整備や点検・訓練・研修等によって未然防止を図る「事前の危機管理」を**リスク・マネジメント**という。他方，危機発生直後の緊急対応や被害を最小限に抑止する「発生時の危機管理」及び，危機収束後の教育活動の再開や再発防止を図る「事後の危機管理」を**クライシス・マネジ**

表12-2 学校危機管理の対象

大項目	中項目	小項目	具体的な事象
児童等	教育活動	学習活動	授業中，休み時間，放課後，校外活動中の事故等
		特別活動	修学旅行，現場学習での事故等
		部活動	部活動中の事故等
		施設設備	施設利用中の事故，保守管理の不備，誤使用による事故等
	登下校	交通事故	通学中の死傷事故等
		不審者	不審者による殺傷，略取等
	健康保健	給食	食中毒，異物混入，アレルギーによるアナフィラキシー等
		感染症	新型インフルエンザ，新型コロナウイルス感染症等
		薬物	薬物乱用等
	問題行動	違法行為	暴力，器物破損，窃盗，性犯罪，喫煙，飲酒等
		いじめ	いじめに起因するトラブル，インターネット上の誹謗中傷等
		自傷	自殺企図等
		その他	深夜徘徊，家出，人権侵害（差別，虐待）等
教職員	人事	服務	交通違反・事故，体罰，わいせつ，その他の非違行為等
		精神衛生	心身の不調，バーンアウト，精神疾患による休退職等
	教育計画	教育課程	著作権侵害，未履修，免許失効等
	財務	資金管理	公金の遺失，横領，不正受給，部費の不適切な執行等
	情報	個人情報	法定表簿の不適切な管理，個人情報の流出等
		情報システム	システムダウン，ウイルスによる影響等
学校全体	緊急対応	災害	火災，自然災害（気象，地象，水象），避難所運営等
		保護者・地域	不適切な対応による信用失墜，重大トラブルによる訴訟等
		業務妨害	過剰クレーム，不当要求，脅迫等
		広報・報道	報道機関からの取材への対応，記者会見等

出所：宮城教育大学（2017）をもとに筆者作成。

メントという。両者の定義は異なるが，日本語で「危機管理」というときは，危機が発生する前のリスク・マネジメントと，危機が発生した後のクライシス・マネジメントの両者を合わせた概念として使用されるのが一般的である。

（4）危機管理の対象

　学校が対応すべき危機は，教育活動の場面のみならず，学校内外のあらゆる場面で起こる可能性がある。学校危機管理の対象は，1980年代までは校内暴力を中心としたものであったが，1990年代以降は，いじめ，不登校，学級崩壊，アレルギー，不審者侵入，個人情報の流出，自然災害，ハラスメントなど，学校を取り巻く諸情勢の変化により，発生する危機の種類や性質も変化してきた。それに伴って，従来の発想や手法による学校の組織運営が困難な状況となり，危機管理の重要性がよりいっそう強調されるようになっている。

　学校危機管理の対象は拡大傾向にあり，児童等に関わる危機，教職員に関わる危機，学校全体に関わる危機などのように，種類・性質・内容等に応じて様々に分類・区分される（表12-2）。

2　学校事故と危機事象への対応

（1）学校事故の発生

　学校事故とは，通常は学校の管理下で発生した児童等の事故等（負傷・疾病，障害または死亡）全般のことである。学校の管理下とされるのは，①教育課程に基づく授業（保育）中，②教育計画に基づく課外指導中，③休憩時間中，④通常の経路及び方法による登下校（登降園）中，⑤学校外授業等の集合・解散場所との往復中，⑥寄宿舎にある時が該当する。

　学校事故が発生した場合は，**独立行政法人日本スポーツ振興センター**が運営する災害共済給付制度の適用を受けることができる。この制度は，国・学校設置者・保護者の3者によって成り立つ互助共済制度であり，学校事故の責任の所在にかかわらず，災害共済給付金の支給によって被害者を救済することを目的としている。具体的には，学校事故による負傷・疾病，障害または死亡に対して，災害共済給付（医療費，障害見舞金または死亡見舞金の支給）が行われる。

　学校事故の発生に伴う災害共済給付は，全体として減少傾向にあるものの，負傷・疾病は依然として多発している（表12-3）。負傷・疾病の状況については，場合別の集計から各校種の発生状況が明確になっている。小学校では約半

表 12 - 3　災害共済給付の状況（2019年度）

区　　分	負傷・疾病（件）	障害（件）	死亡（件）
小学校	333,137	60	11
中学校	303,550	68	20
高等学校	249,741	226	23
高等専門学校	2,130	1	0
幼稚園・保育所等	71,156	8	2
合　　計	959,714	363	56

出所：日本スポーツ振興センター学校安全部（2019）をもとに筆者作成。

数が休憩時間中に発生しているのに対し，中学校と高等学校では過半数が課外活動，特に運動系部活動の場面で発生している。こうした校種別の特徴をふまえて，未然防止の対策を講じることが安全管理上の重要な課題となる。

　学校事故が発生すると，民事責任（損害賠償責任（国家賠償法の適用）），刑事責任（過失致死罪，暴行罪や傷害罪等による罰金，禁固，懲役等），行政責任（職務上の義務違反として，免職，停職，減給及び戒告の懲戒処分）を問われる可能性がある。学校は保護者の代理監督者として，学校の管理下における児童等の安全管理に関して注意を払う**代理監督義務**が課されているためである。

　とりわけ，公務員（国公立学校の教員）が行う教育活動は，公権力の行使に該当するため，職務行為によって違法に他人に損害を与えた場合は，被害者救済の観点から**国家賠償法**が適用され，国または公共団体が賠償責任を負うことになっている。ただし，公務員に故意または重大な過失がある場合は，国または公共団体は公務員に対して**求償権**を有するため，内容次第では個人の責任を追及されることもある。

　なお，学校事故に関する判例からは，児童等の発達段階や事前指導の適切性，事故の予見可能性等によって，責任の度合いに違いがあることが確認できる。

（2）危機事象への対応

① いじめの防止

　先述した危機管理の対象のなかでも，いじめ問題への的確な対応は重要な課

題となっている。学校のいじめ問題が多発するなかで，いじめに起因する自殺が発生し，学校・教育委員会による隠蔽や責任逃れが社会問題に発展したことが契機となって，2013（平成25）年に「いじめ防止対策推進法」が制定された。

いじめの定義は変遷しているが，同法第2条では「児童等に対して，当該児童等が在籍する学校に在籍している等当該児童等と一定の人的関係にある他の児童等が行う心理的又は物理的な影響を与える行為（インターネットを通じて行われるものを含む）であって，当該行為の対象となった児童等が心身の苦痛を感じているものをいう」と規定されている。

さらに同法第28条では，学校の設置者または学校は，重大事態（①いじめにより児童等の生命，心身又は財産に重大な被害が生じた疑いがあると認めるとき，②児童等が相当の期間学校を欠席することを余儀なくされている疑いがあると認めるとき）に対処し，同種の事態の発生防止に資するため，速やかに，適切な方法により事実関係を明確にするための調査を行うことになっている。重大事態については，事実関係が確定した段階で対応を開始するのではなく，「疑い」が生じた初期の段階で調査を開始しなければならないことなど，より積極的に報告・調査等を行うことが求められている。

以上に基づき，各地でいじめ防止に向けた対策が強化されているものの，実際の認知件数はむしろ増加傾向となっている（図12-2）。2019（令和元）年度には，全国の国公私立小学校・中学校・高等学校及び特別支援学校で，前年度よりも6万8563件（約12.6%）増加し，合計61万2496件の過去最多となった。小学校での増加が続いており，特に低学年で顕著な傾向にある。なお，2013年度から高等学校通信制課程が対象に含められたことや，いじめの定義が変更されたことに伴う変動に加え，より積極的に把握しようとする動向の変化による影響も確認できる。

いじめのなかには，児童等の生命，身体または財産に重大な被害が生じ，犯罪行為として警察に相談・通報すべきものが含まれる。これらについては，教育的な配慮や被害者の意向も十分考慮しながら，早期に警察等と連携して対応することが重要となる。

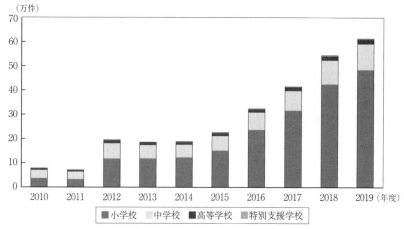

（万件）

図12-2　いじめの認知件数（推移）

出所：文部科学省（2020c）をもとに筆者作成。

② 体罰の禁止

　体罰についても，長期にわたり危機管理の重要な対象となっている。体罰は人権侵害であり，児童等の人権の尊重及び保護の促進を目指した「児童の権利に関する条約」（1994（平成6）年批准）によって，国際的にも禁止すべきことが共通認識されている。また，体罰は恐怖心，屈辱感，劣等感等を増大させ，児童等の心身に悪影響を与える行為である。さらに，児童等との関係において，恨みや反発などによる信頼の崩壊を招くと同時に，教職員や学校に対する保護者・地域社会からの信用を失うことにもなる。

　法的にも，学校教育法第11条において「校長及び教員は，教育上必要があると認めるときは，文部科学大臣の定めるところにより，児童，生徒及び学生に懲戒を加えることができる。ただし，体罰を加えることはできない」と明確に禁止されている。わが国では明治時代に体罰の禁止が明文化されて以降，今日まで一貫して存続しているにもかかわらず，長年にわたり教育界において「（児童等に対する）懲戒」との差異が曖昧なまま，「体罰」が横行してきた。

　「懲戒」の行為が「体罰」に該当するかについては，児童等の年齢，健康，心身の発達状況，行為の具体的態様等の諸条件を総合的に考慮し，個々の事案

表 12 - 4 体罰の発生状況（2019年度）

校　種	発生学校数（件）	発生件数（件）	学校数（件）	発生率（%）
小学校	183	191	19,738	0.93
中学校	209	223	10,222	2.04
義務教育学校	1	1	94	1.06
高等学校	217	244	5,000	4.34
中等教育学校	3	4	54	5.56
特別支援学校	22	22	1,146	1.92
合　計	635	685	36,254	1.75

注：発生率は，発生学校数を学校数で割って算出。
出所：文部科学省（2020b）をもとに筆者作成。

ごとに判断することになっている。

　文部科学省（2007）の基準によると，明らかな暴力と判断される「身体に対する侵害」のみならず，トイレに行かせない，長時間別室に留め置くなどの「肉体的苦痛」を与える行為も体罰に含まれる。

　これに対して，放課後に残留させたり，学習課題や清掃活動を課したり，当番を多く割り当てるなどの行為については，「懲戒権の範囲内」とみなされる。また，児童等からの暴力行為に対して，体を押さえつけて制止させる行為など，自己防衛のためのやむをえない有形力の行使（目に見える物理的な力）は「正当防衛」と判断される。さらに，他の児童等に被害を及ぼすような暴力行為に対する制止や，危険回避のためのやむをえない有形力の行使も，通常は「正当行為」として体罰には該当しない。

　こうした基準による体罰は，全国各地で根絶に向けた取り組みが行われているものの，依然として続発している状況にある（表12-4）。高等学校段階での発生率が相対的に高く，特に部活動中の運動場・体育館で多発している傾向にあり，運動系部活動の一部で行き過ぎた指導が行われている実態が浮かび上がる。また，加害教員の特徴として，50代以上のベテラン，男性が多い傾向にあり，被害の状況と責任の度合いに応じた懲戒処分が下されている。

　他方，体罰には含まれないものの，①児童等に軽微な有形力を行使して「肉体的負担」をかける不適切な指導，②暴言等によって恐怖感，侮辱感，人権侵

害等の「精神的苦痛・負担」を与える不適切な言動，③過剰な「精神的・肉体的負担」をかける過度な指導については，教育上不適切な行為として社会全体から厳しい批判を浴びるようになっている。

　不適切な行為による指導では，児童等の正常な倫理観を養うことはできず，いじめなどの問題行動を助長するだけでなく，暴力行為等の連鎖を生む可能性があることも指摘されている。児童等の指導に際しては，適切な信頼関係を築くことに加え，人権感覚の育成にも配慮することが必須となる。

③　感染症の予防

　2021（令和3）年現在，新型コロナウイルス感染症が世界中で蔓延し，尊い人命が失われると同時に，経済活動にも甚大な被害が発生している。学校現場では長期間にわたる休校措置が続き，教育機会の損失や学習活動の停滞が起こるなど，児童等にも多大な影響が及んでいる。

　学校は教育活動と集団生活の場であり，感染症が発生すると大きな混乱が生じることになる。児童等の健康を守るためには，適切な環境を保持し，感染症の予防に努めなければならない。感染症が発生した場合は，重症化させないために早期発見・早期治療に努め，拡散を防ぐことが不可欠となる。さらに，実際に感染している場合やその疑いのある児童等に対して，差別・偏見が起こらないよう十分に配慮した対応も求められる。

　感染症は多種多様な種類が存在し，「感染症の予防及び感染症の患者に対する医療に関する法律」において，感染力と罹患した場合の重篤性等の危険度に応じて分類されている。学校で予防すべき感染症の種類は「学校保健安全法施行規則」に示されている（表12-5）。

　これらの感染症対策には，専門的な知識や技能等を要するため，学校だけで遺漏なく対応するには困難を伴う。しかしながら，季節性の感染症など，流行が予見できる時には，事前に感染経路と予防方法等に関する基本的理解を深め，児童等に対する指導に活かすことが可能である。

　学校において感染症が疑われる場合は，医療機関の受診を勧めるなど，速やかな対応に加え，発生が確定した場合には，拡大防止のための出席停止や臨時休業の措置を講じる必要がある。一連の対応については，校長，保健主事，養

表 12-5　感染症の分類

分類	疾病名等
1 種	エボラ出血熱，クリミア・コンゴ出血熱，痘そう（天然痘），南米出血熱，ペスト，マールブルグ病，ラッサ熱，急性灰白髄炎（ポリオ），ジフテリア，重症急性呼吸器症候群（SARS），中東呼吸器症候群（MERS），鳥インフルエンザ，上記のほか，新型インフルエンザ等感染症，指定感染症及び新感染症
2 種	インフルエンザ（鳥インフルエンザ除く），百日咳，麻しん（はしか），流行性耳下腺炎（おたふくかぜ），風しん（三日はしか），水痘（水ぼうそう），咽頭結膜熱（プール熱），結核，髄膜炎菌性髄膜炎
3 種	コレラ，細菌性赤痢，腸管出血性大腸菌感染症，腸チフス，パラチフス，流行性角結膜炎（はやり目），急性出血性結膜炎，その他の感染症

出所：学校保健安全法施行規則第 18 条をもとに筆者作成。

護教諭，学校医，学校薬剤師等と連携するとともに，教育委員会，保健所等の機関からの指導を受けながら，正確な情報に基づいて進めていかなければならない。

　本節では，重要度の高い 3 つの危機事象を取り上げたが，その他にも熱中症や薬物問題の増加，わいせつをはじめとする教職員の信用失墜行為についても，近年特にクローズアップされるようになっている。学校における危機管理の対象は広範多岐にわたるものであり，想定される被害規模（影響度）や発生頻度などを考慮しながら，優先的に取り組むべき課題に対する備えを怠らないことが重要である。

3　学校安全と危機管理の進め方

（1）学校安全計画の策定

　各学校には，学校保健安全法第 27 条によって，児童等の安全確保を図ることを目的として，学校安全計画の策定と実施の義務が課されている。その内容については，①施設・設備の安全点検，②学校生活その他の日常生活における安全に関する指導，③職員の研修の 3 つが必要的記載事項となっている。

　計画策定のポイントとして，各学校で発生した事故等だけでなく，各地での発生状況をふまえるとともに，アンケート等の実施や安全点検の評価を通じて

表12-6　第2次学校安全の推進に関する計画（抜粋）

目指すべき姿
○全ての児童生徒等が，安全に関する資質・能力を身に付けることを目指す。 ○学校管理下における児童生徒等の事故に関し，死亡事故の発生件数については限りなくゼロとすることを目指すとともに，負傷・疾病の発生率については障害や重度の負傷を伴う事故を中心に減少傾向になることを目指す。
5つの推進方策
1　学校安全に関する組織的取組の推進 2　安全に関する教育の充実方策 3　学校の施設及び設備の整備充実 4　学校安全に関する PDCA サイクルの確立を通じた事故等の防止 5　家庭，地域，関係機関等との連携・協働による学校安全の推進

出所：文部科学省（2017）をもとに筆者作成。

課題を明らかにすることが重要である。また，実効性を高めるためには，課題をふまえた効果的な指導を計画・立案すること，安全に関する学校行事の効果的な時期・回数を設定することに加え，教職員の事前研修や児童等への事前・事後の指導を計画に位置づけることも大切である。

学校安全の推進に向けて，学校における安全に係る取り組みを総合的かつ効果的に推進するため，文部科学省による「学校安全の推進に関する計画」（1次計画）が2012（平成24）年に策定された。その結果，実践的な安全教育や学校施設の防災対策が推進された。他方では，児童等の発達段階や学校段階，地域特性に応じた安全上の課題などをふまえ，より質の高い学校安全の取り組みを推進する必要性が指摘された。さらに，時間の経過とともに自然災害の激甚化や犯罪等の多様化をはじめ，新たな課題への対応も求められるようになった。

こうした流れを受けて，新たな5年間（2017（平成29）年度〜2021（令和3）年度）における施策の基本方向と具体的な方策として，「第2次学校安全の推進に関する計画」が策定されるに至った（表12-6）。その内容として，「目指すべき姿」の実現に向けた5つの推進方策と12の施策目標に基づき，国・学校設置者・学校等が推進すべき具体的な取り組みが体系的に示された。

（2）学校安全の推進に関する取り組み状況

全国の国公私立の学校を対象に，文部科学省（2020a）が実施した「学校安全の推進に関する計画に係る取組状況調査（2018年度実績）」の結果から，進捗の状況と今後の課題が明確になる。

第1の推進方策である「学校安全に関する組織的取組の推進」については，法定の学校安全計画及び危機管理マニュアルの策定率が未だに100％に到達していない（学校安全計画の策定96.3％，危機管理マニュアルの策定97.0％）。また，学校安全に関する研修等の機会も十分とはいえない状況にある（学校安全計画に教職員の研修を包含87.8％，校内研修の実施91.3％，校外研修への派遣74.5％）。

第2の「安全に関する教育の充実方策」については，各領域にわたって学校教育活動の全体を通じて実施されている。しかしながら，安全教育の評価・検証や学校安全計画の改善については，一部の学校では停滞している状況にある（学校安全計画の見直し94.0％，危機管理マニュアルの見直し92.2％）。

第3の「学校の施設及び設備の整備充実」については，大多数の学校で安全点検が実施されている（施設・設備の安全点検の実施98.6％）。しかしながら，支障となる事項があった学校が半数近く（47.1％）に達していることから，施設・設備の整備が追いついていない状況にある。

第4の「学校安全に関する PDCA サイクルの確立を通じた事故等の防止」については，施設・設備及び通学路・通園路の安全点検は問題なく実施されている（施設・設備の安全点検98.6％，通学路・通園路の安全点検98.8％）。他方，学校事故等の検証と再発防止に向けた取り組みは十分とはいえない（事故が発生した学校における実施割合94.2％）。

第5の「家庭，地域，関係機関等との連携・協働による学校安全の推進」については，保護者に対する周知が不十分である（学校安全計画等の周知78.6％，危機管理マニュアルの周知46.2％）。また，地域との連携・協働についても，十分とはいえない状況にある（安全に関する情報共有や共同訓練等87.0％，地域のボランティア等による巡回・警備64.0％）。さらに，外部専門家から支援を受ける体制の整備が進んでいない状態にあり（外部有識者がチェック・助言する体制の整備33.6％），連携・協働の強化に努めていかなければならない。

以上の進捗状況については，国公立学校に比較すると，私立学校での取り組みが進んでいないことに加え，校種間にも依然として格差が生じているため，全体的な底上げを図る必要性が指摘されている。

（3）危機管理マニュアルの作成

　学校保健安全法第29条によって，各学校においては，児童等の安全の確保を図るため，危険等発生時に教職員がとるべき措置の具体的内容及び手順を定めた対処要領（危険等発生時対処要領）の作成が義務づけられている。

　「危険等発生時対処要領」は，「危機管理マニュアル」と同義であり，学校現場においては，危険の対象によって「防犯マニュアル」，「不審者対応マニュアル」，「防災マニュアル」，「災害発生時対応マニュアル」などの様々な呼称によって使い分けられている。

　近年の学校や児童等を取り巻く安全上の課題，「学校事故対応に関する指針」（2016（平成28）年）や「第2次学校安全の推進に関する計画」（2017年）等をふまえ，各学校・教育委員会でマニュアルを作成・改善する際に参考とする「学校の危機管理マニュアル作成の手引」が文部科学省によって2018（平成30）年に追記・改訂された（表12‐7）。なお，地震・津波災害については，同じく「学校防災マニュアル（地震・津波災害）作成の手引き」を活用することが示された。

　危機管理マニュアル作成のポイントとして，学校安全計画をふまえるとともに，実態に応じて想定される危険（学校の立地環境や規模，児童等の年齢や通学状況）を明確にすることが重要である。また，事前・発生時・事後の3段階の危機管理において，教職員の役割分担を明示することに加え，いずれの段階でも共通して的確な判断と円滑な行動ができるよう，可能なかぎり簡潔明瞭な表示を工夫することも留意点として挙げられる。

（4）危機管理マニュアルの改善の重要性

　危機管理マニュアルは，一旦作成すれば完結ということではなく，随時の見直し・改訂が求められる。その責務の重要性を示す例として，東日本大震災の

表 12-7　「学校の危機管理マニュアル作成の手引」の構成

第1章　危機管理マニュアルについて	
1-1　各学校における危機管理マニュアルの作成について	
1-2　全体構成図	
第2章　事前の危機管理	
2-1　体制整備	2-4　教職員研修
2-2　点検	2-5　安全教育
2-3　退避訓練	
第3章　個別の危機管理	
3-1　事故等発生時の対応の基本	3-7　地震・津波への対応
3-2　様々な事故への対応	3-8　新たな危機事象への対応
3-3　不審者侵入への対応	3-9　幼稚園等における留意点
3-4　登下校時の緊急事態への対応	3-10　特別支援学校等における留意点
3-5　交通事故への対応	3-11　寄宿舎における留意点
3-6　気象災害への対応	
第4章　事後の危機管理	
4-1　事後の対応	4-3　調査・検証・報告・再発防止等
4-2　心のケア	

出所：文部科学省（2018）をもとに筆者作成。

津波によって犠牲となった宮城県石巻市立大川小学校の児童の遺族が損害賠償を求めた裁判が挙げられる。裁判は最高裁まで争われたが，2019（令和元）年10月に市と県の上告が棄却され，学校の防災体制に不備があったとして，市と県に約14億3600万円の支払いを命じた仙台高裁の判決が確定した。

　具体的には，当時の校長らは児童の安全を確保するうえで「危機管理マニュアルに避難場所を明記するなどの対策を怠った」ことに加え，市教育委員会に対しても「危機管理マニュアルの点検を怠った」という責任が指摘された高裁判決が維持された。つまり，判決内容は学校における「地震の後の対応」にとどまらず，「地震の前の備え」にも踏み込み，学校と教育委員会の事前防災の不備を認定するものであった。

　この判例からも確認できるように，学校安全と危機管理を担う関係者には，実効性のある危機管理マニュアルの作成・点検に関する義務があり，重大な責任が課されている。また，危機の発生時には，予測できたか，予防策を立てた

か，前兆はなかったか，回避の努力をしたか，被害拡大の対策をとったか，といった一連の説明責任が問われる点においても，危機管理マニュアルを継続的に見直し，増補・改訂に取り組むことが要求されている。

4　学校安全と危機管理の課題

（1）未然防止と初期対応の強化

　児童等の発達段階や学校種，地域特性に応じた安全上の課題をふまえ，児童等を取り巻く多様な危険を的確に捉えた対策を推進する必要性が生じている。また，安全教育，安全管理，家庭・地域等との連携の推進にあたっては，学校間・地域間の格差が存在することから，これらを解消し，質の高い学校安全の取り組みを強化していくことが求められている。

　学校安全と危機管理は，教育実践活動の前提となる要件であり，予防こそが最も重要である。ところが，「生きる力」の育成や「確かな学力」の向上などの教育課題と比較すると，優先順位は高くないのが実情である。未然防止の取り組みを「価値ある無駄」と捉え，形骸化しないよう工夫することに加え，真剣に取り組む機運の醸成にも努めなければならない。

　事前の備えを万全にしたとしても，予期せぬ事故等は起こるものであり，最悪の事態を想定した適切な対応が求められる。被害を最小限に抑え，拡大を防ぐための迅速な初期対応が，危機管理の成否を左右する重要な課題となる。

　災害防止の活動に有効とされる**ハインリッヒの法則**（重大事故が1件発生する背景には29件の軽微な事故，さらにその背景には300件の小さなミスや異常が存在するという労働災害に関する統計的な調査結果）に基づき，潜在的異常（前触れ，異常等）や軽微な事故等が起こった段階で，重大事故を防ぐための対策を直ちに講じることが望まれる。そのためには，危機の前兆としての悪い情報こそ，最優先で報告・共有できる組織づくりが期待される。

（2）組織的な情報収集と共有

　近年の学校安全と危機管理の対象は，量的な拡大のみならず，質的な複雑化

も加わり，従来の発想・手法によって個人だけで対応することが困難な状況となっている。そのため，学校の内外で発生する可能性のある危機事象には，組織的に対応していかなければならない。

また，広範多岐にわたる危機管理のすべてを管理職だけで担うのは困難であり，所属する教職員が当事者としての意識を持ち，分担・協力して対応することが課題となっている。危機「管理」は，もっぱら「管理」職の仕事と認識している一部教職員の誤解を解消し，意識の高揚と責任の自覚を促していく必要がある。

危機管理における当事者意識の欠如・不足について，自分には起こらない，自分の責任ではない，実際に起こっても誰かが助けてくれる，といった誤った考え方を持つ教職員の存在が問題視されることもある。管理職や担当者任せにするのではなく，学校安全計画及び危機管理マニュアルに基づき，全教職員が足並みをそろえて対応していくことが求められている。

危機の発生や被害の拡大を招く主な要因として，情報の不足，情報伝達の不備，足並みの乱れが挙げられる。特に，管理職への情報伝達が課題となり，情報量とスピード，迅速な状況判断と意思決定のタイミングが危機管理の成否を左右する。その基盤として，日常からの教職員間の緊密なコミュニケーションによる信頼関係の構築がきわめて重要である。

以上の通り，個人による対応の限界を自覚し，前触れが起きた段階から複数で対応し，管理職に対する報告・連絡・相談を徹底することが肝要である。さらに，不測の事態に備え，記録を残すことを習慣化するとともに，必要に応じて組織として情報共有を図ることも有効である。

（3）学校外からの受援

各学校は，責任者である校長を中心として，児童等の安全・安心の確保と危機管理体制の確立に関する責務を担っている。しかしながら，学校経営上の課題が多様化するなかで，多忙を極める学校現場だけでの対応には限界があり，過度な負担が生じている実情にある。

こうした状況をふまえ，公立学校としては，設置・管理者である教育委員会

との間で責任と役割の分担を再確認することが重要である。教育委員会には，事故等の未然防止に関する指導・助言，施設・設備等の整備，不審者情報等の収集・提供をはじめ，各学校に対する支援の強化が求められる。また，危機発生時の緊急対応を含め，状況に応じて関係者を派遣するとともに，関係部局・関係機関とも連絡調整を図り，各学校の対応を補強する役割も期待される。

他方，学校安全と危機管理の重要性からも，家庭・地域の関係者・関係機関との連携・協働体制の確立が求められる。そのためには，保護者・PTA や地域住民・自治会，ボランティア団体等と学校安全計画及び危機管理マニュアルの情報を共有し，必要時には協力を要請するなど，普段から互恵的な関係づくりに努めることが課題となる。また，学校運営協議会制度の活用や地域内の学校による安全委員会等の設置によって，組織的な連携の強化を図ることも望まれる。

さらに，学校関係者による対応のみならず，内容に応じて，警察・消防・保健所等の行政機関，医療・福祉等の専門機関との連携の強化を図っていかなければならない。加えて，法律や心理学等の専門家からも，状況に応じて支援や援助を積極的に受け入れる仕組みづくり，すなわち受援体制の整備も急務の課題となっている。

> 学習課題 ① これまでに通学した学校，あるいは近隣の学校・地域において，どのような学校安全上の危機が発生し，どのようなことが問題になったのかについて話し合ってみよう。
> ② 身近な学校のホームページを検索し，どのような学校安全・危機管理に関する情報が発信されているか調べてみよう。

引用・参考文献

学校経営トラブル研究会編『学校経営の危機管理』第一法規出版，2009年（加除式）。

「学校の危機管理」研究会編『学校の危機管理ハンドブック』ぎょうせい，2000年（加除式）。

日本学校保健会「学校において予防すべき感染症の解説」2018年。https://www.gakkohoken.jp/book/ebook/ebook_H290100/index_h5.html#1 （2021年1月10日閲覧）

日本スポーツ振興センター学校安全部「令和元年度（2019年度）災害共済給付状況」2019

年。https://www.jpnsport.go.jp/anzen/Portals/0/anzen/kyosai/pdf/R1kyuhu.pdf
（2021 年 1 月 10 日閲覧）

宮城教育大学「学校危機管理について学ぼう」2017 年。https://www.miyakyo-u.ac.jp/
about/disclosure/data/gakkokikikanri.pdf（2021 年 1 月 10 日閲覧）

文部科学省「学校における防犯教室等実践事例集」2006 年。https://www.mext.go.jp/a_
menu/kenko/anzen/1298807.htm（2021 年 1 月 10 日閲覧）

文部科学省「問題行動を起こす児童生徒に対する指導について（通知）」2007 年。https://
www.mext.go.jp/a_menu/shotou/seitoshidou/07020609.htm（2021 年 1 月 10 日閲覧）

文部科学省「第 2 次学校安全の推進に関する計画について」2017 年。https://www.mext.go.
jp/a_menu/kenko/anzen/1383652.htm（2021 年 1 月 10 日閲覧）

文部科学省「学校の危機管理マニュアル作成の手引」2018 年。https://www.mext.go.jp/a_
menu/kenko/anzen/__icsFiles/afieldfile/2019/05/07/1401870_01.pdf（2021 年 1 月 10 日
閲覧）

文部科学省「学校安全資料『生きる力』をはぐくむ学校での安全教育」2019 年。https://
www.mext.go.jp/a_menu/kenko/anzen/1416715.htm（2021 年 1 月 10 日閲覧）

文部科学省「学校安全の推進に関する計画に係る取組状況調査（平成 30 年度実績）」2020 年
a。https://anzenkyouiku.mext.go.jp/report-gakkouanzen/data/report-h30.pdf（2021
年 1 月 10 日閲覧）

文部科学省「体罰の実態把握について（令和元年度）」2020 年 b。https://www.mext.go.
jp/content/20201222-mxt_syoto01-000011607_33.pdf（2021 年 1 月 10 日閲覧）

文部科学省「令和元年度児童生徒の問題行動・不登校等生徒指導上の諸課題に関する調査結
果について」2020 年 c。https://www.mext.go.jp/content/20201015-mext_jidou02-1000
02753_01.pdf（2021 年 1 月 10 日閲覧）

文部科学省・学校安全ポータルサイト。https://anzenkyouiku.mext.go.jp/

付　録

＊は作成者注。

日本国憲法（抄）

（昭和21年憲法）

第3章　国民の権利及び義務

第14条　すべて国民は，法の下に平等であつて，人種，信条，性別，社会的身分又は門地により，政治的，経済的又は社会的関係において，差別されない。

②・③　〔略〕

第15条　公務員を選定し，及びこれを罷免することは，国民固有の権利である。

②　すべて公務員は，全体の奉仕者であつて，一部の奉仕者ではない。

③・④　〔略〕

第19条　思想及び良心の自由は，これを侵してはならない。

第20条　信教の自由は，何人に対してもこれを保障する。いかなる宗教団体も，国から特権を受け，又は政治上の権力を行使してはならない。

②　何人も，宗教上の行為，祝典，儀式又は行事に参加することを強制されない。

③　国及びその機関は，宗教教育その他いかなる宗教的活動もしてはならない。

第21条　集会，結社及び言論，出版その他一切の表現の自由は，これを保障する。

②　検閲は，これをしてはならない。通信の秘密は，これを侵してはならない。

第23条　学問の自由は，これを保障する。

第25条　すべて国民は，健康で文化的な最低限度の生活を営む権利を有する。

②　国は，すべての生活部面について，社会福祉，社会保障及び公衆衛生の向上及び増進に努めなければならない。

第26条　すべて国民は，法律の定めるところにより，その能力に応じて，ひとしく教育を受ける権利を有する。

②　すべて国民は，法律の定めるところにより，その保護する子女に普通教育を受けさせる義務を負ふ。義務教育は，これを無償とする。

第4章　国会

第41条　国会は，国権の最高機関であつて，国の唯一の立法機関である。

第7章　財政

第89条　公金その他の公の財産は，宗教上の組織若しくは団体の使用，便益若しくは維持のため，又は公の支配に属しない慈善，教育若しくは博愛の事業に対し，これを支出し，又はその利用に供してはならない。

第8章　地方自治

第94条　地方公共団体は，その財産を管理し，事務を処理し，及び行政を執行する権能を有し，法律の範囲内で条例を制定することができる。

第10章　最高法規

第98条　この憲法は，国の最高法規であつて，その条規に反する法律，命令，詔勅及び国務に関するその他の行為の全部又は一部は，その効力を有しない。

②　日本国が締結した条約及び確立された国際法規は，これを誠実に遵守することを必要とする。

教育基本法

（平成18年法律第120号）

我々日本国民は，たゆまぬ努力によって築いてきた民主的で文化的な国家を更に発展させるとともに，世界の平和と人類の福祉の向上に貢献することを願うものである。

我々は，この理想を実現するため，個人の尊厳を重んじ，真理と正義を希求し，公共の精神を尊び，豊かな人間性と創造性を備えた人間の育成を期するとともに，伝統を継承し，新しい文化の創造を目指す教育を推進する。

ここに，我々は，日本国憲法の精神にのっとり，我が国の未来を切り拓く教育の基本を確立し，その振興を図るため，この法律を制定する。

第1章　教育の目的及び理念

（教育の目的）

第1条　教育は，人格の完成を目指し，平和で民主的な国家及び社会の形成者として必要な資質を備えた心身ともに健康な国民の育成を期して行われなければならない。

（教育の目標）

第2条　教育は，その目的を実現するため，学問の自由を尊重しつつ，次に掲げる目標を達成するよう行われるものとする。

（1）幅広い知識と教養を身に付け，真理を求める態度を養い，豊かな情操と道徳心を培うとともに，健やかな身体を養うこと。

（2）個人の価値を尊重して，その能力を伸ばし，創造性を培い，自主及び自律の精神を養うとともに，職業及び生活との関連を重視し，勤労を重んずる態度を養うこと。

（3）正義と責任，男女の平等，自他の敬愛と協力を重んずるとともに，公共の精神に基づき，主体的に社会の形成に参画し，その発展に寄与する態度を養うこと。

（4）生命を尊び，自然を大切にし，環境の保全に寄与する態度を養うこと。

（5）伝統と文化を尊重し，それらをはぐくんできた我が国と郷土を愛するとともに，他国を尊重し，国際社会の平和と発展に寄与する態度を養うこと。

（生涯学習の理念）

第3条　国民一人一人が，自己の人格を磨き，豊かな人生を送ることができるよう，その生涯にわたって，あらゆる機会に，あらゆる場所において学習することができ，その成果を適切に生かすことのできる社会の実現が図られなければならない。

（教育の機会均等）

第4条　すべて国民は，ひとしく，その能力に応じた教育を受ける機会を与えられなければならず，人種，信条，性別，社会的身分，経済的地位又は門地によって，教育上差別されない。

2　国及び地方公共団体は，障害のある者が，その障害の状態に応じ，十分な教育を受けられるよう，教育上必要な支援を講じなければならない。

3　国及び地方公共団体は，能力があるにもかかわらず，経済的理由によって修学が困難な者に対して，奨学の措置を講じなければならない。

第2章　教育の実施に関する基本

（義務教育）

第5条　国民は，その保護する子に，別に法律で定めるところにより，普通教育を受けさせる義務を負う。

2　義務教育として行われる普通教育は，各個人の有する能力を伸ばしつつ社会において自立的に生きる基礎を培い，また，国家及び社会の形成者として必要とされる基本的な資質を養うことを目的として行われるものとする。

3　国及び地方公共団体は，義務教育の機会を保障し，その水準を確保するため，適切な役割分担及び相互の協力の下，その実施に責任を負う。

4　国又は地方公共団体の設置する学校における義務教育については，授業料を徴収しない。

（学校教育）

第6条　法律に定める学校は，公の性質を有するものであって，国，地方公共団体及び法律に定める法人のみが，これを設置することができる。

2　前項の学校においては，教育の目標が達成されるよう，教育を受ける者の心身の発達に応じて，体系的な教育が組織的に行われなければならない。この場合において，教育を受ける者が，学校生活を営む上で必要な規律を重んずるとともに，自ら進んで学習に取り組む意欲を高めることを重視して行われなければならない。

（大学）

第7条　大学は，学術の中心として，高い教養と専門的能力を培うとともに，深く真理を探究して新たな知見を創造し，これらの成果を広く社会に提供することにより，社会の発展に寄与するものとする。

2　大学については，自主性，自律性その他の

大学における教育及び研究の特性が尊重され
なければならない。

（私立学校）

第8条　私立学校の有する公の性質及び学校教
育において果たす重要な役割にかんがみ，国
及び地方公共団体は，その自主性を尊重しつ
つ，助成その他の適当な方法によって私立学
校教育の振興に努めなければならない。

（教員）

第9条　法律に定める学校の教員は，自己の崇
高な使命を深く自覚し，絶えず研究と修養に
励み，その職責の遂行に努めなければならな
い。

2　前項の教員については，その使命と職責の
重要性にかんがみ，その身分は尊重され，待
遇の適正が期せられるとともに，養成と研修
の充実が図られなければならない。

（家庭教育）

第10条　父母その他の保護者は，子の教育につ
いて第一義的責任を有するものであって，生
活のために必要な習慣を身に付けさせるとと
もに，自立心を育成し，心身の調和のとれた
発達を図るよう努めるものとする。

2　国及び地方公共団体は，家庭教育の自主性
を尊重しつつ，保護者に対する学習の機会及
び情報の提供その他の家庭教育を支援するた
めに必要な施策を講ずるよう努めなければな
らない。

（幼児期の教育）

第11条　幼児期の教育は，生涯にわたる人格形
成の基礎を培う重要なものであることにかん
がみ，国及び地方公共団体は，幼児の健やか
な成長に資する良好な環境の整備その他適当
な方法によって，その振興に努めなければな
らない。

（社会教育）

第12条　個人の要望や社会の要請にこたえ，社
会において行われる教育は，国及び地方公共
団体によって奨励されなければならない。

2　国及び地方公共団体は，図書館，博物館，
公民館その他の社会教育施設の設置，学校の
施設の利用，学習の機会及び情報の提供その
他の適当な方法によって社会教育の振興に努

めなければならない。

（学校，家庭及び地域住民等の相互の連携協
力）

第13条　学校，家庭及び地域住民その他の関係
者は，教育におけるそれぞれの役割と責任を
自覚するとともに，相互の連携及び協力に努
めるものとする。

（政治教育）

第14条　良識ある公民として必要な政治的教養
は，教育上尊重されなければならない。

2　法律に定める学校は，特定の政党を支持し，
又はこれに反対するための政治教育その他政
治的活動をしてはならない。

（宗教教育）

第15条　宗教に関する寛容の態度，宗教に関す
る一般的な教養及び宗教の社会生活における
地位は，教育上尊重されなければならない。

2　国及び地方公共団体が設置する学校は，特
定の宗教のための宗教教育その他宗教的活動
をしてはならない。

第3章　教育行政

（教育行政）

第16条　教育は，不当な支配に服することなく，
この法律及び他の法律の定めるところにより
行われるべきものであり，教育行政は，国と
地方公共団体との適切な役割分担及び相互の
協力の下，公正かつ適正に行われなければな
らない。

2　国は，全国的な教育の機会均等と教育水準
の維持向上を図るため，教育に関する施策を
総合的に策定し，実施しなければならない。

3　地方公共団体は，その地域における教育の
振興を図るため，その実情に応じた教育に関
する施策を策定し，実施しなければならない。

4　国及び地方公共団体は，教育が円滑かつ継
続的に実施されるよう，必要な財政上の措置
を講じなければならない。

（教育振興基本計画）

第17条　政府は，教育の振興に関する施策の総
合的かつ計画的な推進を図るため，教育の振
興に関する施策についての基本的な方針及び
講ずべき施策その他必要な事項について，基

本的な計画を定め，これを国会に報告すると
ともに，公表しなければならない。
2　地方公共団体は，前項の計画を参酌し，そ
の地域の実情に応じ，当該地方公共団体にお
ける教育の振興のための施策に関する基本的
な計画を定めるよう努めなければならない。

第4章　法令の制定

第18条　この法律に規定する諸条項を実施する
ため，必要な法令が制定されなければならな
い。

附　則（抄）

（施行期日）

1　この法律は，公布の日から施行する。

学校教育法（抄）

（昭和22年法律第26号）

最終改正：令和元年6月26日法律第44号

第1章　総則

第1条　この法律で，学校とは，幼稚園，小学
校，中学校，義務教育学校，高等学校，中等
教育学校，特別支援学校，大学及び高等専門
学校とする。

第2条　学校は，国（国立大学法人法（平成15
年法律第112号）第2条第1項に規定する国
立大学法人及び独立行政法人国立高等専門学
校機構を含む。以下同じ。），地方公共団体
（地方独立行政法人法（平成15年法律第118
号）第68条第1項に規定する公立大学法人
（以下「公立大学法人」という。）を含む。次
項及び第127条において同じ。）及び私立学校
法（昭和24年法律第270号）第3条に規定す
る学校法人（以下「学校法人」という。）の
みが，これを設置することができる。

②　この法律で，国立学校とは，国の設置する
学校を，公立学校とは，地方公共団体の設置
する学校を，私立学校とは，学校法人の設置
する学校をいう。

第3条　学校を設置しようとする者は，学校の
種類に応じ，文部科学大臣の定める設備，編
制その他に関する設置基準に従い，これを設
置しなければならない。

第5条　学校の設置者は，その設置する学校を
管理し，法令に特別の定のある場合を除いて
は，その学校の経費を負担する。

第6条　学校においては，授業料を徴収するこ
とができる。ただし，国立又は公立の小学校
及び中学校，義務教育学校，中等教育学校の
前期課程又は特別支援学校の小学部及び中学
部における義務教育については，これを徴収
することができない。

第7条　学校には，校長及び相当数の教員を置
かなければならない。

第9条　次の各号のいずれかに該当する者は，
校長又は教員となることができない。

（1）禁錮以上の刑に処せられた者

（2）教育職員免許法第10条第1項第2号又は
第3号に該当することにより免許状がその
効力を失い，当該失効の日から3年を経過
しない者

（3）教育職員免許法第11条第1項から第3項
までの規定により免許状取上げの処分を受
け，3年を経過しない者

（4）日本国憲法施行の日以後において，日本
国憲法又はその下に成立した政府を暴力で
破壊することを主張する政党その他の団体
を結成し，又はこれに加入した者

第11条　校長及び教員は，教育上必要があると
認めるときは，文部科学大臣の定めるところ
により，児童，生徒及び学生に懲戒を加える
ことができる。ただし，体罰を加えることは
できない。

第12条　学校においては，別に法律で定めると
ころにより，幼児，児童，生徒及び学生並び
に職員の健康の保持増進を図るため，健康診
断を行い，その他その保健に必要な措置を講
じなければならない。

第2章　義務教育

第16条　保護者（子に対して親権を行う者（親
権を行う者のないときは，未成年後見人）を
いう。以下同じ。）は，次条に定めるところ

により，子に9年の普通教育を受けさせる義
務を負う。

第17条　保護者は，子の満6歳に達した日の翌
　　日以後における最初の学年の初めから，満12
　　歳に達した日の属する学年の終わりまで，こ
　　れを小学校，義務教育学校の前期課程又は特
　　別支援学校の小学部に就学させる義務を負う。
　　ただし，子が，満12歳に達した日の属する学
　　年の終わりまでに小学校の課程，義務教育学
　　校の前期課程又は特別支援学校の小学部の課
　　程を修了しないときは，満15歳に達した日の
　　属する学年の終わり（それまでの間において
　　これらの課程を修了したときは，その修了し
　　た日の属する学年の終わり）までとする。

②　保護者は，子が小学校の課程，義務教育学
　　校の前期課程又は特別支援学校の小学部の課
　　程を修了した日の翌日以後における最初の学
　　年の初めから，満15歳に達した日の属する学
　　年の終わりまで，これを中学校，義務教育学
　　校の後期課程，中等教育学校の前期課程又は
　　特別支援学校の中学部に就学させる義務を負
　　う。

③　前2項の義務の履行の督促その他これらの
　　義務の履行に関し必要な事項は，政令で定め
　　る。

第18条　前条第1項又は第2項の規定によつて，
　　保護者が就学させなければならない子（以下
　　それぞれ「学齢児童」又は「学齢生徒」とい
　　う。）で，病弱，発育不完全その他やむを得
　　ない事由のため，就学困難と認められる者の
　　保護者に対しては，市町村の教育委員会は，
　　文部科学大臣の定めるところにより，同条第
　　1項又は第2項の義務を猶予又は免除するこ
　　とができる。

第19条　経済的理由によつて，就学困難と認め
　　られる学齢児童又は学齢生徒の保護者に対し
　　ては，市町村は，必要な援助を与えなければ
　　ならない。

第21条　義務教育として行われる普通教育は，
　　教育基本法（平成18年法律第120号）第5条
　　第2項に規定する目的を実現するため，次に
　　掲げる目標を達成するよう行われるものとす
　　る。

（1）学校内外における社会的活動を促進し，
　　自主，自律及び協同の精神，規範意識，公
　　正な判断力並びに公共の精神に基づき主体
　　的に社会の形成に参画し，その発展に寄与
　　する態度を養うこと。

（2）学校内外における自然体験活動を促進し，
　　生命及び自然を尊重する精神並びに環境の
　　保全に寄与する態度を養うこと。

（3）我が国と郷土の現状と歴史について，正
　　しい理解に導き，伝統と文化を尊重し，そ
　　れらをはぐくんできた我が国と郷土を愛す
　　る態度を養うとともに，進んで外国の文化
　　の理解を通じて，他国を尊重し，国際社会
　　の平和と発展に寄与する態度を養うこと。

（4）家族と家庭の役割，生活に必要な衣，食，
　　住，情報，産業その他の事項について基礎
　　的な理解と技能を養うこと。

（5）読書に親しませ，生活に必要な国語を正
　　しく理解し，使用する基礎的な能力を養う
　　こと。

（6）生活に必要な数量的な関係を正しく理解
　　し，処理する基礎的な能力を養うこと。

（7）生活にかかわる自然現象について，観察
　　及び実験を通じて，科学的に理解し，処理
　　する基礎的な能力を養うこと。

（8）健康，安全で幸福な生活のために必要な
　　習慣を養うとともに，運動を通じて体力を
　　養い，心身の調和的発達を図ること。

（9）生活を明るく豊かにする音楽，美術，文
　　芸その他の芸術について基礎的な理解と技
　　能を養うこと。

（10）職業についての基礎的な知識と技能，勤
　　労を重んずる態度及び個性に応じて将来の
　　進路を選択する能力を養うこと。

第3章　幼稚園

第22条　幼稚園は，義務教育及びその後の教育
　　の基礎を培うものとして，幼児を保育し，幼
　　児の健やかな成長のために適当な環境を与え
　　て，その心身の発達を助長することを目的と
　　する。

第23条　幼稚園における教育は，前条に規定す
　　る目的を実現するため，次に掲げる目標を達

成するよう行われるものとする。
（1）健康，安全で幸福な生活のために必要な
　　基本的な習慣を養い，身体諸機能の調和的
　　発達を図ること。
（2）集団生活を通じて，喜んでこれに参加す
　　る態度を養うとともに家族や身近な人への
　　信頼感を深め，自主，自律及び協同の精神
　　並びに規範意識の芽生えを養うこと。
（3）身近な社会生活，生命及び自然に対する
　　興味を養い，それらに対する正しい理解と
　　態度及び思考力の芽生えを養うこと。
（4）日常の会話や，絵本，童話等に親しむこ
　　とを通じて，言葉の使い方を正しく導くと
　　ともに，相手の話を理解しようとする態度
　　を養うこと。
（5）音楽，身体による表現，造形等に親しむ
　　ことを通じて，豊かな感性と表現力の芽生
　　えを養うこと。
第24条　幼稚園においては，第22条に規定する
　　目的を実現するための教育を行うほか，幼児
　　期の教育に関する各般の問題につき，保護者
　　及び地域住民その他の関係者からの相談に応
　　じ，必要な情報の提供及び助言を行うなど，
　　家庭及び地域における幼児期の教育の支援に
　　努めるものとする。
第25条　幼稚園の教育課程その他の保育内容に
　　関する事項は，第22条及び第23条の規定に従
　　い，文部科学大臣が定める。
第26条　幼稚園に入園することのできる者は，
　　満3歳から，小学校就学の始期に達するまで
　　の幼児とする。
第27条　幼稚園には，園長，教頭及び教諭を置
　　かなければならない。
②　幼稚園には，前項に規定するもののほか，
　　副園長，主幹教諭，指導教諭，養護教諭，栄
　　養教諭，事務職員，養護助教諭その他必要な
　　職員を置くことができる。
③　第1項の規定にかかわらず，副園長を置く
　　ときその他特別の事情のあるときは，教頭を
　　置かないことができる。
④　園長は，園務をつかさどり，所属職員を監
　　督する。
⑤　副園長は，園長を助け，命を受けて園務を

つかさどる。
⑥　教頭は，園長（副園長を置く幼稚園にあつ
　　ては，園長及び副園長）を助け，園務を整理
　　し，及び必要に応じ幼児の保育をつかさどる。
⑦　主幹教諭は，園長（副園長を置く幼稚園に
　　あつては，園長及び副園長）及び教頭を助け，
　　命を受けて園務の一部を整理し，並びに幼児
　　の保育をつかさどる。
⑧　指導教諭は，幼児の保育をつかさどり，並
　　びに教諭その他の職員に対して，保育の改善
　　及び充実のために必要な指導及び助言を行う。
⑨　教諭は，幼児の保育をつかさどる。
⑩　特別の事情のあるときは，第1項の規定に
　　かかわらず，教諭に代えて助教諭又は講師を
　　置くことができる。
⑪　学校の実情に照らし必要があると認めると
　　きは，第7項の規定にかかわらず，園長（副
　　園長を置く幼稚園にあつては，園長及び副園
　　長）及び教頭を助け，命を受けて園務の一部
　　を整理し，並びに幼児の養護又は栄養の指導
　　及び管理をつかさどる主幹教諭を置くことが
　　できる。
第28条　第37条第6項，第8項及び第12項から
　　第17項まで並びに第42条から第44条までの規
　　定は，幼稚園に準用する。

第4章　小学校

第29条　小学校は，心身の発達に応じて，義務
　　教育として行われる普通教育のうち基礎的な
　　ものを施すことを目的とする。
第30条　小学校における教育は，前条に規定す
　　る目的を実現するために必要な程度において
　　第21条各号に掲げる目標を達成するよう行わ
　　れるものとする。
②　前項の場合においては，生涯にわたり学習
　　する基盤が培われるよう，基礎的な知識及び
　　技能を習得させるとともに，これらを活用し
　　て課題を解決するために必要な思考力，判断
　　力，表現力その他の能力をはぐくみ，主体的
　　に学習に取り組む態度を養うことに，特に意
　　を用いなければならない。
第34条　小学校においては，文部科学大臣の検
　　定を経た教科用図書又は文部科学省が著作の

名義を有する教科用図書を使用しなければな
らない。

② 前項に規定する教科用図書（以下この条に
おいて「教科用図書」という。）の内容を文
部科学大臣の定めるところにより記録した電
磁的記録（電子的方式，磁気的方式その他人
の知覚によつては認識することができない方
式で作られる記録であつて，電子計算機によ
る情報処理の用に供されるものをいう。）で
ある教材がある場合には，同項の規定にかか
わらず，文部科学大臣の定めるところにより，
児童の教育の充実を図るため必要があると認
められる教育課程の一部において，教科用図
書に代えて当該教材を使用することができる。

③ 前項に規定する場合において，視覚障害，
発達障害その他の文部科学大臣の定める事由
により教科用図書を使用して学習することが
困難な児童に対し，教科用図書に用いられた
文字，図形等の拡大又は音声への変換その他
の同項に規定する教材を電子計算機において
用いることにより可能となる方法で指導する
ことにより当該児童の学習上の困難の程度を
低減させる必要があると認められるときは，
文部科学大臣の定めるところにより，教育課
程の全部又は一部において，教科用図書に代
えて当該教材を使用することができる。

④ 教科用図書及び第2項に規定する教材以外
の教材で，有益適切なものは，これを使用す
ることができる。

⑤ 第1項の検定の申請に係る教科用図書に関
し調査審議させるための審議会等（国家行政
組織法（昭和23年法律第120号）第8条に規
定する機関をいう。以下同じ。）については，
政令で定める。

第35条　市町村の教育委員会は，次に掲げる行
為の1又は2以上を繰り返し行う等性行不良
であつて他の児童の教育に妨げがあると認め
る児童があるときは，その保護者に対して，
児童の出席停止を命ずることができる。

（1）他の児童に傷害，心身の苦痛又は財産上
の損失を与える行為

（2）職員に傷害又は心身の苦痛を与える行為

（3）施設又は設備を損壊する行為

（4）授業その他の教育活動の実施を妨げる行
為

② 市町村の教育委員会は，前項の規定により
出席停止を命ずる場合には，あらかじめ保護
者の意見を聴取するとともに，理由及び期間
を記載した文書を交付しなければならない。

③ 前項に規定するもののほか，出席停止の命
令の手続に関し必要な事項は，教育委員会規
則で定めるものとする。

④ 市町村の教育委員会は，出席停止の命令に
係る児童の出席停止の期間における学習に対
する支援その他の教育上必要な措置を講ずる
ものとする。

第37条　小学校には，校長，教頭，教諭，養護
教諭及び事務職員を置かなければならない。

② 小学校には，前項に規定するもののほか，
副校長，主幹教諭，指導教諭，栄養教諭その
他必要な職員を置くことができる。

③ 第1項の規定にかかわらず，副校長を置く
ときその他特別の事情のあるときは教頭を，
養護をつかさどる主幹教諭を置くときは養護
教諭を，特別の事情のあるときは事務職員を，
それぞれ置かないことができる。

④ 校長は，校務をつかさどり，所属職員を監
督する。

⑤ 副校長は，校長を助け，命を受けて校務を
つかさどる。

⑥ 副校長は，校長に事故があるときはその職
務を代理し，校長が欠けたときはその職務を
行う。この場合において，副校長が2人以上
あるときは，あらかじめ校長が定めた順序で，
その職務を代理し，又は行う。

⑦ 教頭は，校長（副校長を置く小学校にあつ
ては，校長及び副校長）を助け，校務を整理
し，及び必要に応じ児童の教育をつかさどる。

⑧ 教頭は，校長（副校長を置く小学校にあつ
ては，校長及び副校長）に事故があるときは
校長の職務を代理し，校長（副校長を置く小
学校にあつては，校長及び副校長）が欠けた
ときは校長の職務を行う。この場合において，
教頭が2人以上あるときは，あらかじめ校長
が定めた順序で，校長の職務を代理し，又は
行う。

⑨　主幹教諭は，校長（副校長を置く小学校に
　あつては，校長及び副校長）及び教頭を助け，
　命を受けて校務の一部を整理し，並びに児童
　の教育をつかさどる。
⑩　指導教諭は，児童の教育をつかさどり，並
　びに教諭その他の職員に対して，教育指導の
　改善及び充実のために必要な指導及び助言を
　行う。
⑪　教諭は，児童の教育をつかさどる。
⑫　養護教諭は，児童の養護をつかさどる。
⑬　栄養教諭は，児童の栄養の指導及び管理を
　つかさどる。
⑭　事務職員は，事務をつかさどる。
⑮　助教諭は，教諭の職務を助ける。
⑯　講師は，教諭又は助教諭に準ずる職務に従
　事する。
⑰　養護助教諭は，養護教諭の職務を助ける。
⑱　特別の事情のあるときは，第１項の規定に
　かかわらず，教諭に代えて助教諭又は講師を，
　養護教諭に代えて養護助教諭を置くことがで
　きる。
⑲　学校の実情に照らし必要があると認めると
　きは，第９項の規定にかかわらず，校長（副
　校長を置く小学校にあつては，校長及び副校
　長）及び教頭を助け，命を受けて校務の一部
　を整理し，並びに児童の養護又は栄養の指導
　及び管理をつかさどる主幹教諭を置くことが
　できる。
第38条　市町村は，その区域内にある学齢児童
　を就学させるに必要な小学校を設置しなけれ
　ばならない。ただし，教育上有益かつ適切で
　あると認めるときは，義務教育学校の設置を
　もつてこれに代えることができる。
第42条　小学校は，文部科学大臣の定めるとこ
　ろにより当該小学校の教育活動その他の学校
　運営の状況について評価を行い，その結果に
　基づき学校運営の改善を図るため必要な措置
　を講ずることにより，その教育水準の向上に
　努めなければならない。
第43条　小学校は，当該小学校に関する保護者
　及び地域住民その他の関係者の理解を深める
　とともに，これらの者との連携及び協力の推
　進に資するため，当該小学校の教育活動その

他の学校運営の状況に関する情報を積極的に
提供するものとする。

第５章　中学校

第45条　中学校は，小学校における教育の基礎
　の上に，心身の発達に応じて，義務教育とし
　て行われる普通教育を施すことを目的とする。
第46条　中学校における教育は，前条に規定す
　る目的を実現するため，第21条各号に掲げる
　目標を達成するよう行われるものとする。
第48条　中学校の教育課程に関する事項は，第
　45条及び第46条の規定並びに次条において読
　み替えて準用する第30条第２項の規定に従い，
　文部科学大臣が定める。
第49条　第30条第２項，第31条，第34条，第35
　条及び第37条から第44条までの規定は，中学
　校に準用する。この場合において，第30条第
　２項中「前項」とあるのは「第46条」と，第
　31条中「前条第１項」とあるのは「第46条」
　と読み替えるものとする。

第５章の２　義務教育学校

第49条の２　義務教育学校は，心身の発達に応
　じて，義務教育として行われる普通教育を基
　礎的なものから一貫して施すことを目的とす
　る。
第49条の３　義務教育学校における教育は，前
　条に規定する目的を実現するため，第21条各
　号に掲げる目標を達成するよう行われるもの
　とする。
第49条の４　義務教育学校の修業年限は，９年
　とする。
第49条の５　義務教育学校の課程は，これを前
　期６年の前期課程及び後期３年の後期課程に
　区分する。
第49条の６　義務教育学校の前期課程における
　教育は，第49条の２に規定する目的のうち，
　心身の発達に応じて，義務教育として行われ
　る普通教育のうち基礎的なものを施すことを
　実現するために必要な程度において第21条各
　号に掲げる目標を達成するよう行われるもの
　とする。
②　義務教育学校の後期課程における教育は，

第49条の2に規定する目的のうち，前期課程
における教育の基礎の上に，心身の発達に応
じて，義務教育として行われる普通教育を施
すことを実現するため，第21条各号に掲げる
目標を達成するよう行われるものとする。

第49条の7　義務教育学校の前期課程及び後期
課程の教育課程に関する事項は，第49条の2，
第49条の3及び前条の規定並びに次条において
読み替えて準用する第30条第2項の規定に
従い，文部科学大臣が定める。

第49条の8　第30条第2項，第31条，第34条か
ら第37条まで及び第42条から第44条までの規
定は，義務教育学校に準用する。この場合に
おいて，第30条第2項中「前項」とあるのは
「第49条の3」と，第31条中「前条第1項」
とあるのは「第49条の3」と読み替えるもの
とする。

第6章　高等学校

第50条　高等学校は，中学校における教育の基
礎の上に，心身の発達及び進路に応じて，高
度な普通教育及び専門教育を施すことを目的
とする。

第51条　高等学校における教育は，前条に規定
する目的を実現するため，次に掲げる目標を
達成するよう行われるものとする。

（1）義務教育として行われる普通教育の成果
を更に発展拡充させて，豊かな人間性，創
造性及び健やかな身体を養い，国家及び社
会の形成者として必要な資質を養うこと。

（2）社会において果たさなければならない使
命の自覚に基づき，個性に応じて将来の進
路を決定させ，一般的な教養を高め，専門
的な知識，技術及び技能を習得させること。

（3）個性の確立に努めるとともに，社会につ
いて，広く深い理解と健全な批判力を養い，
社会の発展に寄与する態度を養うこと。

第52条　高等学校の学科及び教育課程に関する
事項は，前2条の規定及び第62条において読
み替えて準用する第30条第2項の規定に従い，
文部科学大臣が定める。

第60条　高等学校には，校長，教頭，教諭及び
事務職員を置かなければならない。

②　高等学校には，前項に規定するもののほか，
副校長，主幹教諭，指導教諭，養護教諭，栄
養教諭，養護助教諭，実習助手，技術職員そ
の他必要な職員を置くことができる。

③　第1項の規定にかかわらず，副校長を置く
ときは，教頭を置かないことができる。

④　実習助手は，実験又は実習について，教諭
の職務を助ける。

⑤　特別の事情のあるときは，第1項の規定に
かかわらず，教諭に代えて助教諭又は講師を
置くことができる。

⑥　技術職員は，技術に従事する。

第61条　高等学校に，全日制の課程，定時制の
課程又は通信制の課程のうち2以上の課程を
置くときは，それぞれの課程に関する校務を
分担して整理する教頭を置かなければならな
い。ただし，命を受けて当該課程に関する校
務をつかさどる副校長が置かれる1の課程に
ついては，この限りでない。

第62条　第30条第2項，第31条，第34条，第37
条第4項から第17項まで及び第19項並びに第
42条から第44条までの規定は，高等学校に準
用する。この場合において，第30条第2項中
「前項」とあるのは「第51条」と，第31条中
「前条第1項」とあるのは「第51条」と読み
替えるものとする。

第7章　中等教育学校

第63条　中等教育学校は，小学校における教育
の基礎の上に，心身の発達及び進路に応じて，
義務教育として行われる普通教育並びに高度
な普通教育及び専門教育を一貫して施すこと
を目的とする。

第64条　中等教育学校における教育は，前条に
規定する目的を実現するため，次に掲げる目
標を達成するよう行われるものとする。

（1）豊かな人間性，創造性及び健やかな身体
を養い，国家及び社会の形成者として必要
な資質を養うこと。

（2）社会において果たさなければならない使
命の自覚に基づき，個性に応じて将来の進
路を決定させ，一般的な教養を高め，専門
的な知識，技術及び技能を習得させること。

（3）個性の確立に努めるとともに，社会について，広く深い理解と健全な批判力を養い，社会の発展に寄与する態度を養うこと。

第65条　中等教育学校の修業年限は，6年とする。

第66条　中等教育学校の課程は，これを前期3年の前期課程及び後期3年の後期課程に区分する。

第67条　中等教育学校の前期課程における教育は，第63条に規定する目的のうち，小学校における教育の基礎の上に，心身の発達に応じて，義務教育として行われる普通教育を施すことを実現するため，第21条各号に掲げる目標を達成するよう行われるものとする。

②　中等教育学校の後期課程における教育は，第63条に規定する目的のうち，心身の発達及び進路に応じて，高度な普通教育及び専門教育を施すことを実現するため，第64条各号に掲げる目標を達成するよう行われるものとする。

第68条　中等教育学校の前期課程の教育課程に関する事項並びに後期課程の学科及び教育課程に関する事項は，第63条，第64条及び前条の規定並びに第70条第1項において読み替えて準用する第30条第2項の規定に従い，文部科学大臣が定める。

第69条　中等教育学校には，校長，教頭，教諭，養護教諭及び事務職員を置かなければならない。

②　中等教育学校には，前項に規定するもののほか，副校長，主幹教諭，指導教諭，栄養教諭，実習助手，技術職員その他必要な職員を置くことができる。

③　第1項の規定にかかわらず，副校長を置くときは教頭を，養護をつかさどる主幹教諭を置くときは養護教諭を，それぞれ置かないことができる。

④　特別の事情のあるときは，第1項の規定にかかわらず，教諭に代えて助教諭又は講師を，養護教諭に代えて養護助教諭を置くことができる。

第70条　第30条第2項，第31条，第34条，第37条第4項から第17項まで及び第19項，第42条から第44条まで，第59条並びに第60条第4項及び第6項の規定は中等教育学校に，第53条から第55条まで，第58条，第58条の2及び第61条の規定は中等教育学校の後期課程に，それぞれ準用する。この場合において，第30条第2項中「前項」とあるのは「第64条」と，第31条中「前条第1項」とあるのは「第64条」と読み替えるものとする。

②　〔略〕

第71条　同一の設置者が設置する中学校及び高等学校においては，文部科学大臣の定めるところにより，中等教育学校に準じて，中学校における教育と高等学校における教育を一貫して施すことができる。

第8章　特別支援教育

第72条　特別支援学校は，視覚障害者，聴覚障害者，知的障害者，肢体不自由者又は病弱者（身体虚弱者を含む。以下同じ。）に対して，幼稚園，小学校，中学校又は高等学校に準ずる教育を施すとともに，障害による学習上又は生活上の困難を克服し自立を図るために必要な知識技能を授けることを目的とする。

第73条　特別支援学校においては，文部科学大臣の定めるところにより，前条に規定する者に対する教育のうち当該学校が行うものを明らかにするものとする。

第74条　特別支援学校においては，第72条に規定する目的を実現するための教育を行うほか，幼稚園，小学校，中学校，義務教育学校，高等学校又は中等教育学校の要請に応じて，第81条第1項に規定する幼児，児童又は生徒の教育に関し必要な助言又は援助を行うよう努めるものとする。

第75条　第72条に規定する視覚障害者，聴覚障害者，知的障害者，肢体不自由者又は病弱者の障害の程度は，政令で定める。

第77条　特別支援学校の幼稚部の教育課程その他の保育内容，小学部及び中学部の教育課程又は高等部の学科及び教育課程に関する事項は，幼稚園，小学校，中学校又は高等学校に準じて，文部科学大臣が定める。

第80条　都道府県は，その区域内にある学齢児

童及び学齢生徒のうち，視覚障害者，聴覚障害者，知的障害者，肢体不自由者又は病弱者で，その障害が第75条の政令で定める程度のものを就学させるに必要な特別支援学校を設置しなければならない。

第81条　幼稚園，小学校，中学校，義務教育学校，高等学校及び中等教育学校においては，次項各号のいずれかに該当する幼児，児童及び生徒その他教育上特別の支援を必要とする幼児，児童及び生徒に対し，文部科学大臣の定めるところにより，障害による学習上又は生活上の困難を克服するための教育を行うものとする。

② 　小学校，中学校，義務教育学校，高等学校及び中等教育学校には，次の各号のいずれかに該当する児童及び生徒のために，特別支援学級を置くことができる。

（1）知的障害者

（2）肢体不自由者

（3）身体虚弱者

（4）弱視者

（5）難聴者

（6）その他障害のある者で，特別支援学級において教育を行うことが適当なもの

③ 　前項に規定する学校においては，疾病により療養中の児童及び生徒に対して，特別支援学級を設け，又は教員を派遣して，教育を行うことができる。

第82条　第26条，第27条，第31条（第49条及び第62条において読み替えて準用する場合を含む。），第32条，第34条（第49条及び第62条において準用する場合を含む。），第36条，第37条（第28条，第49条及び第62条において準用する場合を含む。），第42条から第44条まで，第47条及び第56条から第60条までの規定は特別支援学校に，第84条の規定は特別支援学校の高等部に，それぞれ準用する。

第13章　罰則

第144条　第17条第1項又は第2項の義務の履行の督促を受け，なお履行しない者は，10万円以下の罰金に処する。

② 　法人の代表者，代理人，使用人その他の従業者が，その法人の業務に関し，前項の違反行為をしたときは，行為者を罰するほか，その法人に対しても，同項の刑を科する。

学校教育法施行令（抄）

（昭和28年政令第340号）

最終改正：令和元年10月18日政令第128号

第1章　就学義務

第1節　学齢簿

（学齢簿の編製）

第1条　市（特別区を含む。以下同じ。）町村の教育委員会は，当該市町村の区域内に住所を有する学齢児童及び学齢生徒（それぞれ学校教育法（以下「法」という。）第18条に規定する学齢児童及び学齢生徒をいう。以下同じ。）について，学齢簿を編製しなければならない。

2 　前項の規定による学齢簿の編製は，当該市町村の住民基本台帳に基づいて行なうものとする。

3・4　〔略〕

第2条　市町村の教育委員会は，毎学年の初めから5月前までに，文部科学省令で定める日現在において，当該市町村に住所を有する者で前学年の初めから終わりまでの間に満6歳に達する者について，あらかじめ，前条第1項の学齢簿を作成しなければならない。この場合においては，同条第2項から第4項までの規定を準用する。

第2節　小学校，中学校，義務教育学校及び中等教育学校

（入学期日等の通知，学校の指定）

第5条　市町村の教育委員会は，就学予定者（法第17条第1項又は第2項の規定により，翌学年の初めから小学校，中学校，義務教育学校，中等教育学校又は特別支援学校に就学させるべき者をいう。以下同じ。）のうち，認定特別支援学校就学者（視覚障害者，聴覚障害者，知的障害者，肢体不自由者又は病弱者（身体虚弱者を含む。）で，その障害が，

第22条の３の表に規定する程度のもの（以下「視覚障害者等」という。）のうち，当該市町村の教育委員会が，その者の障害の状態，その者の教育上必要な支援の内容，地域における教育の体制の整備の状況その他の事情を勘案して，その住所の存する都道府県の設置する特別支援学校に就学させることが適当であると認める者をいう。以下同じ。）以外の者について，その保護者に対し，翌学年の初めから２月前までに，小学校，中学校又は義務教育学校の入学期日を通知しなければならない。

２　市町村の教育委員会は，当該市町村の設置する小学校及び義務教育学校の数の合計数が２以上である場合又は当該市町村の設置する中学校（法第71条の規定により高等学校における教育と一貫した教育を施すもの（以下「併設型中学校」という。）を除く。以下この項，次条第７号，第６条の３第１項，第７条及び第８条において同じ。）及び義務教育学校の数の合計数が２以上である場合においては，前項の通知において当該就学予定者の就学すべき小学校，中学校又は義務教育学校を指定しなければならない。

３　前２項の規定は，第９条第１項又は第17条の届出のあつた就学予定者については，適用しない。

第８条　市町村の教育委員会は，第５条第２項（第６条において準用する場合を含む。）の場合において，相当と認めるときは，保護者の申立てにより，その指定した小学校，中学校又は義務教育学校を変更することができる。この場合においては，速やかに，その保護者及び前条の通知をした小学校，中学校又は義務教育学校の校長に対し，その旨を通知するとともに，新たに指定した小学校，中学校又は義務教育学校の校長に対し，同条の通知をしなければならない。

（区域外就学等）

第９条　児童生徒等をその住所の存する市町村の設置する小学校，中学校（併設型中学校を除く。）又は義務教育学校以外の小学校，中学校，義務教育学校又は中等教育学校に就学

させようとする場合には，その保護者は，就学させようとする小学校，中学校，義務教育学校又は中等教育学校が市町村又は都道府県の設置するものであるときは当該市町村又は都道府県の教育委員会の，その他のものであるときは当該小学校，中学校，義務教育学校又は中等教育学校における就学を承諾する権限を有する者の承諾を証する書面を添え，その旨をその児童生徒等の住所の存する市町村の教育委員会に届け出なければならない。

２　市町村の教育委員会は，前項の承諾（当該市町村の設置する小学校，中学校（併設型中学校を除く。）又は義務教育学校への就学に係るものに限る。）を与えようとする場合には，あらかじめ，児童生徒等の住所の存する市町村の教育委員会に協議するものとする。

　　第３節　特別支援学校

（特別支援学校への就学についての通知）

第11条　市町村の教育委員会は，第２条に規定する者のうち認定特別支援学校就学者について，都道府県の教育委員会に対し，翌学年の初めから３月前までに，その氏名及び特別支援学校に就学させるべき旨を通知しなければならない。

２・３　〔略〕

　　　　第３節の２　保護者及び視覚障害者等の就学に関する専門的知識を有する者の意見聴取

第18条の２　市町村の教育委員会は，児童生徒等のうち視覚障害者等について，第５条（第６条（第２号を除く。）において準用する場合を含む。）又は第11条第１項（第11条の２，第11条の３，第12条第２項及び第12条の２第２項において準用する場合を含む。）の通知をしようとするときは，その保護者及び教育学，医学，心理学その他の障害のある児童生徒等の就学に関する専門的知識を有する者の意見を聴くものとする。

第２章　視覚障害者等の障害の程度

第22条の３　法第75条の政令で定める視覚障害者，聴覚障害者，知的障害者，肢体不自由者又は病弱者の障害の程度は，次の表に掲げる

とおりとする。

区分	障害の程度
視覚障害者	両眼の視力がおおむね0.3未満のもの又は視力以外の視機能障害が高度のもののうち、拡大鏡等の使用によつても通常の文字、図形等の視覚による認識が不可能又は著しく困難な程度のもの
聴覚障害者	両耳の聴力レベルがおおむね60デシベル以上のもののうち、補聴器等の使用によつても通常の話声を解することが不可能又は著しく困難な程度のもの
知的障害者	(1) 知的発達の遅滞があり、他人との意思疎通が困難で日常生活を営むのに頻繁に援助を必要とする程度のもの (2) 知的発達の遅滞の程度が前号に掲げる程度に達しないもののうち、社会生活への適応が著しく困難なもの
肢体不自由者	(1) 肢体不自由の状態が補装具の使用によつても歩行、筆記等日常生活における基本的な動作が不可能又は困難な程度のもの (2) 肢体不自由の状態が前号に掲げる程度に達しないもののうち、常時の医学的観察指導を必要とする程度のもの
病弱者	(1) 慢性の呼吸器疾患、腎臓疾患及び神経疾患、悪性新生物その他の疾患の状態が継続して医療又は生活規制を必要とする程度のもの (2) 身体虚弱の状態が継続して生活規制を必要とする程度のもの

備考
1　視力の測定は、万国式試視力表によるものとし、屈折異常があるものについては、矯正視力によつて測定する。
2　聴力の測定は、日本産業規格によるオージオメータによる。

第3章　認可、届出等

第2節　学期、休業日及び学校廃止後の書類の保存

（学期及び休業日）

第29条　公立の学校（大学を除く。以下この条において同じ。）の学期並びに夏季、冬季、学年末、農繁期等における休業日又は家庭及び地域における体験的な学習活動その他の学習活動のための休業日（次項において「体験的学習活動等休業日」という。）は、市町村又は都道府県の設置する学校にあつては当該市町村又は都道府県の教育委員会が、公立大学法人の設置する学校にあつては当該公立大学法人の理事長が定める。

2　〔略〕

学校教育法施行規則（抄）

（昭和22年文部省令第11号）
最終改正：令和2年4月1日文部科学省令第15号

第1章　総則

第1節　設置廃止等
第1条　学校には、その学校の目的を実現するために必要な校地、校舎、校具、運動場、図書館又は図書室、保健室その他の設備を設けなければならない。
②　学校の位置は、教育上適切な環境に、これを定めなければならない。
　　第3節　管理
第26条　校長及び教員が児童等に懲戒を加えるに当つては、児童等の心身の発達に応ずる等教育上必要な配慮をしなければならない。
②　懲戒のうち、退学、停学及び訓告の処分は、校長（大学にあつては、学長の委任を受けた学部長を含む。）が行う。
③　前項の退学は、公立の小学校、中学校（学校教育法第71条の規定により高等学校における教育と一貫した教育を施すもの（以下「併設型中学校」という。）を除く。）、義務教育学校又は特別支援学校に在学する学齢児童又は学齢生徒を除き、次の各号のいずれかに該当する児童等に対して行うことができる。
（1）性行不良で改善の見込がないと認められる者
（2）学力劣等で成業の見込がないと認められ

る者

（3）正当の理由がなくて出席常でない者

（4）学校の秩序を乱し，その他学生又は生徒としての本分に反した者

④　第2項の停学は，学齢児童又は学齢生徒に対しては，行うことができない。

⑤　学長は，学生に対する第2項の退学，停学及び訓告の処分の手続を定めなければならない。

第28条　学校において備えなければならない表簿は，概ね次のとおりとする。

（1）学校に関係のある法令

（2）学則，日課表，教科用図書配当表，学校医執務記録簿，学校歯科医執務記録簿，学校薬剤師執務記録簿及び学校日誌

（3）職員の名簿，履歴書，出勤簿並びに担任学級，担任の教科又は科目及び時間表

（4）指導要録，その写し及び抄本並びに出席簿及び健康診断に関する表簿

（5）入学者の選抜及び成績考査に関する表簿

（6）資産原簿，出納簿及び経費の予算決算についての帳簿並びに図書機械器具，標本，模型等の教具の目録

（7）往復文書処理簿

②　前項の表簿（第24条第2項の抄本又は写しを除く。）は，別に定めるもののほか，5年間保存しなければならない。ただし，指導要録及びその写しのうち入学，卒業等の学籍に関する記録については，その保存期間は，20年間とする。

③　〔略〕

第2章　義務教育

第32条　市町村の教育委員会は，学校教育法施行令第5条第2項（同令第6条において準用する場合を含む。次項において同じ。）の規定により就学予定者の就学すべき小学校，中学校又は義務教育学校（次項において「就学校」という。）を指定する場合には，あらかじめ，その保護者の意見を聴取することができる。この場合において，意見の聴取の手続に関し必要な事項を定め，公表するものとする。

2　〔略〕

第4章　小学校

第1節　設備編制

第40条　小学校の設備，編制その他設置に関する事項は，この節に定めるもののほか，小学校設置基準（平成14年文部科学省令第14号）の定めるところによる。

第41条　小学校の学級数は，12学級以上18学級以下を標準とする。ただし，地域の実態その他により特別の事情のあるときは，この限りでない。

第43条　小学校においては，調和のとれた学校運営が行われるためにふさわしい校務分掌の仕組みを整えるものとする。

第44条　小学校には，教務主任及び学年主任を置くものとする。

2　前項の規定にかかわらず，第4項に規定する教務主任の担当する校務を整理する主幹教諭を置くときその他特別の事情のあるときは教務主任を，第5項に規定する学年主任の担当する校務を整理する主幹教諭を置くときその他特別の事情のあるときは学年主任を，それぞれ置かないことができる。

3　教務主任及び学年主任は，指導教諭又は教諭をもつて，これに充てる。

4　教務主任は，校長の監督を受け，教育計画の立案その他の教務に関する事項について連絡調整及び指導，助言に当たる。

5　学年主任は，校長の監督を受け，当該学年の教育活動に関する事項について連絡調整及び指導，助言に当たる。

第45条　小学校においては，保健主事を置くものとする。

2　前項の規定にかかわらず，第4項に規定する保健主事の担当する校務を整理する主幹教諭を置くときその他特別の事情のあるときは，保健主事を置かないことができる。

3　保健主事は，指導教諭，教諭又は養護教諭をもつて，これに充てる。

4　保健主事は，校長の監督を受け，小学校における保健に関する事項の管理に当たる。

第46条　小学校には，事務長又は事務主任を置

くことができる。

2　事務長及び事務主任は，事務職員をもつて，これに充てる。

3　事務長は，校長の監督を受け，事務職員その他の職員が行う事務を総括する。

4　事務主任は，校長の監督を受け，事務に関する事項について連絡調整及び指導，助言に当たる。

第47条　小学校においては，前3条に規定する教務主任，学年主任，保健主事及び事務主任のほか，必要に応じ，校務を分担する主任等を置くことができる。

第48条　小学校には，設置者の定めるところにより，校長の職務の円滑な執行に資するため，職員会議を置くことができる。

2　職員会議は，校長が主宰する。

第49条　小学校には，設置者の定めるところにより，学校評議員を置くことができる。

2　学校評議員は，校長の求めに応じ，学校運営に関し意見を述べることができる。

3　学校評議員は，当該小学校の職員以外の者で教育に関する理解及び識見を有するもののうちから，校長の推薦により，当該小学校の設置者が委嘱する。

第2節　教育課程

第50条　小学校の教育課程は，国語，社会，算数，理科，生活，音楽，図画工作，家庭，体育及び外国語の各教科（以下この節において「各教科」という。），特別の教科である道徳，外国語活動，総合的な学習の時間並びに特別活動によつて編成するものとする。

2　私立の小学校の教育課程を編成する場合は，前項の規定にかかわらず，宗教を加えることができる。この場合においては，宗教をもつて前項の特別の教科である道徳に代えることができる。

第51条　小学校（第52条の2第2項に規定する中学校連携型小学校及び第79条の9第2項に規定する中学校併設型小学校を除く。）の各学年における各教科，特別の教科である道徳，外国語活動，総合的な学習の時間及び特別活動のそれぞれの授業時数並びに各学年におけるこれらの総授業時数は，別表第1に定める授業時数を標準とする。

第52条　小学校の教育課程については，この節に定めるもののほか，教育課程の基準として文部科学大臣が別に公示する小学校学習指導要領によるものとする。

第3節　学年及び授業日

第59条　小学校の学年は，4月1日に始まり，翌年3月31日に終わる。

第60条　授業終始の時刻は，校長が定める。

第61条　公立小学校における休業日は，次のとおりとする。ただし，第3号に掲げる日を除き，当該学校を設置する地方公共団体の教育委員会（公立大学法人の設置する小学校にあつては，当該公立大学法人の理事長。第3号において同じ。）が必要と認める場合は，この限りでない。

（1）国民の祝日に関する法律（昭和23年法律第178号）に規定する日

（2）日曜日及び土曜日

（3）学校教育法施行令第29条第1項の規定により教育委員会が定める日

第63条　非常変災その他急迫の事情があるときは，校長は，臨時に授業を行わないことができる。この場合において，公立小学校についてはこの旨を当該学校を設置する地方公共団体の教育委員会（公立大学法人の設置する小学校にあつては，当該公立大学法人の理事長）に報告しなければならない。

第4節　職員

第65条の2　スクールカウンセラーは，小学校における児童の心理に関する支援に従事する。

第65条の3　スクールソーシャルワーカーは，小学校における児童の福祉に関する支援に従事する。

第5節　学校評価

第66条　小学校は，当該小学校の教育活動その他の学校運営の状況について，自ら評価を行い，その結果を公表するものとする。

2　前項の評価を行うに当たつては，小学校は，その実情に応じ，適切な項目を設定して行うものとする。

第67条　小学校は，前条第1項の規定による評価の結果を踏まえた当該小学校の児童の保護

者その他の当該小学校の関係者（当該小学校の職員を除く。）による評価を行い，その結果を公表するよう努めるものとする。

第68条　小学校は，第66条第1項の規定による評価の結果及び前条の規定により評価を行つた場合はその結果を，当該小学校の設置者に報告するものとする。

第5章　中学校

第69条　中学校の設備，編制その他設置に関する事項は，この章に定めるもののほか，中学校設置基準（平成14年文部科学省令第15号）の定めるところによる。

第70条　中学校には，生徒指導主事を置くものとする。

2　前項の規定にかかわらず，第4項に規定する生徒指導主事の担当する校務を整理する主幹教諭を置くときその他特別の事情のあるときは，生徒指導主事を置かないことができる。

3　生徒指導主事は，指導教諭又は教諭をもつて，これに充てる。

4　生徒指導主事は，校長の監督を受け，生徒指導に関する事項をつかさどり，当該事項について連絡調整及び指導，助言に当たる。

第71条　中学校には，進路指導主事を置くものとする。

2　前項の規定にかかわらず，第3項に規定する進路指導主事の担当する校務を整理する主幹教諭を置くときは，進路指導主事を置かないことができる。

3　進路指導主事は，指導教諭又は教諭をもつて，これに充てる。校長の監督を受け，生徒の職業選択の指導その他の進路の指導に関する事項をつかさどり，当該事項について連絡調整及び指導，助言に当たる。

第72条　中学校の教育課程は，国語，社会，数学，理科，音楽，美術，保健体育，技術・家庭及び外国語の各教科（以下本章及び第7章中「各教科」という。），特別の教科である道徳，総合的な学習の時間並びに特別活動によつて編成するものとする。

第73条　中学校（併設型中学校，第74条の2第2項に規定する小学校連携型中学校，第75条

第2項に規定する連携型中学校及び第79条の9第2項に規定する小学校併設型中学校を除く。）の各学年における各教科，特別の教科である道徳，総合的な学習の時間及び特別活動のそれぞれの授業時数並びに各学年におけるこれらの総授業時数は，別表第2に定める授業時数を標準とする。

第74条　中学校の教育課程については，この章に定めるもののほか，教育課程の基準として文部科学大臣が別に公示する中学校学習指導要領によるものとする。

第78条の2　部活動指導員は，中学校におけるスポーツ，文化，科学等に関する教育活動（中学校の教育課程として行われるものを除く。）に係る技術的な指導に従事する。

第79条　第41条から第49条まで，第50条第2項，第54条から第68条までの規定は，中学校に準用する。この場合において，第42条中「5学級」とあるのは「2学級」と，第55条から第56条の2まで及び第56条の4の規定中「第50条第1項」とあるのは「第72条」と，「第51条（中学校連携型小学校にあつては第52条の3，第79条の9第2項に規定する中学校併設型小学校にあつては第79条の12において準用する第79条の5第1項）」とあるのは「第73条（併設型中学校にあつては第117条において準用する第107条，小学校連携型中学校にあつては第74条の3，連携型中学校にあつては第76条，第79条の9第2項に規定する小学校併設型中学校にあつては第79条の12において準用する第79条の5第2項）」と，「第52条」とあるのは「第74条」と，第55条の2中「第30条第1項」とあるのは「第46条」と，第56条の3中「他の小学校，義務教育学校の前期課程又は特別支援学校の小学部」とあるのは「他の中学校，義務教育学校の後期課程，中等教育学校の前期課程又は特別支援学校の中学部」と読み替えるものとする。

第6章　高等学校

第1節　設備，編制，学科及び教育課程

第80条　高等学校の設備，編制，学科の種類その他設置に関する事項は，この節に定めるも

ののほか，高等学校設置基準（平成16年文部科学省令第20号）の定めるところによる。

第81条　2以上の学科を置く高等学校には，専門教育を主とする学科（以下「専門学科」という。）ごとに学科主任を置き，農業に関する専門学科を置く高等学校には，農場長を置くものとする。

2　前項の規定にかかわらず，第4項に規定する学科主任の担当する校務を整理する主幹教諭を置くときその他特別の事情のあるときは学科主任を，第5項に規定する農場長の担当する校務を整理する主幹教諭を置くときその他特別の事情のあるときは農場長を，それぞれ置かないことができる。

3　学科主任及び農場長は，指導教諭又は教諭をもつて，これに充てる。

4　学科主任は，校長の監督を受け，当該学科の教育活動に関する事項について連絡調整及び指導，助言に当たる。

5　農場長は，校長の監督を受け，農業に関する実習地及び実習施設の運営に関する事項をつかさどる。

第82条　高等学校には，事務長を置くものとする。

2　事務長は，事務職員をもつて，これに充てる。

3　事務長は，校長の監督を受け，事務職員その他の職員が行う事務を総括する。

第83条　高等学校の教育課程は，別表第3に定める各教科に属する科目，総合的な探究の時間及び特別活動によつて編成するものとする。

（＊学校教育法施行規則の一部を改正する省令（平成30年文部科学省令第13号）により，第83条は2022年4月1日施行。）

第84条　高等学校の教育課程については，この章に定めるもののほか，教育課程の基準として文部科学大臣が別に公示する高等学校学習指導要領によるものとする。

第89条　高等学校においては，文部科学大臣の検定を経た教科用図書又は文部科学省が著作の名義を有する教科用図書のない場合には，当該高等学校の設置者の定めるところにより，他の適切な教科用図書を使用することができる。

2　〔略〕

第8章　特別支援教育

第118条　特別支援学校の設置基準及び特別支援学級の設備編制は，この章に規定するもののほか，別に定める。

第126条　特別支援学校の小学部の教育課程は，国語，社会，算数，理科，生活，音楽，図画工作，家庭，体育及び外国語の各教科，特別の教科である道徳，外国語活動，総合的な学習の時間，特別活動並びに自立活動によつて編成するものとする。

2　前項の規定にかかわらず，知的障害者である児童を教育する場合は，生活，国語，算数，音楽，図画工作及び体育の各教科，特別の教科である道徳，特別活動並びに自立活動によつて教育課程を編成するものとする。ただし，必要がある場合には，外国語活動を加えて教育課程を編成することができる。

第127条　特別支援学校の中学部の教育課程は，国語，社会，数学，理科，音楽，美術，保健体育，技術・家庭及び外国語の各教科，特別の教科である道徳，総合的な学習の時間，特別活動並びに自立活動によつて編成するものとする。

2　前項の規定にかかわらず，知的障害者である生徒を教育する場合は，国語，社会，数学，理科，音楽，美術，保健体育及び職業・家庭の各教科，特別の教科である道徳，総合的な学習の時間，特別活動並びに自立活動によつて教育課程を編成するものとする。ただし，必要がある場合には，外国語科を加えて教育課程を編成することができる。

第128条　特別支援学校の高等部の教育課程は，別表第3及び別表第5に定める各教科に属する科目，総合的な探究の時間，特別活動並びに自立活動によつて編成するものとする。

2　前項の規定にかかわらず，知的障害者である生徒を教育する場合は，国語，社会，数学，理科，音楽，美術，保健体育，職業，家庭，外国語，情報，家政，農業，工業，流通・サービス及び福祉の各教科，第129条に規定する特別支援学校高等部学習指導要領で定め

るこれら以外の教科及び特別の教科である道徳，総合的な探究の時間，特別活動並びに自立活動によつて教育課程を編成するものとする。

> ＊学校教育法施行規則の一部を改正する省令（平成31年文部科学省令第３号）の附則により，第128条中「総合的な学習の時間」を「総合的な探究の時間」とし，「道徳」を「特別の教科である道徳」としている。

第138条　小学校，中学校若しくは義務教育学校又は中等教育学校の前期課程における特別支援学級に係る教育課程については，特に必要がある場合は，第50条第１項（第79条の６第１項において準用する場合を含む。），第51条，第52条（第79条の６第１項において準用する場合を含む。），第52条の３，第72条（第79条の６第２項及び第108条第１項において準用する場合を含む。），第73条，第74条（第79条の６第２項及び第108条第１項において準用する場合を含む。），第74条の３，第76条，第79条の５（第79条の12において準用する場合を含む。）及び第107条（第117条において準用する場合を含む。）の規定にかかわらず，特別の教育課程によることができる。

第140条　小学校，中学校，義務教育学校，高等学校又は中等教育学校において，次の各号のいずれかに該当する児童又は生徒（特別支援学級の児童及び生徒を除く。）のうち当該障害に応じた特別の指導を行う必要があるものを教育する場合には，文部科学大臣が別に定めるところにより，第50条第１項（第79条の６第１項において準用する場合を含む。），第51条，第52条（第79条の６第１項において準用する場合を含む。），第52条の３，第72条（第79条の６第２項及び第108条第１項において準用する場合を含む。），第73条，第74条（第79条の６第２項及び第108条第１項において準用する場合を含む。），第74条の３，第76条，第79条の５（第79条の12において準用する場合を含む。），第83条及び第84条（第108条第２項において準用する場合を含む。）並びに第107条（第117条において準用する場合

を含む。）の規定にかかわらず，特別の教育課程によることができる。

（１）言語障害者
（２）自閉症者
（３）情緒障害者
（４）弱視者
（５）難聴者
（６）学習障害者
（７）注意欠陥多動性障害者
（８）その他障害のある者で，この条の規定により特別の教育課程による教育を行うことが適当なもの

第141条　前条の規定により特別の教育課程による場合においては，校長は，児童又は生徒が，当該小学校，中学校，義務教育学校，高等学校又は中等教育学校の設置者の定めるところにより他の小学校，中学校，義務教育学校，高等学校，中等教育学校又は特別支援学校の小学部，中学部若しくは高等部において受けた授業を，当該小学校，中学校，義務教育学校，高等学校又は中等教育学校において受けた当該特別の教育課程に係る授業とみなすことができる。

別表第１（第51条関係）

区分		第1学年	第2学年	第3学年	第4学年	第5学年	第6学年
各教科の授業時数	国語	306	315	245	245	175	175
	社会			70	90	100	105
	算数	136	175	175	175	175	175
	理科			90	105	105	105
	生活	102	105				
	音楽	68	70	60	60	50	50
	図画工作	68	70	60	60	50	50
	家庭					60	55
	体育	102	105	105	105	90	90
	外国語					70	70
特別の教科である道徳の授業時数		34	35	35	35	35	35
外国語活動の授業時数				35	35		
総合的な学習の時間の授業時数				70	70	70	70
特別活動の授業時数		34	35	35	35	35	35
総授業時数		850	910	980	1015	1015	1015

備考

1　この表の授業時数の１単位時間は，45分とする。

2　特別活動の授業時数は，小学校学習指導要領で定める学級活動（学校給食に係るものを除く。）に充てるものとする。

3　第50条第2項の場合において，特別の教科である道徳のほかに宗教を加えるときは，宗教の授業時数をもってこの表の特別の教科である道徳の授業時数の一部に代えることができる。（別表第2から別表第2の3まで及び別表第4の場合においても同様とする。）

別表第2　（第73条関係）

区分		第1学年	第2学年	第3学年
各教科の授業時数	国語	140	140	105
	社会	105	105	140
	数学	140	105	140
	理科	105	140	140
	音楽	45	35	35
	美術	45	35	35
	保健体育	105	105	105
	技術・家庭	70	70	35
	外国語	140	140	140
特別の教科である道徳の授業時数		35	35	35
総合的な学習の時間の授業時数		50	70	70
特別活動の授業時数		35	35	35
総授業時数		1015	1015	1015

備考

1　この表の授業時数の1単位時間は，50分とする。

2　特別活動の授業時数は，中学校学習指導要領で定める学級活動（学校給食に係るものを除く。）に充てるものとする。

別表第3　（第83条，第108条，第128条関係）

（1）各学科に共通する各教科

各教科	各教科に属する科目
国語	国語総合，国語表現，現代文A，現代文B，古典A，古典B
地理歴史	世界史A，世界史B，日本史A，日本史B，地理A，地理B
公民	現代社会，倫理，政治・経済
数学	数学I，数学II，数学III，数学A，数学B，数学活用
理科	科学と人間生活，物理基礎，物理，化学基礎，化学，生物基礎，生物，地学基礎，地学，理科課題研究
保健体育	体育，保健
芸術	音楽I，音楽II，音楽III，美術I，美術II，美術III，工芸I，工芸II，工芸III，書道I，書道II，書道III
外国語	コミュニケーション英語基礎，コミュニケーション英語I，コミュニケーション英語II，コミュニケーション英語III，英語表現I，英語表現II，英語会話
家庭	家庭基礎，家庭総合，生活デザイン
情報	社会と情報，情報の科学

（2）主として専門学科において開設される各教科　〔略〕

備考

1　（1）及び（2）の表の上欄に掲げる各教科について，それぞれの表の下欄に掲げる各教科に属する科目以外の科目を設けることができる。

2　（1）及び（2）の表の上欄に掲げる各教科以外の教科及び当該教科に関する科目を設けることができる。

学校保健安全法（抄）

（昭和33年法律第56号）

最終改正：平成27年6月24日法律第46号

第1章　総則

（目的）

第1条　この法律は，学校における児童生徒等及び職員の健康の保持増進を図るため，学校における保健管理に関し必要な事項を定めるとともに，学校における教育活動が安全な環境において実施され，児童生徒等の安全の確保が図られるよう，学校における安全管理に関し必要な事項を定め，もって学校教育の円滑な実施とその成果の確保に資することを目的とする。

第2章　学校保健

第1節　学校の管理運営等

（学校保健計画の策定等）

第5条　学校においては，児童生徒等及び職員の心身の健康の保持増進を図るため，児童生徒等及び職員の健康診断，環境衛生検査，児童生徒等に対する指導その他保健に関する事項について計画を策定し，これを実施しなければならない。

（学校環境衛生基準）

第6条　文部科学大臣は，学校における換気，採光，照明，保温，清潔保持その他環境衛生に係る事項（学校給食法（昭和29年法律第160号）第9条第1項（夜間課程を置く高等学校における学校給食に関する法律（昭和31年法律第157号）第7条及び特別支援学校の幼稚部及び高等部における学校給食に関する法律（昭和32年法律第118号）第6条において準用する場合を含む。）に規定する事項を除く。）について，児童生徒等及び職員の健康を保護する上で維持されることが望ましい基準（以下この条において「学校環境衛生基準」という。）を定めるものとする。

2　学校の設置者は，学校環境衛生基準に照らしてその設置する学校の適切な環境の維持に努めなければならない。

3　校長は，学校環境衛生基準に照らし，学校の環境衛生に関し適正を欠く事項があると認めた場合には，遅滞なく，その改善のために必要な措置を講じ，又は当該措置を講ずることができないときは，当該学校の設置者に対し，その旨を申し出るものとする。

第2節　健康相談等

（健康相談）

第8条　学校においては，児童生徒等の心身の健康に関し，健康相談を行うものとする。

（保健指導）

第9条　養護教諭その他の職員は，相互に連携して，健康相談又は児童生徒等の健康状態の日常的な観察により，児童生徒等の心身の状況を把握し，健康上の問題があると認めるときは，遅滞なく，当該児童生徒等に対して必要な指導を行うとともに，必要に応じ，その保護者（学校教育法第16条に規定する保護者をいう。第24条及び第30条において同じ。）に対して必要な助言を行うものとする。

第3節　健康診断

（就学時の健康診断）

第11条　市（特別区を含む。以下同じ。）町村の教育委員会は，学校教育法第17条第1項の規定により翌学年の初めから同項に規定する学校に就学させるべき者で，当該市町村の区域内に住所を有するものの就学に当たつて，その健康診断を行わなければならない。

（児童生徒等の健康診断）

第13条　学校においては，毎学年定期に，児童生徒等（通信による教育を受ける学生を除く。）の健康診断を行わなければならない。

2　学校においては，必要があるときは，臨時に，児童生徒等の健康診断を行うものとする。

第4節　感染症の予防

（出席停止）

第19条　校長は，感染症にかかつており，かかつている疑いがあり，又はかかるおそれのある児童生徒等があるときは，政令で定めるところにより，出席を停止させることができる。

（臨時休業）

第20条　学校の設置者は，感染症の予防上必要があるときは，臨時に，学校の全部又は一部の休業を行うことができる。

第3章　学校安全

（学校安全に関する学校の設置者の責務）

第26条　学校の設置者は，児童生徒等の安全の確保を図るため，その設置する学校において，事故，加害行為，災害等（以下この条及び第29条第3項において「事故等」という。）により児童生徒等に生ずる危険を防止し，及び事故等により児童生徒等に危険又は危害が現に生じた場合（同条第1項及び第2項において「危険等発生時」という。）において適切に対処することができるよう，当該学校の施設及び設備並びに管理運営体制の整備充実その他の必要な措置を講ずるよう努めるものとする。

（学校安全計画の策定等）

第27条　学校においては，児童生徒等の安全の確保を図るため，当該学校の施設及び設備の安全点検，児童生徒等に対する通学を含めた学校生活その他の日常生活における安全に関する指導，職員の研修その他学校における安全に関する事項について計画を策定し，これを実施しなければならない。

（学校環境の安全の確保）

第28条　校長は，当該学校の施設又は設備につ

いて，児童生徒等の安全の確保を図る上で支障となる事項があると認めた場合には，遅滞なく，その改善を図るために必要な措置を講じ，又は当該措置を講ずることができないときは，当該学校の設置者に対し，その旨を申し出るものとする。

（危険等発生時対処要領の作成等）

第29条　学校においては，児童生徒等の安全の確保を図るため，当該学校の実情に応じて，危険等発生時において当該学校の職員がとるべき措置の具体的内容及び手順を定めた対処要領（次項において「危険等発生時対処要領」という。）を作成するものとする。

2　校長は，危険等発生時対処要領の職員に対する周知，訓練の実施その他の危険等発生時において職員が適切に対処するために必要な措置を講ずるものとする。

3　学校においては，事故等により児童生徒等に危害が生じた場合において，当該児童生徒等及び当該事故等により心理的外傷その他の心身の健康に対する影響を受けた児童生徒等その他の関係者の心身の健康を回復させるため，これらの者に対して必要な支援を行うものとする。この場合においては，第10条の規定を準用する。

教育公務員特例法（抄）

（昭和24年法律第1号）

最終改正：平成29年5月17日法律第29号

第1章　総則

（この法律の趣旨）

第1条　この法律は，教育を通じて国民全体に奉仕する教育公務員の職務とその責任の特殊性に基づき，教育公務員の任免，人事評価，給与，分限，懲戒，服務及び研修等について規定する。

（定義）

第2条　この法律において「教育公務員」とは，地方公務員のうち，学校（学校教育法（昭和22年法律第26号）第1条に規定する学校及び

就学前の子どもに関する教育，保育等の総合的な提供の推進に関する法律（平成18年法律第77号）第2条第7項に規定する幼保連携型認定こども園（以下「幼保連携型認定こども園」という。）をいう。以下同じ。）であつて地方公共団体が設置するもの（以下「公立学校」という。）の学長，校長（園長を含む。以下同じ。），教員及び部局長並びに教育委員会の専門的教育職員をいう。

2　この法律において「教員」とは，公立学校の教授，准教授，助教，副校長（副園長を含む。以下同じ。），教頭，主幹教諭（幼保連携型認定こども園の主幹養護教諭及び主幹栄養教諭を含む。以下同じ。），指導教諭，教諭，助教諭，養護教諭，養護助教諭，栄養教諭，主幹保育教諭，指導保育教諭，保育教諭，助保育教諭及び講師をいう。

3～5　〔略〕

第2章　任免，人事評価，給与，分限及び懲戒

第2節　大学以外の公立学校の校長及び教員

（採用及び昇任の方法）

第11条　公立学校の校長の採用（現に校長の職以外の職に任命されている者を校長の職に任命する場合を含む。）並びに教員の採用（現に教員の職以外の職に任命されている者を教員の職に任命する場合を含む。以下この条において同じ。）及び昇任（採用に該当するものを除く。）は，選考によるものとし，その選考は，大学附置の学校にあつては当該大学の学長が，大学附置の学校以外の公立学校（幼保連携型認定こども園を除く。）にあつてはその校長及び教員の任命権者である教育委員会の教育長が，大学附置の学校以外の公立学校（幼保連携型認定こども園に限る。）にあつてはその校長及び教員の任命権者である地方公共団体の長が行う。

（条件付任用）

第12条　公立の小学校，中学校，義務教育学校，高等学校，中等教育学校，特別支援学校，幼稚園及び幼保連携型認定こども園（以下「小学校等」という。）の教諭，助教諭，保育教

論，助保育教諭及び講師（以下「教諭等」という。）に係る地方公務員法第22条に規定する採用については，同条中「6月」とあるのは「1年」として同条の規定を適用する。

2　地方教育行政の組織及び運営に関する法律（昭和31年法律第162号）第40条に定める場合のほか，公立の小学校等の校長又は教員で地方公務員法第22条（同法第22条の2第7項及び前項の規定において読み替えて適用する場合を含む。）の規定により正式任用になつている者が，引き続き同一都道府県内の公立の小学校等の校長又は教員に任用された場合には，その任用については，同法第22条の規定は適用しない。

（校長及び教員の給与）

第13条　公立の小学校等の校長及び教員の給与は，これらの者の職務と責任の特殊性に基づき条例で定めるものとする。

2　〔略〕

第3章　服務

（兼職及び他の事業等の従事）

第17条　教育公務員は，教育に関する他の職を兼ね，又は教育に関する他の事業若しくは事務に従事することが本務の遂行に支障がないと任命権者（地方教育行政の組織及び運営に関する法律第37条第1項に規定する県費負担教職員については，市町村（特別区を含む。以下同じ。）の教育委員会。第23条第2項及び第24条第2項において同じ。）において認める場合には，給与を受け，又は受けないで，その職を兼ね，又はその事業若しくは事務に従事することができる。

2・3　〔略〕

（公立学校の教育公務員の政治的行為の制限）

第18条　公立学校の教育公務員の政治的行為の制限については，当分の間，地方公務員法第36条の規定にかかわらず，国家公務員の例による。

2　前項の規定は，政治的行為の制限に違反した者の処罰につき国家公務員法（昭和22年法律第120号）第110条第1項の例による趣旨を含むものと解してはならない。

第4章　研修

（研修）

第21条　教育公務員は，その職責を遂行するために，絶えず研究と修養に努めなければならない。

2　教育公務員の任命権者は，教育公務員（公立の小学校等の校長及び教員（臨時的に任用された者その他の政令で定める者を除く。以下この章において同じ。）を除く。）の研修について，それに要する施設，研修を奨励するための方途その他研修に関する計画を樹立し，その実施に努めなければならない。

（研修の機会）

第22条　教育公務員には，研修を受ける機会が与えられなければならない。

2　教員は，授業に支障のない限り，本属長の承認を受けて，勤務場所を離れて研修を行うことができる。

3　教育公務員は，任命権者の定めるところにより，現職のままで，長期にわたる研修を受けることができる。

（校長及び教員としての資質の向上に関する指標の策定に関する指針）

第22条の2　文部科学大臣は，公立の小学校等の校長及び教員の計画的かつ効果的な資質の向上を図るため，次条第1項に規定する指標の策定に関する指針（以下「指針」という。）を定めなければならない。

2　指針においては，次に掲げる事項を定めるものとする。

（1）公立の小学校等の校長及び教員の資質の向上に関する基本的な事項

（2）次条第1項に規定する指標の内容に関する事項

（3）その他公立の小学校等の校長及び教員の資質の向上を図るに際し配慮すべき事項

3　文部科学大臣は，指針を定め，又はこれを変更したときは，遅滞なく，これを公表しなければならない。

（校長及び教員としての資質の向上に関する指標）

第22条の3　公立の小学校等の校長及び教員の

任命権者は，指針を参酌し，その地域の実情に応じ，当該校長及び教員の職責，経験及び適性に応じて向上を図るべき校長及び教員としての資質に関する指標（以下「指標」という。）を定めるものとする。

2　公立の小学校等の校長及び教員の任命権者は，指標を定め，又はこれを変更しようとするときは，あらかじめ第22条の5第1項に規定する協議会において協議するものとする。

3　公立の小学校等の校長及び教員の任命権者は，指標を定め，又はこれを変更したときは，遅滞なく，これを公表するよう努めるものとする。

4　独立行政法人教職員支援機構は，指標を策定する者に対して，当該指標の策定に関する専門的な助言を行うものとする。

（教員研修計画）

第22条の4　公立の小学校等の校長及び教員の任命権者は，指標を踏まえ，当該校長及び教員の研修について，毎年度，体系的かつ効果的に実施するための計画（以下この条において「教員研修計画」という。）を定めるものとする。

2　教員研修計画においては，おおむね次に掲げる事項を定めるものとする。

（1）任命権者が実施する第23条第1項に規定する初任者研修，第24条第1項に規定する中堅教諭等資質向上研修その他の研修（以下この項において「任命権者実施研修」という。）に関する基本的な方針

（2）任命権者実施研修の体系に関する事項

（3）任命権者実施研修の時期，方法及び施設に関する事項

（4）研修を奨励するための方途に関する事項

（5）前各号に掲げるもののほか，研修の実施に関し必要な事項として文部科学省令で定める事項

3　公立の小学校等の校長及び教員の任命権者は，教員研修計画を定め，又はこれを変更したときは，遅滞なく，これを公表するよう努めるものとする。

（協議会）

第22条の5　公立の小学校等の校長及び教員の任命権者は，指標の策定に関する協議並びに当該指標に基づく当該校長及び教員の資質の向上に関して必要な事項についての協議を行うための協議会（以下「協議会」という。）を組織するものとする。

2　協議会は，次に掲げる者をもつて構成する。

（1）指標を策定する任命権者

（2）公立の小学校等の校長及び教員の研修に協力する大学その他の当該校長及び教員の資質の向上に関係する大学として文部科学省令で定める者

（3）その他当該任命権者が必要と認める者

3　協議会において協議が調つた事項については，協議会の構成員は，その協議の結果を尊重しなければならない。

4　前3項に定めるもののほか，協議会の運営に関し必要な事項は，協議会が定める。

（初任者研修）

第23条　公立の小学校等の教諭等の任命権者は，当該教諭等（臨時的に任用された者その他の政令で定める者を除く。）に対して，その採用（現に教諭等の職以外の職に任命されている者を教諭等の職に任命する場合を含む。附則第5条第1項において同じ。）の日から1年間の教諭又は保育教諭の職務の遂行に必要な事項に関する実践的な研修（以下「初任者研修」という。）を実施しなければならない。

2　任命権者は，初任者研修を受ける者（次項において「初任者」という。）の所属する学校の副校長，教頭，主幹教諭（養護又は栄養の指導及び管理をつかさどる主幹教諭を除く。），指導教諭，教諭，主幹保育教諭，指導保育教諭，保育教諭又は講師のうちから，指導教員を命じるものとする。

3　指導教員は，初任者に対して教諭又は保育教諭の職務の遂行に必要な事項について指導及び助言を行うものとする。

（中堅教諭等資質向上研修）

第24条　公立の小学校等の教諭等（臨時的に任用された者その他の政令で定める者を除く。以下この項において同じ。）の任命権者は，当該教諭等に対して，個々の能力，適性等に応じて，公立の小学校等における教育に関し

相当の経験を有し，その教育活動その他の学校運営の円滑かつ効果的な実施において中核的な役割を果たすことが期待される中堅教諭等としての職務を遂行する上で必要とされる資質の向上を図るために必要な事項に関する研修（以下「中堅教諭等資質向上研修」という。）を実施しなければならない。

2　任命権者は，中堅教諭等資質向上研修を実施するに当たり，中堅教諭等資質向上研修を受ける者の能力，適性等について評価を行い，その結果に基づき，当該者ごとに中堅教諭等資質向上研修に関する計画書を作成しなければならない。

（指導改善研修）

第25条　公立の小学校等の教諭等の任命権者は，児童，生徒又は幼児（以下「児童等」という。）に対する指導が不適切であると認定した教諭等に対して，その能力，適性等に応じて，当該指導の改善を図るために必要な事項に関する研修（以下「指導改善研修」という。）を実施しなければならない。

2　指導改善研修の期間は，1年を超えてはならない。ただし，特に必要があると認めるときは，任命権者は，指導改善研修を開始した日から引き続き2年を超えない範囲内で，これを延長することができる。

3　任命権者は，指導改善研修を実施するに当たり，指導改善研修を受ける者の能力，適性等に応じて，その者ごとに指導改善研修に関する計画書を作成しなければならない。

4　任命権者は，指導改善研修の終了時において，指導改善研修を受けた者の児童等に対する指導の改善の程度に関する認定を行わなければならない。

5　任命権者は，第1項及び前項の認定に当つては，教育委員会規則（幼保連携型認定こども園にあつては，地方公共団体の規則。次項において同じ。）で定めるところにより，教育学，医学，心理学その他の児童等に対する指導に関する専門的知識を有する者及び当該任命権者の属する都道府県又は市町村の区域内に居住する保護者（親権を行う者及び未成年後見人をいう。）である者の意見を聴か

なければならない。

6・7　〔略〕

（指導改善研修後の措置）

第25条の2　任命権者は，前条第4項の認定において指導の改善が不十分でなお児童等に対する指導を適切に行うことができないと認める教諭等に対して，免職その他の必要な措置を講ずるものとする。

教育職員免許法（抄）

（昭和24年法律第147号）

最終改正：令和元年6月14日法律第37号

第1章　総則

（この法律の目的）

第1条　この法律は，教育職員の免許に関する基準を定め，教育職員の資質の保持と向上を図ることを目的とする。

（定義）

第2条　この法律において「教育職員」とは，学校（学校教育法（昭和22年法律第26号）第1条に規定する幼稚園，小学校，中学校，義務教育学校，高等学校，中等教育学校及び特別支援学校（第3項において「第1条学校」という。）並びに就学前の子どもに関する教育，保育等の総合的な提供の推進に関する法律（平成18年法律第77号）第2条第7項に規定する幼保連携型認定こども園（以下「幼保連携型認定こども園」という。）をいう。以下同じ。）の主幹教諭（幼保連携型認定こども園の主幹養護教諭及び主幹栄養教諭を含む。以下同じ。），指導教諭，教諭，助教諭，養護教諭，養護助教諭，栄養教諭，主幹保育教諭，指導保育教諭，保育教諭，助保育教諭及び講師（以下「教員」という。）をいう。

2　この法律で「免許管理者」とは，免許状を有する者が教育職員及び文部科学省令で定める教育の職にある者である場合にあつてはその者の勤務地の都道府県の教育委員会，これらの者以外の者である場合にあつてはその者の住所地の都道府県の教育委員会をいう。

3～5　〔略〕

（免許）

第3条　教育職員は，この法律により授与する各相当の免許状を有する者でなければならない。

2　前項の規定にかかわらず，主幹教諭（養護又は栄養の指導及び管理をつかさどる主幹教諭を除く。）及び指導教諭については各相当学校の教諭の免許状を有する者を，養護をつかさどる主幹教諭については養護教諭の免許状を有する者を，栄養の指導及び管理をつかさどる主幹教諭については栄養教諭の免許状を有する者を，講師については各相当学校の教員の相当免許状を有する者を，それぞれ充てるものとする。

3　特別支援学校の教員（養護又は栄養の指導及び管理をつかさどる主幹教諭，養護教諭，養護助教諭，栄養教諭並びに特別支援学校において自立教科等の教授を担任する教員を除く。）については，第1項の規定にかかわらず，特別支援学校の教員の免許状のほか，特別支援学校の各部に相当する学校の教員の免許状を有する者でなければならない。

4　義務教育学校の教員（養護又は栄養の指導及び管理をつかさどる主幹教諭，養護教諭，養護助教諭並びに栄養教諭を除く。）については，第1項の規定にかかわらず，小学校の教員の免許状及び中学校の教員の免許状を有する者でなければならない。

5　中等教育学校の教員（養護又は栄養の指導及び管理をつかさどる主幹教諭，養護教諭，養護助教諭並びに栄養教諭を除く。）については，第1項の規定にかかわらず，中学校の教員の免許状及び高等学校の教員の免許状を有する者でなければならない。

6　幼保連携型認定こども園の教員の免許については，第1項の規定にかかわらず，就学前の子どもに関する教育，保育等の総合的な提供の推進に関する法律の定めるところによる。

第2章　免許状

（種類）

第4条　免許状は，普通免許状，特別免許状及び臨時免許状とする。

2　普通免許状は，学校（義務教育学校，中等教育学校及び幼保連携型認定こども園を除く。）の種類ごとの教諭の免許状，養護教諭の免許状及び栄養教諭の免許状とし，それぞれ専修免許状，一種免許状及び二種免許状（高等学校教諭の免許状にあつては，専修免許状及び一種免許状）に区分する。

3　特別免許状は，学校（幼稚園，義務教育学校，中等教育学校及び幼保連携型認定こども園を除く。）の種類ごとの教諭の免許状とする。

4　臨時免許状は，学校（義務教育学校，中等教育学校及び幼保連携型認定こども園を除く。）の種類ごとの助教諭の免許状及び養護助教諭の免許状とする。

5　中学校及び高等学校の教員の普通免許状及び臨時免許状は，次に掲げる各教科について授与するものとする。

（1）中学校の教員にあつては，国語，社会，数学，理科，音楽，美術，保健体育，保健，技術，家庭，職業（職業指導及び職業実習（農業，工業，商業，水産及び商船のうちいずれか1以上の実習とする。以下同じ。）を含む。），職業指導，職業実習，外国語（英語，ドイツ語，フランス語その他の各外国語に分ける。）及び宗教

（2）高等学校の教員にあつては，国語，地理歴史，公民，数学，理科，音楽，美術，工芸，書道，保健体育，保健，看護，看護実習，家庭，家庭実習，情報，情報実習，農業，農業実習，工業，工業実習，商業，商業実習，水産，水産実習，福祉，福祉実習，商船，商船実習，職業指導，外国語（英語，ドイツ語，フランス語その他の各外国語に分ける。）及び宗教

6　小学校教諭，中学校教諭及び高等学校教諭の特別免許状は，次に掲げる教科又は事項について授与するものとする。

（1）小学校教諭にあつては，国語，社会，算数，理科，生活，音楽，図画工作，家庭，体育及び外国語（英語，ドイツ語，フランス語その他の各外国語に分ける。）

（2）中学校教諭にあつては，前項第1号に掲げる各教科及び第16条の3第1項の文部科学省令で定める教科

（3）高等学校教諭にあつては，前項第2号に掲げる各教科及びこれらの教科の領域の一部に係る事項で第16条の4第1項の文部科学省令で定めるもの並びに第16条の3第1項の文部科学省令で定める教科

第4条の2　特別支援学校の教員の普通免許状及び臨時免許状は，1又は2以上の特別支援教育領域について授与するものとする。

2　特別支援学校において専ら自立教科等の教授を担任する教員の普通免許状及び臨時免許状は，前条第2項の規定にかかわらず，文部科学省令で定めるところにより，障害の種類に応じて文部科学省令で定める自立教科等について授与するものとする。

3　特別支援学校教諭の特別免許状は，前項の文部科学省令で定める自立教科等について授与するものとする。

（授与）

第5条　普通免許状は，別表第1，別表第2若しくは別表第2の2に定める基礎資格を有し，かつ，大学若しくは文部科学大臣の指定する養護教諭養成機関において別表第1，別表第2若しくは別表第2の2に定める単位を修得した者又はその免許状を授与するため行う教育職員検定に合格した者に授与する。ただし，次の各号のいずれかに該当する者には，授与しない。

（1）18歳未満の者

（2）高等学校を卒業しない者（通常の課程以外の課程におけるこれに相当するものを修了しない者を含む。）。ただし，文部科学大臣において高等学校を卒業した者と同等以上の資格を有すると認めた者を除く。

（3）禁錮以上の刑に処せられた者

（4）第10条第1項第2号又は第3号に該当することにより免許状がその効力を失い，当該失効の日から3年を経過しない者

（5）第11条第1項から第3項までの規定により免許状取上げの処分を受け，当該処分の日から3年を経過しない者

（6）日本国憲法施行の日以後において，日本国憲法又はその下に成立した政府を暴力で破壊することを主張する政党その他の団体を結成し，又はこれに加入した者

2　〔略〕

3　特別免許状は，教育職員検定に合格した者に授与する。ただし，第1項各号のいずれかに該当する者には，授与しない。

4　前項の教育職員検定は，次の各号のいずれにも該当する者について，教育職員に任命し，又は雇用しようとする者が，学校教育の効果的な実施に特に必要があると認める場合において行う推薦に基づいて行うものとする。

（1）担当する教科に関する専門的な知識経験又は技能を有する者

（2）社会的信望があり，かつ，教員の職務を行うのに必要な熱意と識見を持つている者

5　〔略〕

6　臨時免許状は，普通免許状を有する者を採用することができない場合に限り，第1項各号のいずれにも該当しない者で教育職員検定に合格したものに授与する。ただし，高等学校助教諭の臨時免許状は，次の各号のいずれかに該当する者以外の者には授与しない。

（1）短期大学士の学位（学校教育法第104条第2項に規定する文部科学大臣の定める学位（専門職大学を卒業した者に対して授与されるものを除く。）又は同条第6項に規定する文部科学大臣の定める学位を含む。）又は準学士の称号を有する者

（2）文部科学大臣が前号に掲げる者と同等以上の資格を有すると認めた者

7　免許状は，都道府県の教育委員会（以下「授与権者」という。）が授与する。

（効力）

第9条　普通免許状は，その授与の日の翌日から起算して10年を経過する日の属する年度の末日まで，すべての都道府県（中学校及び高等学校の教員の宗教の教科についての免許状にあつては，国立学校又は公立学校の場合を除く。次項及び第3項において同じ。）において効力を有する。

2　特別免許状は，その授与の日の翌日から起

算して10年を経過する日の属する年度の末日まで，その免許状を授与した授与権者の置かれる都道府県においてのみ効力を有する。

3　臨時免許状は，その免許状を授与したときから3年間，その免許状を授与した授与権者の置かれる都道府県においてのみ効力を有する。

4　〔略〕

5　普通免許状又は特別免許状を2以上有する者の当該2以上の免許状の有効期間は，第1項，第2項及び前項並びに次条第4項及び第5項の規定にかかわらず，それぞれの免許状に係るこれらの規定による有効期間の満了の日のうち最も遅い日までとする。

（有効期間の更新及び延長）

第9条の2　免許管理者は，普通免許状又は特別免許状の有効期間を，その満了の際，その免許状を有する者の申請により更新することができる。

2　前項の申請は，申請書に免許管理者が定める書類を添えて，これを免許管理者に提出してしなければならない。

3　第1項の規定による更新は，その申請をした者が当該普通免許状又は特別免許状の有効期間の満了する日までの文部科学省令で定める2年以上の期間内において免許状更新講習の課程を修了した者である場合又は知識技能その他の事項を勘案して免許状更新講習を受ける必要がないものとして文部科学省令で定めるところにより免許管理者が認めた者である場合に限り，行うものとする。

4　第1項の規定により更新された普通免許状又は特別免許状の有効期間は，更新前の有効期間の満了の日の翌日から起算して10年を経過する日の属する年度の末日までとする。

5　免許管理者は，普通免許状又は特別免許状を有する者が，次条第3項第1号に掲げる者である場合において，同条第4項の規定により免許状更新講習を受けることができないことその他文部科学省令で定めるやむを得ない事由により，その免許状の有効期間の満了の日までに免許状更新講習の課程を修了することが困難であると認めるときは，文部科学省

令で定めるところにより相当の期間を定めて，その免許状の有効期間を延長するものとする。

6　免許状の有効期間の更新及び延長に関する手続その他必要な事項は，文部科学省令で定める。

（免許状更新講習）

第9条の3　免許状更新講習は，大学その他文部科学省令で定める者が，次に掲げる基準に適合することについての文部科学大臣の認定を受けて行う。

（1）講習の内容が，教員の職務の遂行に必要なものとして文部科学省令で定める事項に関する最新の知識技能を修得させるための課程（その一部として行われるものを含む。）であること。

（2）講習の講師が，次のいずれかに該当する者であること。

　　イ　文部科学大臣が第16条の3第4項の政令で定める審議会等に諮問して免許状の授与の所要資格を得させるために適当と認める課程を有する大学において，当該課程を担当する教授，准教授又は講師の職にある者

　　ロ　イに掲げる者に準ずるものとして文部科学省令で定める者

（3）講習の課程の修了の認定（課程の一部の履修の認定を含む。）が適切に実施されるものであること。

（4）その他文部科学省令で定める要件に適合するものであること。

2　前項に規定する免許状更新講習（以下単に「免許状更新講習」という。）の時間は，30時間以上とする。

3　免許状更新講習は，次に掲げる者に限り，受けることができる。

（1）教育職員及び文部科学省令で定める教育の職にある者

（2）教育職員に任命され，又は雇用されることとなっている者及びこれに準ずるものとして文部科学省令で定める者

4　前項の規定にかかわらず，公立学校の教員であつて教育公務員特例法（昭和24年法律第1号）第25条第1項に規定する指導改善研修

（以下この項及び次項において単に「指導改善研修」という。）を命ぜられた者は，その指導改善研修が終了するまでの間は，免許状更新講習を受けることができない。

5～7 〔略〕

第3章 免許状の失効及び取上げ

（失効）

第10条 免許状を有する者が，次の各号のいずれかに該当する場合には，その免許状はその効力を失う。

（1）第5条第1項第3号又は第6号に該当するに至つたとき。

（2）公立学校の教員であつて懲戒免職の処分を受けたとき。

（3）公立学校の教員（地方公務員法（昭和25年法律第261号）第29条の2第1項各号に掲げる者に該当する者を除く。）であつて同法第28条第1項第1号又は第3号に該当するとして分限免職の処分を受けたとき。

2 前項の規定により免許状が失効した者は，速やかに，その免許状を免許管理者に返納しなければならない。

（取上げ）

第11条 国立学校，公立学校（公立大学法人が設置するものに限る。次項第1号において同じ。）又は私立学校の教員が，前条第1項第2号に規定する者の場合における懲戒免職の事由に相当する事由により解雇されたと認められるときは，免許管理者は，その免許状を取り上げなければならない。

2 免許状を有する者が，次の各号のいずれかに該当する場合には，免許管理者は，その免許状を取り上げなければならない。

（1）国立学校，公立学校又は私立学校の教員（地方公務員法第29条の2第1項各号に掲げる者に相当する者を含む。）であつて，前条第1項第3号に規定する者の場合における同法第28条第1項第1号又は第3号に掲げる分限免職の事由に相当する事由により解雇されたと認められるとき。

（2）地方公務員法第29条の2第1項各号に掲げる者に該当する公立学校の教員であつて，

前条第1項第3号に規定する者の場合における同法第28条第1項第1号又は第3号に掲げる分限免職の事由に相当する事由により免職の処分を受けたと認められるとき。

3 免許状を有する者（教育職員以外の者に限る。）が，法令の規定に故意に違反し，又は教育職員たるにふさわしくない非行があつて，その情状が重いと認められるときは，免許管理者は，その免許状を取り上げることができる。

4 前3項の規定により免許状取上げの処分を行つたときは，免許管理者は，その旨を直ちにその者に通知しなければならない。この場合において，当該免許状は，その通知を受けた日に効力を失うものとする。

5 前条第2項の規定は，前項の規定により免許状が失効した者について準用する。

地方教育行政の組織及び運営に関する法律（抄）

（昭和31年法律第162号）
最終改正：令和元年6月14日法律第37号

第1章 総則

（この法律の趣旨）

第1条 この法律は，教育委員会の設置，学校その他の教育機関の職員の身分取扱その他地方公共団体における教育行政の組織及び運営の基本を定めることを目的とする。

（基本理念）

第1条の2 地方公共団体における教育行政は，教育基本法（平成18年法律第120号）の趣旨にのつとり，教育の機会均等，教育水準の維持向上及び地域の実情に応じた教育の振興が図られるよう，国との適切な役割分担及び相互の協力の下，公正かつ適正に行われなければならない。

（大綱の策定等）

第1条の3 地方公共団体の長は，教育基本法第17条第1項に規定する基本的な方針を参酌し，その地域の実情に応じ，当該地方公共団体の教育，学術及び文化の振興に関する総合

的な施策の大綱（以下単に「大綱」という。）
を定めるものとする。

2　地方公共団体の長は，大綱を定め，又はこ
れを変更しようとするときは，あらかじめ，
次条第1項の総合教育会議において協議する
ものとする。

3　地方公共団体の長は，大綱を定め，又はこ
れを変更したときは，遅滞なく，これを公表
しなければならない。

4　第1項の規定は，地方公共団体の長に対し，
第21条に規定する事務を管理し，又は執行す
る権限を与えるものと解釈してはならない。
　　（総合教育会議）

第1条の4　地方公共団体の長は，大綱の策定
に関する協議及び次に掲げる事項についての
協議並びにこれらに関する次項各号に掲げる
構成員の事務の調整を行うため，総合教育会
議を設けるものとする。

（1）教育を行うための諸条件の整備その他の
地域の実情に応じた教育，学術及び文化の
振興を図るため重点的に講ずべき施策

（2）児童，生徒等の生命又は身体に現に被害
が生じ，又はまさに被害が生ずるおそれが
あると見込まれる場合等の緊急の場合に講
ずべき措置

2　総合教育会議は，次に掲げる者をもつて構
成する。

（1）地方公共団体の長

（2）教育委員会

3　総合教育会議は，地方公共団体の長が招集
する。

4　教育委員会は，その権限に属する事務に関
して協議する必要があると思料するときは，
地方公共団体の長に対し，協議すべき具体的
事項を示して，総合教育会議の招集を求める
ことができる。

5　総合教育会議は，第1項の協議を行うに当
たつて必要があると認めるときは，関係者又
は学識経験を有する者から，当該協議すべき
事項に関して意見を聴くことができる。

6　総合教育会議は，公開する。ただし，個人
の秘密を保つため必要があると認めるとき，
又は会議の公正が害されるおそれがあると認

めるときその他公益上必要があると認めると
きは，この限りでない。

7　地方公共団体の長は，総合教育会議の終了
後，遅滞なく，総合教育会議の定めるところ
により，その議事録を作成し，これを公表す
るよう努めなければならない。

8　総合教育会議においてその構成員の事務の
調整が行われた事項については，当該構成員
は，その調整の結果を尊重しなければならな
い。

9　前各項に定めるもののほか，総合教育会議
の運営に関し必要な事項は，総合教育会議が
定める。

第2章　教育委員会の設置及び組織

第1節　教育委員会の設置，教育長及び
委員並びに会議

（設置）

第2条　都道府県，市（特別区を含む。以下同
じ。）町村及び第21条に規定する事務の全部
又は一部を処理する地方公共団体の組合に教
育委員会を置く。
　　（組織）

第3条　教育委員会は，教育長及び4人の委員
をもつて組織する。ただし，条例で定めると
ころにより，都道府県若しくは市又は地方公
共団体の組合のうち都道府県若しくは市が加
入するものの教育委員会にあつては教育長及
び5人以上の委員，町村又は地方公共団体の
組合のうち町村のみが加入するものの教育委
員会にあつては教育長及び2人以上の委員を
もつて組織することができる。
　　（任命）

第4条　教育長は，当該地方公共団体の長の被
選挙権を有する者で，人格が高潔で，教育行
政に関し識見を有するもののうちから，地方
公共団体の長が，議会の同意を得て，任命す
る。

2　委員は，当該地方公共団体の長の被選挙権
を有する者で，人格が高潔で，教育，学術及
び文化（以下単に「教育」という。）に関し
識見を有するもののうちから，地方公共団体
の長が，議会の同意を得て，任命する。

3 次の各号のいずれかに該当する者は，教育長又は委員となることができない。
（1）破産手続開始の決定を受けて復権を得ない者
（2）禁錮以上の刑に処せられた者
4 教育長及び委員の任命については，そのうち委員の定数に1を加えた数の2分の1以上の者が同一の政党に所属することとなつてはならない。
5 地方公共団体の長は，第2項の規定による委員の任命に当たつては，委員の年齢，性別，職業等に著しい偏りが生じないように配慮するとともに，委員のうちに保護者（親権を行う者及び未成年後見人をいう。第47条の5第2項第2号及び第5項において同じ。）である者が含まれるようにしなければならない。
（任期）
第5条 教育長の任期は3年とし，委員の任期は4年とする。ただし，補欠の教育長又は委員の任期は，前任者の残任期間とする。
2 教育長及び委員は，再任されることができる。
（兼職禁止）
第6条 教育長及び委員は，地方公共団体の議会の議員若しくは長，地方公共団体に執行機関として置かれる委員会の委員（教育委員会にあつては，教育長及び委員）若しくは委員又は地方公共団体の常勤の職員若しくは地方公務員法（昭和25年法律第261号）第28条の5第1項に規定する短時間勤務の職を占める職員と兼ねることができない。
（服務等）
第11条 教育長は，職務上知ることができた秘密を漏らしてはならない。その職を退いた後も，また，同様とする。
2 教育長又は教育長であつた者が法令による証人，鑑定人等となり，職務上の秘密に属する事項を発表する場合においては，教育委員会の許可を受けなければならない。
3 前項の許可は，法律に特別の定めがある場合を除き，これを拒むことができない。
4 教育長は，常勤とする。
5 教育長は，法律又は条例に特別の定めがあ

る場合を除くほか，その勤務時間及び職務上の注意力の全てをその職責遂行のために用い，当該地方公共団体がなすべき責を有する職務にのみ従事しなければならない。
6 教育長は，政党その他の政治的団体の役員となり，又は積極的に政治運動をしてはならない。
7 教育長は，教育委員会の許可を受けなければ，営利を目的とする私企業を営むことを目的とする会社その他の団体の役員その他人事委員会規則（人事委員会を置かない地方公共団体においては，地方公共団体の規則）で定める地位を兼ね，若しくは自ら営利を目的とする私企業を営み，又は報酬を得ていかなる事業若しくは事務にも従事してはならない。
8 教育長は，その職務の遂行に当たつては，自らが当該地方公共団体の教育行政の運営について負う重要な責任を自覚するとともに，第1条の2に規定する基本理念及び大綱に則して，かつ，児童，生徒等の教育を受ける権利の保障に万全を期して当該地方公共団体の教育行政の運営が行われるよう意を用いなければならない。
第12条 前条第1項から第3項まで，第6項及び第8項の規定は，委員の服務について準用する。
2 委員は，非常勤とする。
（教育長）
第13条 教育長は，教育委員会の会務を総理し，教育委員会を代表する。
2 教育長に事故があるとき，又は教育長が欠けたときは，あらかじめその指名する委員がその職務を行う。
（会議）
第14条 教育委員会の会議は，教育長が招集する。
2 教育長は，委員の定数の3分の1以上の委員から会議に付議すべき事件を示して会議の招集を請求された場合には，遅滞なく，これを招集しなければならない。
3 教育委員会は，教育長及び在任委員の過半数が出席しなければ，会議を開き，議決をすることができない。ただし，第6項の規定に

よる除斥のため過半数に達しないとき，又は
同一の事件につき再度招集しても，なお過半
数に達しないときは，この限りでない。

4　教育委員会の会議の議事は，第7項ただし
書の発議に係るものを除き，出席者の過半数
で決し，可否同数のときは，教育長の決する
ところによる。

5・6　〔略〕

7　教育委員会の会議は，公開する。ただし，
人事に関する事件その他の事件について，教
育長又は委員の発議により，出席者の3分の
2以上の多数で議決したときは，これを公開
しないことができる。

8　〔略〕

9　教育長は，教育委員会の会議の終了後，遅
滞なく，教育委員会規則で定めるところによ
り，その議事録を作成し，これを公表するよ
う努めなければならない。

　　　　第2節　事務局
　（事務局）

第17条　教育委員会の権限に属する事務を処理
させるため，教育委員会に事務局を置く。

2　教育委員会の事務局の内部組織は，教育委
員会規則で定める。
　（指導主事その他の職員）

第18条　都道府県に置かれる教育委員会（以下
「都道府県委員会」という。）の事務局に，指
導主事，事務職員及び技術職員を置くほか，
所要の職員を置く。

2　市町村に置かれる教育委員会（以下「市町
村委員会」という。）の事務局に，前項の規
定に準じて指導主事その他の職員を置く。

3　指導主事は，上司の命を受け，学校（学校
教育法（昭和22年法律第26号）第1条に規定
する学校及び就学前の子どもに関する教育，
保育等の総合的な提供の推進に関する法律
（平成18年法律第77号）第2条第7項に規定
する幼保連携型認定こども園（以下「幼保連
携型認定こども園」という。）をいう。以下
同じ。）における教育課程，学習指導その他
学校教育に関する専門的事項の指導に関する
事務に従事する。

4　指導主事は，教育に関し識見を有し，かつ，

学校における教育課程，学習指導その他学校
教育に関する専門的事項について教養と経験
がある者でなければならない。指導主事は，
大学以外の公立学校（地方公共団体が設置す
る学校をいう。以下同じ。）の教員（教育公
務員特例法（昭和24年法律第1号）第2条第
2項に規定する教員をいう。以下同じ。）を
もつて充てることができる。

5～9　〔略〕

第3章　教育委員会及び地方公共団体の長の職務権限

　（教育委員会の職務権限）

第21条　教育委員会は，当該地方公共団体が処
理する教育に関する事務で，次に掲げるもの
を管理し，及び執行する。

（1）教育委員会の所管に属する第30条に規定
する学校その他の教育機関（以下「学校そ
の他の教育機関」という。）の設置，管理
及び廃止に関すること。

（2）教育委員会の所管に属する学校その他の
教育機関の用に供する財産（以下「教育財
産」という。）の管理に関すること。

（3）教育委員会及び教育委員会の所管に属す
る学校その他の教育機関の職員の任免その
他の人事に関すること。

（4）学齢生徒及び学齢児童の就学並びに生徒，
児童及び幼児の入学，転学及び退学に関す
ること。

（5）教育委員会の所管に属する学校の組織編
制，教育課程，学習指導，生徒指導及び職
業指導に関すること。

（6）教科書その他の教材の取扱いに関するこ
と。

（7）校舎その他の施設及び教具その他の設備
の整備に関すること。

（8）校長，教員その他の教育関係職員の研修
に関すること。

（9）校長，教員その他の教育関係職員並びに
生徒，児童及び幼児の保健，安全，厚生及
び福利に関すること。

（10）教育委員会の所管に属する学校その他の
教育機関の環境衛生に関すること。

（11）学校給食に関すること。

（12）青少年教育，女性教育及び公民館の事業その他社会教育に関すること。

（13）スポーツに関すること。

（14）文化財の保護に関すること。

（15）ユネスコ活動に関すること。

（16）教育に関する法人に関すること。

（17）教育に係る調査及び基幹統計その他の統計に関すること。

（18）所掌事務に係る広報及び所掌事務に係る教育行政に関する相談に関すること。

（19）前各号に掲げるもののほか，当該地方公共団体の区域内における教育に関する事務に関すること。

（長の職務権限）

第22条　地方公共団体の長は，大綱の策定に関する事務のほか，次に掲げる教育に関する事務を管理し，及び執行する。

（1）大学に関すること。

（2）幼保連携型認定こども園に関すること。

（3）私立学校に関すること。

（4）教育財産を取得し，及び処分すること。

（5）教育委員会の所掌に係る事項に関する契約を結ぶこと。

（6）前号に掲げるもののほか，教育委員会の所掌に係る事項に関する予算を執行すること。

（職務権限の特例）

第23条　前2条の規定にかかわらず，地方公共団体は，前条各号に掲げるもののほか，条例の定めるところにより，当該地方公共団体の長が，次の各号に掲げる教育に関する事務のいずれか又は全てを管理し，及び執行することとすることができる。

（1）図書館，博物館，公民館その他の社会教育に関する教育機関のうち当該条例で定めるもの（以下「特定社会教育機関」という。）の設置，管理及び廃止に関すること（第21条第7号から第9号まで及び第12号に掲げる事務のうち，特定社会教育機関のみに係るものを含む。）。

（2）スポーツに関すること（学校における体育に関することを除く。）。

（3）文化に関すること（次号に掲げるものを除く。）。

（4）文化財の保護に関すること。

2　地方公共団体の議会は，前項の条例の制定又は改廃の議決をする前に，当該地方公共団体の教育委員会の意見を聴かなければならない。

（教育財産の管理等）

第28条　教育財産は，地方公共団体の長の総括の下に，教育委員会が管理するものとする。

2　地方公共団体の長は，教育委員会の申出をまつて，教育財産の取得を行うものとする。

3　地方公共団体の長は，教育財産を取得したときは，すみやかに教育委員会に引き継がなければならない。

（教育委員会の意見聴取）

第29条　地方公共団体の長は，歳入歳出予算のうち教育に関する事務に係る部分その他特に教育に関する事務について定める議会の議決を経るべき事件の議案を作成する場合においては，教育委員会の意見をきかなければならない。

第4章　教育機関

第2節　市町村立学校の教職員

（任命権者）

第37条　市町村立学校職員給与負担法（昭和23年法律第135号）第1条及び第2条に規定する職員（以下「県費負担教職員」という。）の任命権は，都道府県委員会に属する。

2　前項の都道府県委員会の権限に属する事務に係る第25条第2項の規定の適用については，同項第4号中「職員」とあるのは，「職員並びに第37条第1項に規定する県費負担教職員」とする。

（市町村委員会の内申）

第38条　都道府県委員会は，市町村委員会の内申をまつて，県費負担教職員の任免その他の進退を行うものとする。

2　〔略〕

3　市町村委員会は，次条の規定による校長の意見の申出があつた県費負担教職員について第1項又は前項の内申を行うときは，当該校

長の意見を付するものとする。
　（校長の所属教職員の進退に関する意見の申
　　出）
第39条　市町村立学校職員給与負担法第1条及
　び第2条に規定する学校の校長は，所属の県
　費負担教職員の任免その他の進退に関する意
　見を市町村委員会に申し出ることができる。
　（県費負担教職員の給与，勤務時間その他の
　　勤務条件）
第42条　県費負担教職員の給与，勤務時間その
　他の勤務条件については，地方公務員法第24
　条第5項の規定により条例で定めるものとさ
　れている事項は，都道府県の条例で定める。
　（服務の監督）
第43条　市町村委員会は，県費負担教職員の服
　務を監督する。
2　県費負担教職員は，その職務を遂行するに
　当つて，法令，当該市町村の条例及び規則並
　びに当該市町村委員会の定める教育委員会規
　則及び規程（前条又は次項の規定によつて都
　道府県が制定する条例を含む。）に従い，か
　つ，市町村委員会その他職務上の上司の職務
　上の命令に忠実に従わなければならない。
3　県費負担教職員の任免，分限又は懲戒に関
　して，地方公務員法の規定により条例で定め
　るものとされている事項は，都道府県の条例
　で定める。
4　〔略〕
　（人事評価）
第44条　県費負担教職員の人事評価は，地方公
　務員法第23条の2第1項の規定にかかわらず，
　都道府県委員会の計画の下に，市町村委員会
　が行うものとする。
　（研修）
第45条　県費負担教職員の研修は，地方公務員
　法第39条第2項の規定にかかわらず，市町村
　委員会も行うことができる。
2　市町村委員会は，都道府県委員会が行う県
　費負担教職員の研修に協力しなければならな
　い。
　（県費負担教職員の免職及び都道府県の職へ
　　の採用）
第47条の2　都道府県委員会は，地方公務員法

第27条第2項及び第28条第1項の規定にかか
わらず，その任命に係る市町村の県費負担教
職員（教諭，養護教諭，栄養教諭，助教諭及
び養護助教諭（同法第28条の4第1項又は第
28条の5第1項の規定により採用された者
（以下この項において「再任用職員」とい
う。）を除く。）並びに講師（再任用職員及び
同法第22条の2第1項各号に掲げる者を除
く。）に限る。）で次の各号のいずれにも該当
するもの（同法第28条第1項各号又は第2項
各号のいずれかに該当する者を除く。）を免
職し，引き続いて当該都道府県の常時勤務を
要する職（指導主事並びに校長，園長及び教
員の職を除く。）に採用することができる。
（1）児童又は生徒に対する指導が不適切であ
　　ること。
（2）研修等必要な措置が講じられたとしても
　　なお児童又は生徒に対する指導を適切に行
　　うことができないと認められること。
2　事実の確認の方法その他前項の県費負担教
　職員が同項各号に該当するかどうかを判断す
　るための手続に関し必要な事項は，都道府県
　の教育委員会規則で定めるものとする。
3・4　〔略〕
　　第4節　学校運営協議会
第47条の5　教育委員会は，教育委員会規則で
　定めるところにより，その所管に属する学校
　ごとに，当該学校の運営及び当該運営への必
　要な支援に関して協議する機関として，学校
　運営協議会を置くように努めなければならな
　い。ただし，2以上の学校の運営に関し相互
　に密接な連携を図る必要がある場合として文
　部科学省令で定める場合には，2以上の学校
　について一の学校運営協議会を置くことがで
　きる。
2　学校運営協議会の委員は，次に掲げる者に
　ついて，教育委員会が任命する。
（1）対象学校（当該学校運営協議会が，その
　　運営及び当該運営への必要な支援に関して
　　協議する学校をいう。以下この条において
　　同じ。）の所在する地域の住民
（2）対象学校に在籍する生徒，児童又は幼児
　　の保護者

（3）社会教育法（昭和24年法律第207号）第9条の7第1項に規定する地域学校協働活動推進員その他の対象学校の運営に資する活動を行う者

（4）その他当該教育委員会が必要と認める者

3　対象学校の校長は，前項の委員の任命に関する意見を教育委員会に申し出ることができる。

4　対象学校の校長は，当該対象学校の運営に関して，教育課程の編成その他教育委員会規則で定める事項について基本的な方針を作成し，当該対象学校の学校運営協議会の承認を得なければならない。

5　学校運営協議会は，前項に規定する基本的な方針に基づく対象学校の運営及び当該運営への必要な支援に関し，対象学校の所在する地域の住民，対象学校に在籍する生徒，児童又は幼児の保護者その他の関係者の理解を深めるとともに，対象学校とこれらの者との連携及び協力の推進に資するため，対象学校の運営及び当該運営への必要な支援に関する協議の結果に関する情報を積極的に提供するよう努めるものとする。

6　学校運営協議会は，対象学校の運営に関する事項（次項に規定する事項を除く。）について，教育委員会又は校長に対して，意見を述べることができる。

7　学校運営協議会は，対象学校の職員の採用その他の任用に関して教育委員会規則で定める事項について，当該職員の任命権者に対して意見を述べることができる。この場合において，当該職員が県費負担教職員（第55条第1項又は第61条第1項の規定により市町村委員会がその任用に関する事務を行う職員を除く。）であるときは，市町村委員会を経由するものとする。

8　対象学校の職員の任命権者は，当該職員の任用に当たつては，前項の規定により述べられた意見を尊重するものとする。

9　教育委員会は，学校運営協議会の運営が適正を欠くことにより，対象学校の運営に現に支障が生じ，又は生ずるおそれがあると認められる場合においては，当該学校運営協議会

の適正な運営を確保するために必要な措置を講じなければならない。

10　学校運営協議会の委員の任免の手続及び任期，学校運営協議会の議事の手続その他学校運営協議会の運営に関し必要な事項については，教育委員会規則で定める。

地方公務員法（抄）

（昭和25年法律第261号）

最終改正：令和元年6月14日法律第11号

第3章　職員に適用される基準

第5節　分限及び懲戒

（分限及び懲戒の基準）

第27条　すべて職員の分限及び懲戒については，公正でなければならない。

2　職員は，この法律で定める事由による場合でなければ，その意に反して，降任され，若しくは免職されず，この法律又は条例で定める事由による場合でなければ，その意に反して，休職されず，又，条例で定める事由による場合でなければ，その意に反して降給されることがない。

3　職員は，この法律で定める事由による場合でなければ，懲戒処分を受けることがない。

（降任，免職，休職等）

第28条　職員が，次の各号に掲げる場合のいずれかに該当するときは，その意に反して，これを降任し，又は免職することができる。

（1）人事評価又は勤務の状況を示す事実に照らして，勤務実績がよくない場合

（2）心身の故障のため，職務の遂行に支障があり，又はこれに堪えない場合

（3）前2号に規定する場合のほか，その職に必要な適格性を欠く場合

（4）職制若しくは定数の改廃又は予算の減少により廃職又は過員を生じた場合

2　職員が，次の各号に掲げる場合のいずれかに該当するときは，その意に反して，これを休職することができる。

（1）心身の故障のため，長期の休養を要する

場合

（2）刑事事件に関し起訴された場合

3　職員の意に反する降任，免職，休職及び降給の手続及び効果は，法律に特別の定めがある場合を除くほか，条例で定めなければならない。

4　職員は，第16条各号（第2号を除く。）のいずれかに該当するに至つたときは，条例に特別の定めがある場合を除くほか，その職を失う。

（懲戒）

第29条　職員が次の各号の一に該当する場合においては，これに対し懲戒処分として戒告，減給，停職又は免職の処分をすることができる。

（1）この法律若しくは第57条に規定する特例を定めた法律又はこれに基く条例，地方公共団体の規則若しくは地方公共団体の機関の定める規程に違反した場合

（2）職務上の義務に違反し，又は職務を怠つた場合

（3）全体の奉仕者たるにふさわしくない非行のあつた場合

2・3　〔略〕

4　職員の懲戒の手続及び効果は，法律に特別の定がある場合を除く外，条例で定めなければならない。

第6節　服務

（服務の根本基準）

第30条　すべて職員は，全体の奉仕者として公共の利益のために勤務し，且つ，職務の遂行に当つては，全力を挙げてこれに専念しなければならない。

（服務の宣誓）

第31条　職員は，条例の定めるところにより，服務の宣誓をしなければならない。

（法令等及び上司の職務上の命令に従う義務）

第32条　職員は，その職務を遂行するに当つて，法令，条例，地方公共団体の規則及び地方公共団体の機関の定める規程に従い，且つ，上司の職務上の命令に忠実に従わなければならない。

（信用失墜行為の禁止）

第33条　職員は，その職の信用を傷つけ，又は職員の職全体の不名誉となるような行為をしてはならない。

（秘密を守る義務）

第34条　職員は，職務上知り得た秘密を漏らしてはならない。その職を退いた後も，また，同様とする。

2　法令による証人，鑑定人等となり，職務上の秘密に属する事項を発表する場合においては，任命権者（退職者については，その退職した職又はこれに相当する職に係る任命権者）の許可を受けなければならない。

3　前項の許可は，法律に特別の定がある場合を除く外，拒むことができない。

（職務に専念する義務）

第35条　職員は，法律又は条例に特別の定がある場合を除く外，その勤務時間及び職務上の注意力のすべてをその職責遂行のために用い，当該地方公共団体がなすべき責を有する職務にのみ従事しなければならない。

（政治的行為の制限）

第36条　職員は，政党その他の政治的団体の結成に関与し，若しくはこれらの団体の役員となつてはならず，又はこれらの団体の構成員となるように，若しくはならないように勧誘運動をしてはならない。

2　職員は，特定の政党その他の政治的団体又は特定の内閣若しくは地方公共団体の執行機関を支持し，又はこれに反対する目的をもつて，あるいは公の選挙又は投票において特定の人又は事件を支持し，又はこれに反対する目的をもつて，次に掲げる政治的行為をしてはならない。ただし，当該職員の属する地方公共団体の区域（当該職員が都道府県の支庁若しくは地方事務所又は地方自治法第252条の19第1項の指定都市の区若しくは総合区に勤務する者であるときは，当該支庁若しくは地方事務所又は区若しくは総合区の所管区域）外において，第1号から第3号まで及び第5号に掲げる政治的行為をすることができる。

（1）公の選挙又は投票において投票をするように，又はしないように勧誘運動をするこ

と。
（2）署名運動を企画し，又は主宰する等これに積極的に関与すること。
（3）寄附金その他の金品の募集に関与すること。
（4）文書又は図画を地方公共団体又は特定地方独立行政法人の庁舎（特定地方独立行政法人にあつては，事務所。以下この号において同じ。），施設等に掲示し，又は掲示させ，その他地方公共団体又は特定地方独立行政法人の庁舎，施設，資材又は資金を利用し，又は利用させること。
（5）前各号に定めるものを除く外，条例で定める政治的行為
3　何人も前2項に規定する政治的行為を行うよう職員に求め，職員をそそのかし，若しくはあおつてはならず，又は職員が前2項に規定する政治的行為をなし，若しくはなさないことに対する代償若しくは報復として，任用，職務，給与その他職員の地位に関してなんらかの利益若しくは不利益を与え，与えようと企て，若しくは約束してはならない。
4　職員は，前項に規定する違法な行為に応じなかつたことの故をもつて不利益な取扱を受けることはない。
5　〔略〕
（争議行為等の禁止）
第37条　職員は，地方公共団体の機関が代表する使用者としての住民に対して同盟罷業，怠業その他の争議行為をし，又は地方公共団体の機関の活動能率を低下させる怠業的行為をしてはならない。又，何人も，このような違法な行為を企て，又はその遂行を共謀し，そそのかし，若しくはあおつてはならない。
2　職員で前項の規定に違反する行為をしたものは，その行為の開始とともに，地方公共団体に対し，法令又は条例，地方公共団体の規則若しくは地方公共団体の機関の定める規程に基いて保有する任命上又は雇用上の権利をもつて対抗することができなくなるものとする。
（営利企業への従事等の制限）
第38条　職員は，任命権者の許可を受けなけれ

ば，商業，工業又は金融業その他営利を目的とする私企業（以下この項及び次条第1項において「営利企業」という。）を営むことを目的とする会社その他の団体の役員その他人事委員会規則（人事委員会を置かない地方公共団体においては，地方公共団体の規則）で定める地位を兼ね，若しくは自ら営利企業を営み，又は報酬を得ていかなる事業若しくは事務にも従事してはならない。ただし，非常勤職員（短時間勤務の職を占める職員及び第22条の2第1項第2号に掲げる職員を除く。）については，この限りでない。
2　人事委員会は，人事委員会規則により前項の場合における任命権者の許可の基準を定めることができる。
　　第7節　研修
（研修）
第39条　職員には，その勤務能率の発揮及び増進のために，研修を受ける機会が与えられなければならない。
2　前項の研修は，任命権者が行うものとする。
3　地方公共団体は，研修の目標，研修に関する計画の指針となるべき事項その他研修に関する基本的な方針を定めるものとする。
4　人事委員会は，研修に関する計画の立案その他研修の方法について任命権者に勧告することができる。

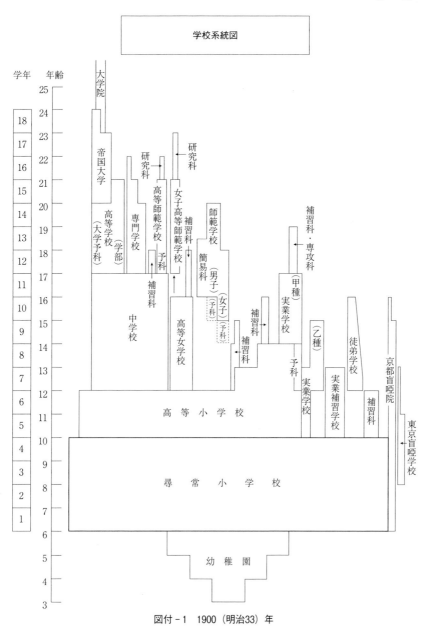

図付 − 1　1900（明治33）年

出所：文部省『学制百年史　資料編』帝国地方行政学会，1981年をもとに作成。

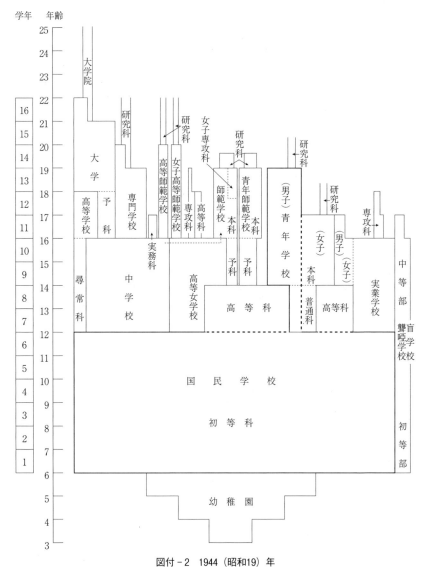

図付 - 2　1944（昭和19）年

出所：文部省『学制百年史　資料編』帝国地方行政学会，1981年をもとに作成。

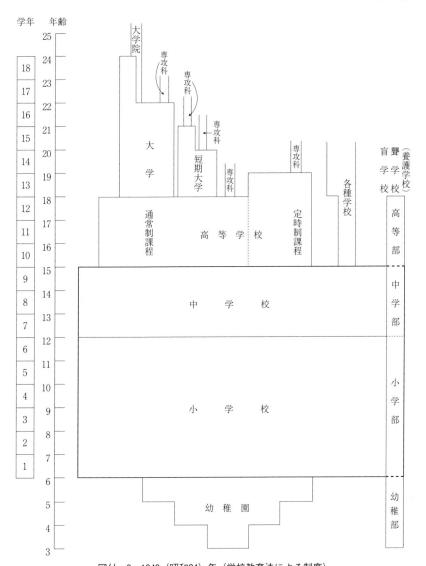

図付 - 3　1949（昭和24）年（学校教育法による制度）

出所：文部省『学制百年史　資料編』帝国地方行政学会，1981年をもとに作成。

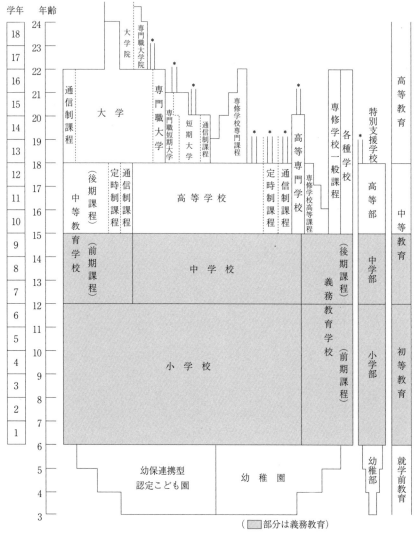

（　部分は義務教育）

図付 - 4　2019（平成31）年

注：1．＊印は専攻科を示す。
　　2．高等学校，中等教育学校後期課程，大学，短期大学，特別支援学校高等部には修業年限1
　　　年以上の別科を置くことができる。
　　3．幼保連携認定こども園は，学校かつ児童福祉施設であり0〜2歳児も入園することができる。
　　4．専修学校の一般課程と各種学校については年齢や入学資格を一律に定めていない。
出所：文部科学省「諸外国の教育統計　平成31（2019）年版」をもとに作成。

索　引

《監修者紹介》

広岡義之 （ひろおかよしゆき）　神戸親和女子大学発達教育学部・同大学院教授

林　泰成 （はやしやすなり）　上越教育大学学長

貝塚茂樹 （かいづかしげき）　武蔵野大学教育学部・同大学院教授

《執筆者紹介》所属，執筆分担，執筆順，＊は編者

＊藤田祐介 （ふじたゆうすけ）　編著者紹介参照：はじめに，第1章，第10章

山田恵吾 （やまだけいご）　埼玉大学教育学部准教授：第2章，第3章

山中秀幸 （やまなかひでゆき）　株式会社教育測定研究所研究開発本部教育測定評価室：第4章，第5章

川上泰彦 （かわかみやすひこ）　兵庫教育大学大学院学校教育研究科教授：第6章，第7章，第8章，第9章

山田知代 （やまだともよ）　帝京科学大学教育人間科学部専任講師：第11章，付録

當山清実 （とうやまきよさね）　兵庫教育大学大学院学校教育研究科教授：第12章

《編著者紹介》

藤田　祐介 （ふじた・ゆうすけ）

1975年生まれ。武蔵野大学教育学部・同大学院教授。筑波大学大学院博士課程教育学研究科単位取得退学。博士（教育学）。主著に、『教育委員会制度再編の政治と行政』（共著）多賀出版，2003年。『教育における「政治的中立」の誕生──「教育二法」成立過程の研究』（共著）ミネルヴァ書房，2011年。『日本の教育文化史を学ぶ──時代・生活・学校』（共著）ミネルヴァ書房，2014年。『生徒指導の教科書　改訂版』（編著）文化書房博文社，2019年など。

ミネルヴァ教職専門シリーズ④
学校の制度と経営

2021年5月10日　初版第1刷発行　　　　　〈検印省略〉

定価はカバーに
表示しています

編著者	藤　田　祐　介
発行者	杉　田　啓　三
印刷者	坂　本　喜　杏

発行所　株式会社　ミネルヴァ書房
607-8494　京都市山科区日ノ岡堤谷町1
電話代表　（075）581-5191
振替口座　01020-0-8076

©藤田祐介ほか，2021　　冨山房インターナショナル・藤沢製本

ISBN 978-4-623-09182-9

Printed in Japan

ミネルヴァ教職専門シリーズ

広岡義之・林　泰成・貝塚茂樹 監修

全12巻

A 5 判／美装カバー／200〜260頁／本体予価2400〜2600円

ミネルヴァ書房

https://www.minervashobo.co.jp/